U0710039

2013 年国家社科基金青年项目"抗战时期教育部西北艺术文物考察研究（1940—1944）"（项目批准号：13CZS070）成果

实证与寻根：
教育部西北艺术文物考察 (1940—1944)

刘淳 著

中华书局

图书在版编目（CIP）数据

实证与寻根：教育部西北艺术文物考察：1940～1944/刘淳著.
—北京：中华书局，2020.4
　ISBN 978-7-101-14452-9

　Ⅰ.实…　Ⅱ.刘…　Ⅲ.地方文化-文化史-研究-西北地区-
1940～1944　Ⅳ.K294

中国版本图书馆 CIP 数据核字（2020）第 041205 号

书　　　名	实证与寻根：教育部西北艺术文物考察（1940-1944）
著　　　者	刘　淳
责任编辑	葛洪春
出版发行	中华书局
	（北京市丰台区太平桥西里 38 号　100073）
	http://www.zhbc.com.cn
	E-mail：zhbc@zhbc.com.cn
印　　　刷	北京市白帆印务有限公司
版　　　次	2020 年 4 月北京第 1 版
	2020 年 4 月北京第 1 次印刷
规　　　格	开本/920×1250 毫米　1/32
	印张 10¾　插页 2　字数 270 千字
国际书号	ISBN 978-7-101-14452-9
定　　　价	98.00 元

刘　淳　四川泸州人。四川师范大学美术学院教授。先后就读于西南大学（原西南师范大学）、四川大学，2012年毕业于四川大学历史文化学院文物学与艺术史专业，获得历史学博士学位。主要从事中国艺术史论研究，近年来在中国近现代艺术史学史研究领域取得一定成果，主持包括两项国家社科基金项目在内的各类纵向课题六项，在《文艺研究》、《美术》等刊物及艺术史领域的国际国内会议上发表学术论文数十篇，出版《美术欣赏》教材一部。

王子云绘《黄土层中洛阳的小饭店》（1942 年） 见本书第 68 页

王子云绘《藏族妇女之现行装束》（1942 年） 见本书第 85 页

王子云绘《中国的手艺工人》(1942 年)　见本书第 85 页

王子云为新婚夫妇肖像写生(1943 年)　见本书第 86 页

王子云绘《平民食堂》(1942 年)　见本书第 100 页

王子云绘《塞北游牧民族》(1942 年)

见本书第 100 页

王子云绘《山丹城隍庙之社戏》(1942 年)

见本书第 102 页

王子云绘《茂陵车站之车下市场》(1943 年)　见本书第 103 页

王子云绘《塞外夜行》(1942 年) 见本书第 121 页

邹道龙临摹《敦煌千佛洞 277 窟唐净土变相图(局部)》(1942 年)
见本书第 144 页

卢善群临摹《敦煌·千佛洞 243 窟北魏壁画九色鹿
本生(局部)》(1942 年)　见本书第 145 页

卢善群临摹《敦煌千佛洞 216 窟北魏伎乐图
(局部)》(1942 年)　见本书第 146 页

卢善群临摹《敦煌千佛洞 156 窟张议潮出行图（局部）》
（1942—1943 年）　见本书第 146 页

何正璜临摹敦煌《唐代舞俑》(1942—1943 年)　见本书第 148 页

何正璜临摹敦煌《唐代大势至菩萨像》(1942—1943 年)
见本书第 148 页

目　录

上篇　抗战时期教育部西北艺术文物考察史实

下篇　西北考察及王子云史学研究的学术贡献

从个案研究中审视艺术史学的现代转向

（代序）

　　历史刚跨入 2020 年，蕴含着刘淳多年研究心血的学术专著《实证与寻根：教育部西北艺术文物考察（1940－1944）》就要与读者见面了。这是刘淳在学术道路上一个重要的阶段性成果，也是她在中国近现代艺术史研究上所做的有意义的拓展工作。

　　这些年来，中国艺术史学界对于 20 世纪以来中国美术的现代转型问题探讨热情很高，也出了不少研究成果。在这些成果中，比较集中讨论了中国现代美术在艺术的价值取向、题材和艺术语言风格上的转换等问题。的确，百年以来，中国现代美术与传统美术相比较，无论在艺术的功能观、艺术的语言、风格与图式等方面都发生极大的变化。这种变化的频率、速度与强度，超过了历史上任何一个时期。中国美术从古典形态向现代形态的转型特征，当然不仅仅体现在艺术的实践上，即创作的作品中，也体现在中国艺术史研究与叙事方法的转换上。也就是说，中国现代艺术史学与传统艺术史研究相比，在研究的对象、范畴、方法上都有很大的变化，建构了一种新的研究范式，极大地推动了中国现代艺术史学的发展。

　　在 20 世纪前半叶建构起来的中国艺术史研究的新范式，最重要的特征体现在由重文本研究转向文本研究、书画作品研究与艺术遗存研究并重的局面，由品鉴转向实证与阐释并重的研究，研究对象也由书画为主转向多门类并重。特别是雕塑、建筑、工艺、民族民间美术被纳入艺术史学者的研究视野，使中国艺术史的内涵与体系超越了传统艺术史的体系。这种艺术史新体系的建构，实际上是中国艺术史研究的空间转向。即艺术研究的视野不再局限于书斋殿堂，而是拓展到艺术遗迹和广阔的文化现场，由关注知名艺术家创作的经典作品，转向了对"无名艺术史"所涵括的民族民间艺术的审视。

20世纪前期，以走向艺术遗迹为特征的中国现代艺术史学体系的建构，与大的历史文化语境有关。但是，重视艺术遗迹和文化现场考察，除了无须赘述的以科学之名，引进西方的艺术史体系外，还与中国艺术界内部的反思与期待，以及文化身份的建构与确认有密切的关系。五四前后，随着学术界对中国传统文化的反思与批评，以文人画为代表的传统艺术体系也遭到了抨击，由传统文人书写的艺术史文本，以及这种文本书写的方式也必然被质疑。在这种情况下，西方的艺术考古和实证研究方法也如被视为"科学"写实主义的观念与方法一样，随之传入中国。如果认为中国现代艺术史研究新范式的建构仅仅是西方方法移植的结果，未免显得有失偏颇。在我看来，一种方法论的选择和一种研究范式的建构，即中国学术界走向文化现场，关注艺术遗迹，还与在特定历史文化语境中，我们自身的文化身份的重构和民族文化艺术价值的重估的内在需求有关。随着20世纪30年代初，救亡图存的紧迫形势，以"自娱"为价值取向的文人传统继续被批评否定，但是捍卫民族传统文化尊严的意识更加自觉。"深沉雄大"和雍容大度的汉唐艺术传统，无疑成为民族大搏斗时代所值得承继的文脉和相隔历史之河的急切呼唤。而留存着大量汉唐艺术遗迹的中国西部，无疑成为中国艺术学者关注的空间。抗战全面爆发后，民族的"衣冠西渡"，也为学术界、艺术界实现空间挪移，走向西部的艺术遗迹和文化现场提供了从未有之条件。当然，走向西部广袤的文化现场也是增强国家民族认同感的一种政治文化策略。抗战中，国家处在危机中，民族的凝聚力和国家的认同感尤为重要。增强民族传统文化价值的认同，是捍卫民族尊严的重要组成部分。走向西部，走向汉唐艺术遗迹，走向文化现场，就成为中国文化人和艺术家的一种自觉行为，当然也是国家和学界的一种必然选择。正是在这种背景下，中国学术界，包括中央艺术院、史语所、中央博物院、营造学社等学术团体与机构的著名学者，组建了不同的考察团对传统和民族民间遗迹进行考察。王子云组建的西北艺术文物考察团，对西北文物的考察与研究也是这种背景下开展的。

对于中国艺术史研究的转向，学术界虽然有所关注，但是其广度和深度相对于艺术家及其创作研究而言是远远不够的。刘淳的这部专著，对于中国现代艺术史研究来说，是一种弥补和充实。

刘淳学术研究的领域与兴趣由古代向现当代转移已经很长一段时间了。记得她的硕士论文是研究宋代风俗画与宫廷政治以及文人群体的审美取向的关系问题。进入博士阶段的学习以后，一直到成为大学教授的现在，她始终坚持关注中国现代艺术史的理论与方法问题。在博士阶段的学习中，她就流露出对中国艺术史现代转型期的艺术史叙事方法与研究特点的研究兴趣。后来在与我讨论博士论文选题时，她谈到想将20世纪40年代艺术史家王子云的西北田野考察及艺术文物研究作为研究对象。听了她的想法，我们一拍即合地就确定了选题。因为，这不仅契合当时她攻读文物学与艺术史的博士专业方向，同时该事件也是我早年从事抗战美术史研究时关注过的话题。开展这一选题研究，可以弥补当时学界对西北艺术文物考察团学术研究之不足，也让我在指导她博士论文时再次关注和思考中国西部在中国艺术界，包括艺术史界的地位与作用。

她的博士论文顺利通过答辩，并得到了专家学者的好评。入职大学后，她继续对该选题进行深入研究，并于2013年成功申报了国家社科基金青年项目。此部专著，是她在博士论文基础上经过反复打磨、反思、调整，并补充了不少新的资料后，站在中国艺术史学科体系建构高度进行学科史研究的体现。关于王子云组团考察西北艺术文物的学术研究在纪念抗战胜利六十周年前后的那段时间曾在广东美术馆举办过一次大型的图片文献展和学术研讨，那次研讨会可以看成她积累相关研究史料的起点。在拿到国家项目后，她先后联系和采访到了王子云子女（工蒙、王蒨）及学生（北京大学艺术学院教授李松），从这些熟悉王子云学术研究来龙去脉的专家学者手中收获了大量关于抗战时期西北艺术文物考察研究的相关史料。可以说刘淳的研究是建立在扎实的史料研究基础上的一个关于中国现代美术史学史个案研究。她的著作既丰富了我们对抗战时期艺术史考察的学理研究，又回应了近些年社会对于抗战时期文化艺术的关切，尤其是西部田野考察事件之于百年中国艺术史以及艺术史学史的意义。

从该著作的学术研究思路看，上篇属于史实梳理，下篇属于史论阐释。上篇在前人研究基础上把考察研究对象、内容与方法进行结构化整理，对考察背景进行了从外部到自身，从社会导向到艺术自觉，从历史背景到学术自律等角度的充分论述，且对考察成果分类和考察结束时间进行了详述与考证。体现出作者清晰的研究思路和逻辑线索，这为下篇成果价值、研究方法体系和史学贡献等的价值判断和理论归纳做了很好铺垫。这也是刘淳该书写作的一个特点,即史实铺陈在先,史论思辨在后。在一个关于艺术史学个案研究的写作中强调一种超越个案专题研究的史学写作方法的内在理路,这在同类著作中难能可贵。

该著作下篇是其学术价值的主要体现。第四、五、六章是一种层层递进的关系,紧紧围绕着她在研究历程中与我交流的想法以及写作目的,不仅深度挖掘了王子云西北考察的学术成果,更重要的是她抓住民国时期美术史写作范式从传统书画史写作走向吸收跨学科研究后将经典与非经典,有名与无名的艺术史综合写作的史学转型特点。同时,她受到西方著名艺术史家沃尔夫林对艺术作品进行风格序列研究的无名艺术史写作思路的启发,将王子云的田野考察内容纳入一种无名艺术史研究之中,这样便将他西北考察中涉及的民间无名雕刻、建筑、绘画、民俗、工艺等艺术形态归入无名艺术史的概念范畴,进而探讨民国时期无名艺术史研究的范式与特点,以及王子云史学对于无名艺术史研究的价值。然而她的"无名艺术史"概念又与沃尔夫林有所不同,她将"无名"艺术解读为无创作者的或无文献可考的民间艺术作品。这类作品具有民间属性和与考古学科关系密切的特点,属于前人关注较少的工匠之作。这种把田野考察的多门类艺术文物进行一种艺术史学的整合叙事,在既有研究中是少有的,这也是启发她做另一个关于民国时期无名艺术史研究的国家项目的基础。

作为一名女性青年学者,刘淳对艺术史学问题的研究角度和理论思辨体现出一种相当理性的逻辑推演和史学体系的建构能力。在该著作的第五章,她对王子云田野考察方法的三维立体模型的建构和阐释中,呈现出一种将碎片化史实材料进行重组提炼和理论抽引论证的研究取向,她把王子云的学术研究方法与其社会责任、创作观念综合考虑，把前人对研究方法仅局限在田野考证方法的狭窄范畴中讨论变为把研究方法看成一种与考察工作整体的研究思路和价值取向相统一的方法论体系，展示出她在史论探究中敏感的理论建构意识。这与她十多年学术研究训练与磨砺不无关系。

做事认真、踏实、勤勉是刘涥在读书期间以及在四川师范大学任教过程中给我最深的印象，希望她以此书的出版为契机，把中国近现代美术史学研究继续向前推进。对于她在学术研究上的探索，我们应有更多的期待。

四川大学艺术学院教授、博士生导师
中国美术家协会理论委员会副主任
黄宗贤

绪　论

在中国艺术史学逐步走向全球视野的当下，无论是西方学者的中国艺术史研究还是国内学者对中国艺术史研究视域的拓展尝试，都不谋而合地走向了对中国艺术史学的发展趋势的关注，中国艺术史究竟应该是研究"艺术的历史"，抑或研究"历史中的艺术"，二者的区别主要是关注的重心不同，前者强调在艺术范畴内去探讨艺术的历史规律与发展轨迹，后者看重在历史语境下去关注艺术与他者的关系，诸如艺术与宗教、艺术与经济、艺术与政治、艺术与社会以及艺术与民族性、区域文化传播等历史情境的关联。换句话说，前者偏向更传统的内涵式研究，后者偏向更具开放格局的外延式研究。前者在过去的研究中主要表现为以年代学为主轴的历时性艺术史，而后者在当下更多地体现为具有历史情境的空间性艺术史①。显然，后者更能使艺术史与其他人文学科进行互动关联，这必然导致中国艺术史学在理论与方法层面需要寻找新的突破。这也正是当下中国艺术史学越来越适应在综合性高校发展的原因之一，也是全球史语境下中国艺术史与世

---

① 所谓空间性艺术史，它是一种区别于时间性的历时性艺术史的史学观念，即重视对原境（context）的重构和阐释。空间性艺术史更看重艺术本身的物理存在性和文化存在性，淡化以时间为序或某种艺术观制约下的历时性艺术史。

界艺术史研究语词进行互涉共融的趋势所需。中国艺术史学的跨学科性、人文性、综合性成为了作为学科的中国艺术史在当下学界的共识①。因此，溯源20世纪以来现代中国艺术史学的理论与方法的发展轨迹，从而反思和探讨未来中国艺术史学在全球视野下的叙事模式和方法体系显得尤为有必要，因为它可以为学科发展的趋势预判提供一些历史经验的参考和方法论实践的案例。

　　众所周知，作为学科的中国艺术史以传统的经典书画史为基础，结合西方艺术史学科所建构的理论与方法体系，在对"美术"进行了普世的定义②后，逐步形成具有区域艺术史学科特色的中国艺术史学。当然其叙事模式无法割裂与西方艺术史观、理论、方法、语词的关系，西学思维的痕迹尤为明显，这在20世纪早期的中国美术史学著作（教材）③中有明晰的呈现。同时伴随考古

①　芝加哥大学的中国美术史教授巫鸿认为，这种艺术史与历史学、人类学、社会学、文学，甚至经济学建立密切联系的原因是西方艺术史研究在上世纪70、80年代由历史学带动美术史研究所出现的一个深刻变化，即"从建筑于'普世'观念上的形式分析转移到对艺术创作的具体历史分析，包括艺术品的创作、需求、功能、观看、流通、展示、收藏等方面"（该观点引自巫鸿于2017年11月在第11届全国高校美术史学年会上的主题发言《全球视野中的美术史研究：变动的格局与未来的展望》）。显然他说的这种深刻变化后的西方艺术史学发展趋势也对借鉴西方艺术史理论进行具有学科意义的中国艺术史研究产生了深刻影响。

②　这种对"美术"的普世定义，极大地扩展了艺术史研究的对象和门类，将传统书画史不关注的民间建筑、雕刻、工艺美术、风俗活动、宗教仪轨等具有视觉形象的对象作为了艺术史研究的范畴。换句话说，美术不只包含绘画与书法这两类传统认知下的概念范畴。

③　20世纪早期的中国美术史著作大都是为了教学需要而编制的教材，比如1917年姜丹书的《美术史》、1924年叶瀚的《中国美术史》、1926年滕固的《中国美术小史》、1929年郑午昌的《中国画学全史》等。

学、人类学、民俗学等人文学科在艺术史领域的运用,20世纪上半叶中国艺术史研究从前现代学术向现代学科转型历程中,已经实现了作为"历史中的艺术"研究的第一次理论与方法的跨越与转向。这期间有一次官方组织的、大规模的中国艺术史田野考察事件便是实践这种理论与方法转向的典型尝试,即国民政府教育部在1940—1944年期间,由画家、雕塑家兼艺术考古学家王子云发起的"西北艺术文物考察"。王子云组建了一支由艺术家群体担纲的西北学术考察团队,历经四年,对四川、河南、陕西、甘肃、青海五省①进行了针对"无名艺术史"的民间艺术遗迹的田野考古和艺术考察。本次考察规模之大,考察范围之广,研究成果之丰厚,对新中国成立后的中国艺术史研究提供了丰富的第一手材料和理论方法的思路。

　　学界对于抗战时期这次官方组织的西北艺术考察事件的关注主要来源于对考察团团长王子云(1897—1990)的相关研究。由于种种历史原因,该事件一直成为王子云学术地位评价的敏感事件,以至于在王子云去世后的一段时间内,该事件一直沉睡在历史烟海之中,知其原委的人非常有限,更谈不上深入地探究和发掘其史学贡献。20世纪90年代中后期,在王子云生前工作单位(西安美术学院)的一批他的学生以及他的子女们的共同努力下,最近二十多年关于王子云的田野考古研究才又重回学术研究的话语之中②。

---

① 在这五省的考察中,以后四省为主,四川不是考察计划中的重点,考察时间也最短。

② 2017年11月由王子云长子王蒙先生发起在陕西西安成立"王子云艺术研究院",展开针对王子云西北考察及其相关研究的整理、展览和研讨会,并于2018年3—6月组织"致敬王子云写生新时代——重走大师西北研修之路"的艺术考察采风活动等。

　　近些年来，研究王子云的著述往往会从他由艺术家向艺术史家的身份转换谈起，评述他大半生在欧洲和中国的艺术考古历程与艺术史著作，认为他是"中国美术考古的拓荒者"、"中西文化交融的拓荒者"、"中国美术考古学派的创始人"、"新文化运动和现代美术的拓荒者"、"陕西美术考古和美术教育的奠基者"等等。而这些评价都离不开他艺术考古事业的起点——抗战时期的西北艺术文物考察①。研究抗战时期西北艺术文物考察事件与研究王子云的田野考证方法体系及其艺术史学贡献是一个不能分割的整体，这也正是本书研究的重心之所在。

　　从王子云生前出版的著作中可看到40年代他率团考察西北艺术的部分研究成果，例如《唐代雕塑选集》(1956年)、《中国古代石刻画选集》(1958年)、《中国古代雕塑百图》(1980年)、《中国雕塑艺术史》(1988年)②。

　　而随着近二十年对他史学研究的深入和他在抗战时期组织西北艺术文物考察活动的纪念性展览在陕西、重庆、广东等省市的陆续宣传，他生前的其他著述也随之而出版。例如：《从长安到雅典——中外美术考古游记》(1992年)、《中国历代应用艺术图纲》(2007年)、《汉代陵墓图考》(2007年)以及2007年再版的《中

①阎文儒曾写诗《清平乐——遍查全国石窟》评述王子云的艺术考古事业：
　　"西起昆仑，览今古窟群。南下巴蜀通东海，驻马西子湖滨。莫高窟里行遍，麦积宝顶踏乱，北上云冈龙门，行程早已逾万。"艾青又云："踏遍地球，历尽千辛万苦，为追寻人类美的创造。"(引自《丈量历史的足迹——纪念一代艺术大师王子云先生诞辰120周年文集》，第15、12页。2017年11月由王子云之子王蒙筹款印刷，暂未公开出版。)
②这批生前出版的著作中以《中国雕塑艺术史》影响力最大，也是他的重要代表著作和后半生学术研究重心的体现。

国雕塑艺术史》和《从长安到雅典——中外美术考古游记》。这些著作的刊布,都不断促使王子云及其教育部西北艺术文物考察事件受到越来越多学者的重视。

从 1992 年《文博》杂志第五期上刊发东平撰写的《历史遗珍——"教育部艺术文物考察团西北摄影集选"(1940—1944)的发现》,以展示摄影内容为线索,第一次以专题研究方式对外公开介绍王子云在抗战时期的西北学术考察事件及其研究成果《西北摄影集选》①算起,关于该西北考察事件的研究才算陆续展开,其中较有影响力的公开展览有两次。一次是由广东美术馆和中国敦煌研究院主办,西北大学、中国美术学院、西安美术学院、南京农业大学、南京博物院、岭南美术出版社承办,以纪念抗战胜利七十周年为契机,于 2005 年 9 月 27 日至 10 月 30 日在广东美术馆举行的"文化的责任——西北艺术文物考察团纪实"展览,展览同期出版专著《抗战中的文化责任》②。并在当年广东美术馆年鉴中收录了本次展览研讨会的论文。这些论文包括李松、卢夏(考察团成员卢是③之子)、陈云岗、罗宏才、章国利、陈根远、戴叶君等人的研究成果,其内容主要是梳理本次西北考察活动的史实和意义,或者是对考察团的敦煌壁画临摹进行概要性分析,或者是对考察团其他成员(比如卢是)的考察活动进行评述。其中没有涉及对王子云学术贡献的系统梳理与研究,更未深入反思本次考

---

① 该摄影集选后来由西北大学文化遗产学院整理后正式对外出版,即:《西北大学藏民国时期教育部艺术文物考察团西北摄影集选》,西北大学出版社,2016 年 8 月。
② 该套书共六册,分别是叙述文版、历史图版、艺术图版、图卷版二册、教育部艺术文物考察团经常费会计报表,具有较强的史料梳理价值。
③ 卢是又名卢善群。

察的方法论体系和王子云的艺术史学价值，尤其是从学科史角度体现出的史学价值。

另一次是2016年8月陕西省美术博物馆举办的关于考察团团长王子云的文献展，即"云开华藏——陕西省美术博物馆藏王子云作品及文献展"(该展属于2016年文化部全国美术馆藏精品展之一)。该展览将抗战时期王子云在西北艺术文物考察期间的沿途写生、田野摹绘、测量等历史档案整理展出，同期出版了三卷本《云开华藏——陕西省美术博物馆馆藏王子云作品及文献集》①。此文献集中，文献卷包括王子云论著的部分手稿、手绘地图、王子云旧藏拓片、王子云与文博和艺术史界朋友的往来书信以及文艺界学者专家对王子云著作、作品、纪念日的题词；作品卷包括王子云的油画、素描、速写、国画作品(国画作品主要是40年代西北考察中的艺术采风)以及他的其他创作与收藏品；图像卷包括王子云生平简介、个人影像、王子云本次西北考察和之后的文物考古之古迹照片。应该说该文献集为研究教育部西北艺术考察和王子云艺术史学贡献提供了较为全面的图像史料，其中也有少量关于王子云写生作品、拓片的评论与研究述评，不过总体是以图片史料整理为主，并未对史料作系统性学理研究。

值得一提的另一关于王子云史学及其抗战时期西北艺术文物考察活动研究的重要会议，是2017年11月由王子云先生后裔发起，联合西北大学、陕西省美术家协会、西安美术学院、陕西师范大学等高校和艺术机构主办的"丈量历史的足迹——纪念一代艺术大师王子云先生诞辰120周年"学术论坛。此次论坛由来自西安

---

① 该文献集分为文献卷、图像卷、作品卷三卷，由陕西省美术博物馆编著，陕西人民美术出版社出版，2016年7月。

美术学院、中国国家博物馆、陕西历史博物馆、广东美术馆、敦煌研究院美术研究所、广西艺术学院、上海交通大学、上海美术学院、陕西省考古研究院以及陕西省美术博物馆的十余位学者发表了关于王子云艺术史学研究的学术报告。其中涉及本次西北艺术文物考察的论文有 5 篇①。时隔十二年，国内学者对该问题的关注的核心点主要还是对王子云在 40 年代考察敦煌、唐代帝陵及其雕塑艺术史研究的历史地位评述，仍未在王子云此次西北考察的方法论体系和艺术史学地位述评方面向前推进研究。

此外，偶有论文研究：王子云与敦煌学研究的关系；考察团临摹敦煌壁画的手法与张大千的比较；考察团的田野考察方法与梁思成及营造学社的方法比较等问题。同时还有涉及教育部西北艺术文物考察的学术成果及方法的研究，如：中国艺术研究院的王吉于 2008 年完成的硕士论文《梁思成与王子云田野考察方法的比较研究》；南京师范大学的刘朝霞于 2013 年完成的硕士论文《西北艺术文物考察团史事考证》；2015 年咸阳师范学院徐伟的《探析"西北艺术文物考察团"考察方法》等。这些青年学者对西北艺术文物考察活动和王子云研究方法的探究从总体上看，较为零散和概念化，缺乏对王子云艺术史学的系统性方法论框架的建构。

基于上述思考，本书选择将抗战时期王子云组建的教育部艺术文物考察团的艺术史考察活动作为一个艺术史学理论与方法

---

① 这 5 篇论文分别是田有前《王子云与唐陵研究》、李海磊《论教育部艺术文物考察团敦煌壁画临摹的色彩理念》、石村《一部影响深远的权威专史——读王子云先生〈中国雕塑艺术史〉有感》、吴荣鉴《莫高窟依然是一片净土——纪念敦煌艺术保护研究的发起者之一王子云先生》、王嘉《察古识今，鉴往开来——王子云与 20 世纪中国美术史的寻根情结》。

转型的典型历史案例,通过梳理该历史活动的起因、经过和研究成果等史实,深度剖析此次教育部西北田野艺术考察的学术成果价值,以及王子云对中国艺术史学的学术贡献,尤其是在学科史和方法论上的贡献,从而为当下作为人文学科重要组成部分的中国艺术史学理论与方法体系的建构提供经验反思。

本次研究将王子云率团的教育部西北艺术文物考察研究分为上下两篇,上篇集中梳理教育部西北艺术文物考察的史实,下篇分析论证考察团核心人物王子云基于西北艺术考察的史学研究贡献,即从史料整理过渡到史学理论反思的研究思路。

对于史实的梳理,前人已经作过一些整理研究,例如上海大学的罗宏才、广州美术学院的李公明以及南京师范大学的刘朝霞等。但其中仍有一些关于史实的细节问题属于未决问题。比如,教育部西北艺术文物考察团队的前期筹建有哪些具体工作,王子云组团在何种程度上受到过哪些人员或历史机缘的促成,教育部西北艺术文物考察活动究竟何时结束等等史实细节,学界一直欠缺关注和深入研究。

对于西北考察的史学贡献反思,在以往对该事件的历史评价中主要集中于敦煌考察的意义分析和唐代帝陵考察的成果研究,将本次西北考察中民间小艺术①和民俗风情、社会艺术教育等工作内容的价值弱化或者舍弃。而这些内容不仅是构成教育部西北艺术考察的重要组成部分,还促成了王子云后半生艺术史研究

---

① 西北各地尤其是西安、兰州以及河西走廊等地的墓葬小艺术、少数民族艺术和民俗工艺是王子云团队的考察对象,主要包括瓦当、石刻线画、墓俑、铜镜、印钮、碑刻、民间建筑装饰图案、少数民族服饰、民俗活动、宗教信仰仪轨及工艺等。

领域的定位,即研究民间的非经典的无名艺术文物。"无名艺术史"的史学形态在民国中后期已然成为学科意义上的中国艺术史的重要组成部分,且在当下有愈来愈突出的地位。因此,笔者希望在全面梳理考察成果的同时,对"无名艺术史"在民国的研究范式进行深度剖析,从而在新的艺术史学坐标中去衡量考察团及王子云后期研究的学术价值。

新的艺术史学坐标的两轴分别是艺术史的研究范畴和方法论体系。这两轴是作为学科的中国艺术史在现代转型中最关键的两个维度。以这两个维度为基准轴,可以将抗战时期教育部西北艺术文物考察的学术贡献及王子云史学研究地位进行更清晰的定位,从而归纳出他对无名艺术史、中国雕塑艺术史和中国艺术史学科体系这三个层面的贡献构成。

总之,本课题试图以史实的系统挖掘和梳理为基础,对艺术史学理论与方法的现代形态和中国艺术史学科史的早期面貌进行反思和剖析,把历史事件的个案研究置于艺术史学史的范畴,建构民国时期滥觞之"无名艺术史"的史学概念和王子云田野考察的方法论模型,从而深度呈现西北艺术文物考察的学术价值和王子云史学的贡献与地位。

艺术史,既是艺术的,也是历史的;既是审美的,也是实证的;既是时间的,也是空间的;既是有名的,也是无名的;既是艺术的经验,也是历史的文本。而对艺术史的考察,既是文化寻根,也是体察生活;既是解读图像,也是重构历史;既是学术史,也是学科史。期待对艺术史考察的关注,既是对艺术史的回顾,也是对艺术史学的反思;既是对学科演进的梳理,也是对史家贡献的诠释;既是史学形态的建构,也是史学方法的扩容。至此,鄙人稍可安放那颗忐忑而困惑的心。

上篇　抗战时期教育部西北艺术文物考察史实

第一章 王子云组建教育部艺术 文物考察团的缘由

抗战时期是一个社会变革与民族危机的战乱时期,在国民政府的西北开发计划和知识界、艺术界的文化反思与责任意识的催化下,留学法国学习雕塑的艺术家王子云,在 20 世纪 30 年代求学欧洲的游历中,深刻感受到了中华文明所带来的文化自信和身份认同。他带着憧憬与责任感回国进行西北艺术史迹的调查,试图在寻找祖国古代艺术遗迹的过程中重塑民族自信与文化精神,进而建构具有现代学科意义上的中国艺术史学新的理论与方法体系。

第一节 抗战背景下西北艺术 文物考察的主客观条件

一、舆论环境

抗战时期,由于战乱导致很多文化建设和学术研究都处于举步维艰甚或中断停滞的状态,而王子云能在这一特殊时期进行学术考察,且以国民政府教育部的官方形式开展工作,前后持续四年之久(1940 年底—1944 年)。这一历史性的学术考察活动必然有着各方面的因素和机缘促成。其中主要包括舆论环境、学术发展趋势以及王子云的个人艺术诉求等主客观条件。

所谓舆论环境,主要是指国民政府的西北开发计划中对西北文化建设的重视、艺术创作界在开展艺术民族化思潮讨论后对民族艺术资源的需求和"审美西行"的写生创作风潮,以及知识界人士感知到西北文化资源的开发与研究价值的重要性和文物保护的迫切性等多方面现实需求与舆论氛围。

1.国民政府层面

首先,从国民政府在抗战爆发以后的时局规划来看,自从"九·一八"事变以来,日军侵占了我国大量领土,在东北三省沦陷之后,上海、南京及长江上下游各市镇也相继受到日本人的侵犯和挑衅。国民政府早在1932年就有把行政机构移至洛阳办公的考虑,且国民党党内人士刘峙于同年在呈请国民政府确定将洛阳设为永久陪都的提案中,倡议"关于启发西北之大计者":

> 我国幅员之广,世界稀有,历来当国者,每仅经营中原诸行省为繁荣之域,其他蒙、藏、川边、新疆、青海等区,土广人稀,货弃于地,此中外人士所引为痛惜者。垦荒殖民之大计,年来甚嚣尘上,而终未见毅然奋袂者,……倘即洛阳建设陪都,即可为有效之擘画。[①]

于是同年国民政府中常会议议案里提出,设洛阳为行都,长安为陪都。随即行政院已设立洛阳行都筹备委员会。至于陪都之设定,在历史地理及国家将来需要上,国民政府最终还是决定以长安为宜,将长安定名为"西京"。虽然最终国民党中央确定长

---

① 西安市档案局、档案馆编《筹建西京陪都档案史料选集》,西北大学出版社,1994年10月,第4页。

安为陪都,洛阳为行都,但决意开发西北,以巩固国力和政权,为长远计的想法已是比较明确的时政策略。诚如《西京市政建设委员会聘请专门委员缘起》一文中提到:"我政府痛定思痛,统筹全局,不得不以西北为我民族今后立国之生命线,因有陪都之设立。"①

　　也正是因为国民政府对"西京"在政治、军事、文化等多方面的重视,对以"西京"为中心的西北地区文化建设自然会提上议事日程。1932年3月7日国民政府正式成立西京筹备委员会,负责西京陪都事宜的筹备。1933年8月筹委会下设秘书处,该处又分三组一室,即总务组、文物组、技术组和人事室。其中在办事规则里明确了文物组的权限与职责为"主管保护发扬古迹文物等文化事业"②。从此时起,西京筹委会成为政府层面在文物古迹保护方面的执行机构。该会首先是在筹委会工作大纲中写入了"西北各省社会调查"和"调查名胜古迹"两项内容,并在该会成立周年(1933年6月)的工作报告中提到:"吾先民之伟大史迹大部分遗留于此省(陕西),对于中国古代文化有最优美的成绩,建筑、绘画、塑像、雕刻特别发达,尚为外省人所不及知。"③并首先关注到霍去病墓石刻,函请兴平县政府保护该石刻,并派遣人员前往规划保护工程。在1934年的周年工作汇报中又提到"函甘肃、四川、青海、宁夏、新疆、西康等省政府征求名胜古迹拓印品及其古

①西安市档案局、档案馆编《筹建西京陪都档案史料选集》,西北大学出版社,1994年10月,第5页。
②同上,第20页。
③同上,第155页。

物"①,以此来促进国人关注西北,而非西京一地。1937年3月,将西京市区划为六区,并将工业区与古迹区严格划定界限②,以此强调对古迹区的保护。

因此,王子云1940年5月呈报国民政府教育部,提议调查陕西、甘肃、青海等省的文化史迹,自然就顺理成章地成为西北开发之文化建设的一部分,同时也迎合了西京陪都建设的需要。用王子云自己对当时政府时政策略的解读来说就是:"早在西北艺术文物考察团组织之前,重庆国民党政府大概是为了将来逃避日本侵略军的再进攻而先选逃路,于是有开发大西北的倡议。"③从上述西京筹备委员会的工作报告中,可以看到在文物保护方面,西京筹委会的工作对王子云提议筹建艺术文物考察团的调查项目起到了很好的铺垫和借鉴作用。

第二,就国民政府当时的文化政策而言,在抗战全面爆发,国共合作建立抗日民族统一战线的大背景下,国民政府也在一些爱国文化事业方面表现出一定的支持措施,以期激发全民抗战的民族凝聚力。于是政府对一些文艺组织给予财政补贴,如中华全国文艺界抗敌协会每月得到政府1500元的资助④。同时,国民党内的CC派成立了一个具有复古倾向的文化团体——中国文化建设

①西安市档案局、档案馆编《筹建西京陪都档案史料选集》,西北大学出版社,1994年10月,第166页。

②1937年3月24日"西京市区计划第一次会议决议"的第2、3条,原文见同上,第93页。

③王子云《从长安到雅典——中外美术考古游记》上册,岳麓书社,2005年8月,第49页。

④《中华全国文艺界抗敌协会史料选编》,四川省社会科学院出版社,1983年,第128页。

协会。由国民政府教育部部长陈立夫担任理事长①,进行史称的
"本位文化建设运动"。以发扬民族精神、科学精神、创造精神为
宗旨,强调建设一种"新文化"须先恢复固有的至大至刚至正的民
族特性,然后以此来复兴民族。虽然这一"本位文化建设运动"
被认为实质上是"中学为体,西学为用"的陈词滥调在新的历史
条件下的翻版,但作为时任教育部部长的陈立夫所倡导的民族
文化的复兴意图,与王子云提议组织官方的学术考察团体以期
发扬我国固有之传统文化的理念,在某些程度上是相通的。因
此王子云的意见书能引起官方相当的重视与支持,并能较快通
过所有审批程序,获准成立西北艺术文物考察团队也应是情理
之中的事。

　　第三,国民党内文化人士呼吁保护西北艺术文物的倡议。在
政府层面的舆论环境为王子云的西北艺术调查提供了又一客观
机遇。根据王子云自述回忆:

> 时任国民党政府监察院院长的于右任是陕西人,平时颇
> 喜爱收藏古代文物(因他长于书法,其中收集的魏唐墓志特
> 多),他曾于1939年去过一次敦煌,回重庆后即宣扬敦煌的
> 壁画塑像如何好,并提出应该加以发扬和保存,这样,就为我
> 们组织西北艺术文物考察团提供了一个很好的借口。因此,
> 在考察计划中,敦煌列在首位。②

---

①叶青、马怀忠主编《中国现代文化史》,吉林大学出版社,1990年11月,第145页。

②王子云《从长安到雅典——中外美术考古游记》上册,岳麓书社,2005年8月,第49页。

除了于右任以外,戴季陶、张继①等人也有"保护大西北文化艺术摇篮的倡议"。②

以上三点是从国民政府角度分析社会高层对西北文化开发与研究的重视程度的相关政策、舆论环境和客观机遇。

2.艺术界层面

首先,从"西北写生"风潮的创作舆论角度看,自从抗战爆发以来,在艺术界,无论是国画、油画、版画还是雕塑与漫画或工艺美术的创作者们都在大后方为民族危机、国家命运而疾呼,身体力行地用艺术家的方式在"为人生而艺术"的旨趣下,希望能唤起民众的爱国热情和对祖国文化的认同感。并且在当时艺术界掀起了反思民族艺术、传统文化的"审美西行"的艺术创作思潮。

不仅在国统区,在解放区也开展了关于艺术民族形式的讨论。1940年初,毛泽东的《新民主主义论》在延安的《中国文化》上发表,其中就明确提出"中国文化应有自己的形式,这就是民族形式"。在关于民族形式的讨论中,延安的周扬、艾思奇、萧三、何其芳、柯仲平、冼星海等文艺界人士参与了讨论,国统区的郭沫若、茅盾、胡绳、葛一虹、潘梓年、罗荪、戈茅、黄芝冈、光未然等也都参与进来。该讨论在文学、戏剧、音乐创作方面都有明显的影响。

这次关于"民族形式"的讨论,刺激了美术界的版画创作及其对民间艺术资源的挖掘,也直接促成了油画民族化问题的提出和西北写生的热潮。尤其是对敦煌艺术的寻根热潮更是引发关于"民族形式"如何利用的反思。而西北地区的民族文化资源是最

①张继时任国民政府西京筹备委员会委员长。
②广东美术馆编《抗战中的文化责任:西北艺术文物考察团六十周年纪念图集·叙述文版》,岭南美术出版社,2005年9月,第36页。

丰富,也是最值得深挖和研究的。

因而艺术创作界在反思西北地区的民族文化传统中走出了一条"审美西行"的实践之路,这是艺术家们面对国家存亡、民族危机的忧患时代的特殊历史抉择。诚如研究抗战艺术史的学者黄宗贤所分析的那样:

> 五四以来,在"美术革命"的思潮影响下,美术界对于宋元以降的文人艺术传统进行的持续批判,动摇、颠覆了文人艺术的独尊地位。中国传统艺术是否还能为中国艺术的现代转换提供养料,什么还可以成为重构我们民族文化艺术价值的重要资源? 在重实证的新的艺术史观和中国学术研究中的"厚古薄今"思维的双重影响下,中国艺术界学术与艺术的视野必然发生新的拓展和转向。所谓的拓展就是要超越文人艺术传统,重新认识和发掘汉唐艺术、唐宋艺术的价值,所谓的转向就是将视野扩展到长期以来被文人艺术观挤压的边区少数民族和民间艺术上,在更为广阔的历史时空中寻找新的创作资源,以完成对文人传统的突破并弥补长期以来占主流地位的文人艺术被批判而带来的资源缺失。因此,存留大量非文人画艺术遗迹和聚集着众多民族、民间艺术资源与多元民族生活样态的西部地区,成为战时中国的一片热土。美术界掀起了一场壮观的本土西行运动。①

对于油画家们而言,20 世纪 20、30 年代以来虽然一直以西方古典写实主义的科学性来抨击传统中国画是无病呻吟,不食人间烟火的落后的艺术形式。然而他们自身也陷入为艺术而艺术的

---

① 黄宗贤、赵帅《本土西行与价值重构——抗战时期中国美术家的文化抉择》,《美术》2015 年第 9 期,第 102 页。

空想与抒情之中,与时代环境格格不入。与现实的疏离使为艺术而艺术的价值观不得不让位于更为贴近现实和紧迫时局的大众艺术和民族艺术。这迫使油画家们开始思考如何将这种舶来的艺术形式与本民族艺术进行结合,实现油画的民族化。因而他们选择把视野转向更为贴近民众,贴近生活的民族地区、边疆地区,试图在民族文化中提取中国元素进行油画创作。民族主义的创作观和艺术思想成为了他们不约而同的选择,"审美西行"正是这一选择的最好实践途径。

例如,董希文创作的《哈萨克牧羊女》便是他40年代西北油画写生中体现民族特色的代表性作品,该油画对中国绘画的平面性、装饰性色彩以及以线造型的表现方式的借鉴都属于"审美西行"风潮下的创作成果。他在敦煌壁画临摹过程中偏爱北魏的画风,因此在该油画创作中吸收了北魏艺术中刚健奔放的线条表达,用冷色线与平涂的壁画手法进行装饰性处理,体现了他对西北地区少数民族人文风情的感悟与对敦煌艺术的理解。

对于国画家们而言,由于20世纪以来一直受到西方艺术思维方式的质疑和抨击,因此他们的艺术语汇一直处于中西观念的博弈之中,在反思中造就了"改革派"、"折中派"、"传统派"的不同创作体系。随着抗战的爆发,民族的生存成了最为核心的国家命题,艺术只能成为一种从属性的功能化的社会抗争武器,救亡也就成为文艺界压倒一切的紧迫任务。而以往崇尚淡泊平和的人生态度和宁静幽远的艺术旨趣的国画家,在面对现实主义的创作手法时显得是力不从心。因此,国画家们也在创作道路上希望重新认识传统,重新在传统艺术资源丰富的西北地区去寻找艺术传统之文脉,以期逆转国画创作在抗战背景下的尴尬局面。张大千就是艺术寻根之旅过程中的佼佼者。

　　张大千对敦煌艺术的了解始于 20 世纪 20 年代在上海求学时，通过他的老师美术教育家李瑞清和书法家曾农髯二人初有耳闻，又在沪宁平等地方见过零星的敦煌写经和绢画作品，对敦煌艺术心生向往。加上他与书画家叶恭卓的交往，叶曾在 1921 年 11 月发起组织"敦煌经籍辑存会"，吸收了罗振玉、王树枏等人加入敦煌文献研究。叶恭卓对张大千绘画素来赏识，张大千听从了他的建议，从而去敦煌取经，改变画风。虽然他不是最早到敦煌研究艺术的画家，但他去敦煌考察后的衰年变法和国画泼彩的画风，在画坛的影响力是不容置疑的。

　　而最早前往敦煌莫高窟进行壁画临摹的是上海画家李丁陇，他在 1938 年 10 月前往敦煌，临摹壁画 8 个月，并于 1939 年冬在西安举办了"敦煌石窟艺术展览"，揭开了艺术家考察西北，进行西北写生与创作实践的序幕。1940 年 3 月，岭南画派的代表画家关山月从厦门到重庆，之后与赵望云等人前往敦煌考察写生。应该说 20 世纪 40 年代初，艺术界掀起了一股西北写生的浪潮，而王子云的西北艺术考察既是为"艺术史"而考察，也是为"艺术创作"而考察。此时，"审美西行"的创作风潮从本质上来讲，是建立在对汉唐艺术精神的挖掘和审美品格的肯定基础之上的。这在王子云日后的工作项目中，将发掘汉唐艺术所体现的民族精神作为工作重点，在逻辑上吻合。并且，从他的工作内容中可以明确看到西北写生的创作风潮对其学术调查内容与方式的影响。

　　第二，艺术人才的内迁客观上为王子云招募考察成员提供了便利条件。自从 1938 年 10 月武汉失守以来，国民政府将重庆设为陪都，大批工厂、学校、科研文化机构、文艺团体和艺术界人士内迁重庆，美术院校也主要集中在重庆，艺术活动的阵地也随之发生了历史性的西移。艺术人才主要聚集于陪都重庆，并形成了重庆、成都、昆明、桂林等地为核心的艺术人才聚居圈。

在国民政府的高校内迁政策下,几所重要的美术院校也陆续辗转来到重庆落脚。最早迁入重庆的美术院校是中央大学艺术系①,1940年秋,国立艺术专科学校从昆明迁到重庆郊县璧山,而王子云也正是在此时期离开艺专的教职,打算在重庆从事自己的雕塑创作。没想到遇到重庆大轰炸,为无名英雄纪念碑创作的雕塑工程不得不停工。至此,王子云便在这样的客观时局下改变自己的工作计划,在重庆招募合作人员,前往西北进行田野考察。

因此,艺术家、青年艺术学生便成为王子云在重庆招募考察成员的最佳对象。一方面,他熟悉重庆的艺术创作人才的现实困境,另一方面,重庆在客观上聚集了大量的艺术人才,而美术界又有西北写生的创作风潮的舆论刺激,使得很多青年学子在因战乱无法找到工作的情况下,抱着对西北民族艺术的憧憬和寻根情结,愿意积极参与到王子云的调查实践团队之中。

3.知识界层面

首先,欧洲对敦煌学研究之滥觞引发国内知识界对西北文化艺术研究的舆论关注。王子云对西北艺术文物产生兴趣源于他在欧洲的中国艺术文物展览和欧洲古物遗迹的参观与游历,这种在域外产生的民族文化认同感和责任意识在当时留学海外的知识阶层中较为普遍。作为敦煌学者早期的代表人物姜亮夫,他在讲述自己为何进行敦煌学研究时谈到,20世纪30年代他自费留学欧洲,看到了敦煌文物在欧洲展出,一批欧洲学者对我国的这些优秀文化遗产如数家珍,使得他的民族自尊心受到刺激,觉得

---

① 1937年10月迁入重庆沙坪坝,其中包括徐悲鸿、吕斯百、陈之佛、吴作人等。

有责任去保护和研究祖国的民族文化。于是他和王重民、向达一道从事起敦煌研究，并放弃了博士学位的攻读。三人在欧洲分工合作，对流失海外的敦煌卷子进行了细致的文献学研究。回国以后他们又继续从事敦煌学的相关研究。其中，向达在 1943 年参与中央研究院西北科学考察团历史考古组对敦煌等地的学术考察，与王子云带队的教育部艺术文物考察团在敦煌相遇，双方还存在一定程度上的相互合作与影响关系。

　　在美术史学界，不少学者也早有对西北文化艺术的探究情结，包括岑家梧、陈钟凡、冯贯一、史岩等从事中国艺术史论研究的知识分子。比王子云稍晚考察敦煌的艺术史家史岩在谈到他对河西走廊石窟艺术的考察①时有这样一段感慨：

　　　　余十五年前，因嗜艺史成癖，痛感法墨珍图、周铜汉玉未能遍观；各地历代壁画名迹、造像杰作、建筑伟构无有周览，认为生平莫大恨事，西北为古文化发源地，为能巡游，尤感苦闷。曩者大村西崖氏尝谓："中国艺术史理想之作非最近数十年内所能完成。"对此言，余实有同感。盖文献史料浩如烟海，紊乱如麻，应整理之地史迹遍及海内，东西南北，无地不有。世所闻名者，有待研究；淹没不彰者，尚须调查；地下文物，蕴藏至丰，考察发掘，整理研究，尤不可或缓。三端均属艺史之骨肉精血，今无一举，长此以往，艺史之形成实遥遥无日也。②

① 史岩对河西走廊的艺术调查是 1943 年 3 月至 1944 年 5 月，历时 1 年，调查对象与王子云的西北石窟艺术考察多有重合，在时间上比王子云考察晚一年，与向达团队时间较为接近。

② 史岩《史岩文集》，中国美术学院出版社，2007 年 12 月，第 1 页。

由此可见，对于西北艺术文化史迹的考察，不仅对敦煌学而言是一个重要的诉求，在艺术史界也是得到了同仁的关注，只是迫于战乱，很多学者没有及时将这一诉求付诸实施。但整个知识界对西北文化的关注和重视的舆论影响在20世纪20—40年代一直持续发酵，并引发了"西北之学"的学术风潮。（在下一节作详细阐述。）

第二，抗战文化救亡运动与文物保护意识的高涨，也促成知识界文化自觉的舆论环境的形成。抗战的洪流促使知识界原先企图以思想文化来变革社会的构想被各种民族独立的抗争理念所替代，因此"救亡"压倒了"启蒙"，成为文化界、知识界的一种共识。外加国共合作的抗日局面形成，政治环境相对宽松，各地宣传抗日的文化救亡运动此起彼伏，如火如荼。因此，"文化从军"的理想和信念在知识界成为一种普遍的社会舆论。

很多从沦陷区迁徙到重庆的文化机构和高等院校的知识精英与艺术家们都纷纷加入了抗日救亡的文化主题。这些知识界西迁而来的文化人有个共同特点是，具有同仇敌忾、救亡图存和不做亡国奴的决心。对民族文化的反思、民族艺术的挖掘不仅是一种响应政治号召的表现，更是作为知识界的一种自觉意识。例如，画家林风眠在抗战初期，曾任国民政府军事委员会政治部设计委员。且不说他在国民政府的任职经历还为王子云申请教育部组建西北考察团队或多或少起到过一些作用，单从知识分子的文化从军理想和民族责任意识看，林风眠就对王子云的西北考察构想产生过积极的影响，因为此二人颇有交情（后文再详谈二人交往）。因此，知识界的文化人在时代的感召下，文化寻根的舆论环境下都不约而同地关注西北，重视西北。

在知识界践行文化从军理想的抗日文化救亡运动的进程中，

一个残酷的现实是日军侵略行径造成我国优秀文化遗产的损毁和流失。这是继八国联军侵华后的又一次文化浩劫与灾难,造成了大量史迹文物受到严重的毁坏、盗墓、偷运、贩卖、流失。尤其是深处沦陷区的图书馆图书化为灰烬,文物遭到无情焚毁。据国民政府教育部1938年底报告统计,中国自抗战以来图书损失至少在1000万册以上。另据国民政府教育部于抗战胜利后整理编撰的《被日劫掠文物目录》和《文物损失数量估价表》统计:我国战时被劫之公私文物,查明有据者有书籍、字画、碑帖、古物、仪器、标本、地图、艺术品、杂件等3607074件,另1870箱;又被劫古迹741处,以上估价共值国币(战前币值)9885646元。①

这还仅仅是官方统计数据和公家收藏的文物,而大量散落在民间的文化史迹与遗产的破坏程度则无法完全统计。

其实早在抗战正式爆发前,民国以来的文化盗窃、偷运、倒卖和流失现象就已是猖獗,政府在此方面暴露出了文化管理与保护意识薄弱,措施不得力等诸多弊端。据滕固《视察豫陕古迹记》叙述,1934年他受中央古物保管委员会委托,与黄文弼赴洛阳、安阳和西安等地视察豫陕一带的盗掘古物案件,并调研了当地古迹古物之保存情况,并将实情上报中央古物保管委员会以便采取相应保护措施。该文还陈述,12月10日,他与正在河南安阳殷墟进行考古工作的李济和梁思永进行合作,前往盗区视察,在去侯家庄发掘团的行程中,梁思永向滕固介绍,孝民屯一带往南若干里范围内的盗墓坑穴密布累累,由孝民屯往东南方向,经过王裕口和小屯,即是中央研究院之前的考古工作地方,盗墓的坑穴也是"随

---

① 唐正芒主编《中国西部抗战文化史》,中共党史出版社,2004年11月,第481页。

处皆是".①

　　冯贯一在《中国艺术史各论》一书中论述帝陵的时候,曾专门列举了民国时期有计划有组织的盗墓案件。例如一起对清室帝陵实施破坏的案件:"民国十五年秋,奉军入关,除将松柏伐尽外,并纷纷盗掘宝物,至冬,奉军二十八军长岳兆麟,到马兰峪收编土匪,军队分驻各乡殿,配房之内,门窗木器等,随便拆毁焚烧,十六年春有匪人发掘惠妃陵,将棺挟出,由尸体将殉葬宝物夺下,尸身狼藉弃于棺外,马兰镇署捕获五名犯人,囚拘于遵化县署,尚未待审决,便又发生了重大的盗墓案。"②

　　战前政府对文物的管理尚且如此失控,战时的状态就可想而知了。随着日军对我国华北、华中、东南、华南的入侵,西南与西北的大部分地区也遭受了惨绝人寰的野蛮轰炸,大批国土沦陷的同时,无数散落在民间的民族文化遗产也遭到空前的践踏和蹂躏。以石窟为例,山西的大同石窟、太原的天龙山石窟、河北涿县白带山石窟、辽宁义县万佛堂石窟等文物古迹落入敌手,文物遭到的破坏和摧残令人发指。

　　因此,知识界对于文化遗产的保护呼声日渐高涨,对文化遗址的保护性发掘与调查也应运而生。他们往往借助社团组织来宣传和保护文物,以此弘扬民族艺术,凝聚民族精神。比如,早在20年代初,北京美术学校首任教务长吴法鼎等人在北京就创办了"古艺术保存会",目的在于"藉以研究和宣传中国古代艺术的价

①沈宁编《滕固艺术文集》之《征途访古述记》,上海人民美术出版社,2003年1月,第314页。
②参考冯贯一著《中国艺术史各论》第十二章帝陵之历代陵墓之盗掘,上海书店,1990年12月,第251页。

值,呼吁当局和广大民众珍视文物,保护文物"。1924年,书画家黄宾虹、王一亭等人发起成立了"上海中国书画保存会",针对"日人对我中华国粹,几购买一空,流于东海,不可胜计"的严峻形势,呼吁国人"无论何国人士,以重价购我国粹,一概勿卖,藉资保存"。1935年容庚等人创办的"考古学社"旨在交流考古学知识,引起学界关注文物考古。抗战爆发以后,这些有识之士内迁西南、西北,继续奔走呼号。1937年滕固组建"中国艺术史学会",目的在于公布中国艺术史罕见及新出材料,收集国内外新近出版的艺术图谱,并协助国民政府保护本国艺术珍品。

作为中国第一个美术史博士学位获得者滕固,早在1934年踏查和调研了山西、陕西、河南等地文物史迹后,也疾呼文物对于学术研究的意义。他强调,古物作为文化见证和历史材料,其价值非一般的经济产品可比拟。并且他认为国家保存古物与古董家的收藏爱好对于文化的保护而言,意义是截然不同的。因为文物一旦离开其埋藏地点就会失去其大部分的史学研究信息和价值,如果落入古董商之手,或倒卖或不得重见天日,专家学者将不得而知,无法进行研究。因此,他认为文物保护不仅应打击文物盗运贩卖,同时也应尽可能保护文物原始存放现场,这样对学术研究而言才有价值。在滕固等人的组织和倡导下,于1937年成立了中国艺术史学会①,旨在宣传、保护、介绍祖国之优秀艺术文物。

---

① 滕固于1937年5月18日在南京成立中国艺术史学会,成员包括马衡、胡小石、宗白华、卢冀野、常任侠、陈之佛、傅抱石、金静安、吴其昌、徐中舒、黄文弼、商承祚、李小缘、朱希祖、刘节、秦宣夫、董作宾、梁思永、李宝泉、郭宝钧、裘善元等历史学、考古学、图书馆学、艺术史和画坛的名家。

　　滕固站在学术研究的层面对文物保护提出的见解不是单纯的保护措施,而是具有学术研究的长远眼光。中国艺术史学发展到当下,在宗教艺术、墓葬艺术研究领域也是非常重视艺术文物的"原境"①价值,而只有从官方层面进行保护和抢救性发掘,才能最大程度地阻止文物"原境"的破坏。在此意义上看,知识界的文物保护舆论也促成了学界和政府对民间文物遗存的系统性调研、保护和研究的重视。

　　常任侠等人曾在 1939 年到 1941 年期间作为重庆中英庚款董事会艺术考古研究院的成员,从事艺术考古工作。之后郭沫若、卫聚贤、马衡、胡小石等文物工作者也联袂在重庆江北等地进行汉代崖墓的考古发掘工作。这些针对文物遗存的保护、发掘与研究工作虽然还处于零散阶段,但知识界的舆论和行动已经造成了一定的影响,客观上进一步刺激了国民政府对文物保护事业的重视和学界对文物研究的关注。

　　总之,战时的大后方,从社会环境的舆论角度讲,不论是国民政府开发西北的构想与策略;还是内迁的艺术界人士在时局责任感的召唤下,艺术创作视野发生了"审美西行"的转向与反思,走向民间、走进西北、远赴民族边区,寻求新的创作思路与艺术风格;甚或是知识界对以敦煌学为核心的西北文化的关注和对战时文物保护的责任意识,都在不同程度上催化和刺激了王子云去西北地区进行艺术调查的信心和决心,也正是这些客观舆论环境促使了他后半生学术生涯的转向。

----

① "原境"一词是由艺术史学者巫鸿提出,即艺术文物的第一现场所包含的所有历史的、考古的、文化的语义与信息,即英文"context"在艺术史语境下的译文。

二、学术环境

所谓学术环境是指 20 世纪以来，随着考古学在中国的勃兴，中国艺术史学的研究格局发生了重大变化，与考古学相关联的无名艺术史研究和西北学术风潮的兴起，在客观上为教育部西北艺术调查提供了学术理论基础和研究方法与思路。

1. 无名艺术史研究之滥觞

"无名艺术史"是相对于"经典艺术史"的针对民间无名作者创作的艺术发展史①。主要包含民间工匠艺术家所创作的宗教艺术、陵墓艺术、民间手工艺品及与世俗生活相关的建筑、雕刻和绘画艺术。由于传统书画史不涉及民间艺术家创作的"无名艺术"，因此，"无名艺术史"的研究是 20 世纪以来伴随着考古出土文物的研究而展开的。而最早研究中国的无名艺术史应从西方考古学者对我国西北地区艺术文物的考古研究开始。

19 世纪末 20 世纪初以来，法国人沙畹（E. Chavannes）、匈牙利人斯坦因（Aurel Stein）、瑞典人安特生（J. G. Andersson）、沙俄人格泽洛夫（Captain P. K. Kozoloff）、德国人格鲁维德（Albet Gramedel）、胡德（Huth）、美国人皮校伯（C. W. Bishop）、日本人伊东忠太、滨田耕作、足立喜六等一批外国学者，他们对西北地区进行寻宝式的考古，破坏和窃取了我国古代美术珍品，造成了不可挽回的损失，同时也将他们的科学调查和发掘方法运用于我国古代美术遗迹的搜集和研究。比如他们当时普遍采用的摄影、测量、拼对修复等科学技术对艺术文物的数据整理与研究是

---

① 关于"无名艺术史"的概念界定，参见拙文《论 20 世纪 30、40 年代"无名艺术史"的研究范式与价值取向》，《文艺研究》2017 年第 11 期，第 151 页。

我国学者后来进行研究的基础,所以艺术史学家兼人类学家、民族学家岑家梧认为"中国古代艺术,正式作考古学之研究者,实始于西人"①。

　　可以说 20 世纪初中国文物考古研究的话语权还主要掌握在西方人手里,而西方学者的研究立场则是主张"东方艺术西来说"。在岑家梧的《中国艺术考古学之进展》一文中就指出了安特生认为中国新石器时代彩陶纹饰与特莱波里(Tripolie)及亚诺(Anau)、苏沙(Susa)彩陶纹饰相似性强,因此主张其来源于西方。另外,沙俄人格泽洛夫(P. K. Kozoloff)发现西夏旧都遗址,也认为汉代艺术与塞种・西伯利亚艺术存在关系。这些论断是否站得住脚,其实当时的中国学者是没有太多研究和话语权的。这在客观上也刺激了中国学界对自己本民族传统文化研究的推进。

　　民国时期出版法国学者色伽兰(Victor Segalen)著的《中国西部考古记》②可以算是较早翻译成中文的西方学者研究中国"无名艺术史"的著作。该书分为四章,即中国古代之石刻、崖墓、四川古代之佛教艺术、渭水诸陵。在序言中作者自述了他所在的法国考古队于 1914 年 2 月 1 日从北京出发去西安,于 3 月 1 日自西安沿渭水西行,考察关中陵墓古迹;于 3 月 20 日从汉中分两路入川,在四川阆中会合;并于 5 月 2 日抵达成都,之后在绵州(绵阳)、梓潼、嘉定、雅州(雅安)考古,考察主要以摄影、拓印、测绘和文字记录的方式进行③。

----

①岑家梧《中国艺术论集》,上海书店,1991 年 3 月,第 85 页。
②该书由冯承钧翻译,原由商务印书馆印制,出版时间不详。1955 年 11 月中华书局根据原版重印。
③色伽兰《中国西部考古记》,中华书局,1955 年 11 月,第 1—3 页。

从序言中可以了解到法国考古队的调查是以川陕地区为核心,主要涉及墓葬艺术和佛教艺术,尤其是其中的石刻艺术是他们考察的重点。这与教育部 40 年代组团考察西北的研究重点不谋而合,所采用的田野调查方式也是大体相同。充分说明了西方考古学者对中国西部地区的考古研究和对民国时期的中国田野考察产生过深远的影响。

另一个体现外国学者对中国"无名艺术史"研究产生影响的案例是日本建筑史学家伊东忠太。他在 20 世纪 20 年代末至 30 年代初对我国建筑进行了大范围的调查,将其考察所获材料收集整理成 5 卷本《中国古建筑装饰》①,于 1941—1944 年②陆续出版。该书不仅保留了作者实地拍摄、手拓、实写实测得来的各种珍贵图片资料,还全面探讨了中国建筑装饰的产生与发展原因,装饰图案应用的原理,装饰细部的特点等艺术问题。可以说日本学者以田野调查所获第一手材料为研究对象,并结合拓印、摄影、测绘等田野调查手段,站在建筑史学(属于无名艺术史范畴)研究的立场对建筑装饰艺术进行系统而深入研究,这在当时的国内是少有的。后来王子云率团西北田野考察也特别研究了建筑装饰艺术,将考察所获民居建筑装饰、碑刻装饰、石窟建筑装饰、寺庙建筑装饰等结集成册,并编撰了《中国历代应用艺术图纲》。可以说在研究思路和方式上与伊东忠太的研究较为相似,也从侧面体现出民国时期日本学者的中国艺术史研究对本土学者的影响。

此外,斯坦因与伯希和带到欧洲的敦煌文物及出版的图录

---

① 该书于 2006 年 10 月由中国建筑工业出版社改编后翻译出版,将五卷本浓缩为三卷本,原书名为《支那建筑装饰》。
② 出版时间与教育部艺文考察团西北考察的时间重合。

等，都影响和刺激了中国第一代敦煌研究学者的研究方式。从20世纪20年代到新中国成立这三十年，是中国考古学第一批人才队伍的形成时期。丁文江、李济、梁思永、夏鼐、裴文中、吴金鼎、董作宾、郭宝钧、苏秉琦等学者成为这一时代的重要考古研究者。伴随着考古新发现的文物研究，中国无名艺术史的研究对象最早从青铜器、陶器、玉器开始。此时，从事无名艺术史的研究者主要还是上述考古学家们，研究的角度主要是考古类型学范畴内的形式分类与断代研究。

在对考古遗址的地下发掘调查的同时，中国考古学者们在30年代也开始进行有组织的地面学术考察活动。其中有代表性的事件有：一、1925年陈万里、1927年黄文弼随美国人瓦湟儿和瑞典人斯文赫定的西北科学考察团，对西域进行田野考察。二、营造学社在30、40年代进行的田野考察。从1932年梁思成首次赴河北蓟县调查独乐寺算起，到1941年，梁思成主持营造学社已踏访了15个省的200多个县的2000多座古建筑艺术。三、1933—1934年滕固随中央古物保管委员会赴河南、陕西、山西等地进行石窟艺术调研。四、1939—1941年常任侠等人利用重庆中英庚款董事会艺术考古研究院的资金支持在重庆周边进行考古调查研究。

而真正意义上系统地进行考古与艺术史相结合的审美与文化研究是从1937年滕固的中国艺术史学会成立开始。虽然该会因滕固早逝而未能进一步发展壮大，但从滕固1938年编撰的《中国艺术论丛》中收录的论文来看，里面涉及的玉器、铜器等无名艺术文物研究，都兼具考古研究与艺术史研究的双重特点。比如：唐兰的《中国古代美术与铜器》、王逊的《玉在中国文化上的价值》、徐中舒的《关于铜器之艺术》、邓懿的《汉代艺术鸟瞰》、黄文弼的《罗布卓尔发现汉漆杯考略》等文章都是既有考古材料与分析，又有艺术史的审美与形式研究，体现出"无名艺术史"滥觞期的跨学科研究特点。

　　应该说中国的无名艺术史研究从一开始便是与艺术考古研究相伴而行的。中国艺术考古学概念的正式提出是 1941 年出版的《中国艺术论集》①。岑家梧在该书中撰写《中国艺术考古学之进展》一文，明确指出中国艺术史的研究必须有赖于艺术考古学之帮助。他说："吾国考古学肇始于宋，唯士大夫向以艺术小技，辄不屑为，清代金石之学虽盛，然多注重铭文款识之研究，于古代铜器之形制花纹等艺术，则未及也。"②显然在他看来，我国考古学③虽然出现得早，但缺乏与艺术史的关联。换句话说，以往的研究中没有艺术考古学这个概念，也没有这样的跨领域结合研究的历史。

　　20 世纪以来，中国人最早关注到艺术考古学的研究方法是从 1929 年郭沫若翻译米海里司的《美术考古一世纪》开始，并且郭沫若本人也承认自己对殷墟卜辞和青铜器的研究方法是来源于该书。1937 年留学德国的美术史博士滕固又翻译了瑞典考古学家蒙德留斯（Oscar Mentelius）《先史考古学方法论》，并将此种考古类型学方法与他在德国留学时了解的西方艺术风格学方法相结合，从而在中国艺术史研究方法上将考古学与艺术史巧妙地融合

①岑家梧《中国艺术论集》，上海书店 1991 年 3 月。该论文集一共 9 篇论文，既有传统的经典绘画研究，又有跨学科研究性质的论文，比如《中国艺术考古学之进展》、《中国民俗艺术概说》、《中国边疆艺术之探究》、《论艺术社会学》这几篇文章在当时属于较早尝试跨学科艺术史研究的专论。
②同上，第 88 页。
③准确说应该是古物学或金石学，考古学是现代西方学科概念。

起来。

　　这种将考古类型学方法与艺术史形式风格分析法进行综合的研究方法是中国艺术考古学早期研究的主要方法，也是"无名艺术史"研究的主要方法。此后王子云40年代西北考察的研究体系也是以考古学的客观考证(分型分式的年代考证、文献考订、田野数据收集整理)与艺术史的审美、风格分期研究(艺术语言与技法分析、审美判断、风格演变规律阐释)相结合的方法论为基本思路。

　　总之，民国以来建立在考古学基础上的"无名艺术史"研究，在很大程度上是一种艺术考古学的研究方法。虽然新中国成立以后没有形成无名艺术史学的学科门类与概念，但艺术考古学已经成为公认的显学，同时，艺术考古学的学科基础主要是民国的"无名艺术史"研究。那么，有赖于田野调查为研究依据的"无名艺术史"研究，在民国时期的发展，客观上要求中国学者能系统性地对无名艺术文物进行田野考古调查，从而顺应学术研究的新趋势。

　　2. "西北"学术风潮的兴起

　　近代以来，随着中国边疆形势及其地位的变化，国人对多元文化背景下西北边陲的科学考察与文化研究日渐重视。特别是"九·一八"以后，中国的"边疆学"复兴，因其受过科学的洗礼，予以有了发展的机会(吴文藻言)。30年代之后民族意识的高涨，加上民族学与人类学、社会学在20年代后相继在国内发展起来，因此，面向西北的各类学术考察与研究团体不断出现，掀起了30、40年代中国学术发展中的"西北"风潮。在西北之学的研究趋势下，民国期间考察西北地区的研究者多是以学术为职业的专门学者，研究行为多具有"组织与合作"的群体性特征。这些学者或来自同一大学专业,或同一研究机构,或同为一新式学会或团体成员,从而使得西北之学的研究群体化和经常化。

加上考古学在 20 世纪初以来的逐步发展,综合了考古学、人类学、民族学、社会学等新式西学的"西北之学"在民国中后期呈现活跃的势头。所谓"西北之学",赵俪生认为:"西北之学,包括西北历史地理之学和西北少数民族之学,就是在'鸦片战争'的形势下,沿着清朝第三阶段'道、咸之学'的端绪,通过若干学人的锲而不舍的努力,才形成并发展起来的。"①显然,西北之学在晚清民国有一个逐步发展的过程,其与边疆学的发展关系紧密。而西北之学的风行,又与民族意识和文化传承有着千丝万缕的联系,从而使得它在民国中后期成为学术界关注的重点话题之一。

20 世纪 40 年代初之前,有几个重要的研究机构都与西北边疆考察研究有着重要关系。其一是 1916 年由丁文江任所长的北平地质调查所②。其二是 1928 年傅斯年任所长的中央研究院历史语言研究所。其三是 1935 年徐炳昶和顾颉刚成立的国立北平研究院史学研究所③。

这几个学术机构日后主要从事西北地区的史地人文考察研究,当然此阶段的西北学术考察事件还有很多,比如:1916 年谢彬奉孙中山之命,以大元帅府财政部特派员身份考察了新疆阿勒泰

---

① 赵俪生《论晚清西北之学的兴起》,摘自《赵俪生文集》第 4 卷,兰州大学出版社,2002 年 4 月,第 425 页。
② 该所于 1935 年南迁后改名为"中央地质调查所",坐落在南京金川河畔。
③ 张鹰《中共近代西北之学的兴盛与田野考古史实探究》,《文艺争鸣》2015 年第 9 期,第 205 页。

地区,完成了《开发新疆计划书》,全面考察了西北及新疆的农、林、商业的整体情况,并写成了 30 万字的《新疆游记》,这是民国早期对西北边疆的考察研究报告。1927 年 5 月,中瑞联合西北科学考察团,中方由北京大学教务长徐炳昶任团长,地质学专家袁复礼、北京大学的黄文弼和丁道衡以及国民政府水利委员会测量专家詹蕃勋、历史博物馆摄影师龚元忠等与瑞典学者斯文·赫定等西方学人一道进行了西部地区(新疆、内蒙古、甘肃、青海、西藏)的科学考察,考察研究的范畴涉及地质学、地理学、古生物学、人种学、气象学、量地学、考古学等领域。1938 年 7—9 月,西北联合大学历史系考古委员会何士骥、周国亭组织对张骞和樊哙墓进行田野考古发掘,陆懋德、许寿裳参与"博望侯印"的封泥和绿釉陶器的鉴定工作,记录有《发掘张骞墓前石刻报告书》。

国民政府内迁重庆后,这一时期的边疆研究团体开始具有全国性,比如禹贡学会、中国边疆学会、中国边疆学术研究会、中国边疆文化促进会、中国边疆建设协进会、边疆问题研究会等。各类"民族研究之团体在此时期内极发达,重庆一地即有 8 个单位,其他大都市间,每处必有一、二团体之组织"①。比如:禹贡学会成立于 1936 年 5 月 24 日,发起者是顾颉刚和谭其骧,学会吸纳了钱穆、徐炳昶、刘节、黄文弼、于省吾、容庚、洪业、顾廷龙、韩儒林、翁独健、吴丰培、苏秉琦、商鸿逵、侯仁之等文史考古学者。

总之,民国以来,由于受到西学分科的学科思维和国民政府的边疆政策的影响,以及西方学者对我国西北的窃取式探究的刺激,20 世纪 40 年代初以前的中国学术机构与团队掀起了一股面向西北的学术考察热潮,这股西北之学的思潮也在客观上促使了

①徐益棠《中国民族学发达史略》,《斯文》1941 年第 3 期,第 5—9 页。

王子云组团考察西北在官方层面上能得到支持,同时使得西北艺术文物考察成为民国时期"西北之学"的重要实践案例①。

三、王子云的个人诉求

如果说上文分析的王子云西北艺术调查的舆论环境和学术背景是本次学术考察的客观条件的话,那么王子云作为艺术家出身的成长经历和个人学术追求则是支撑本次考察最终能取得重要学术贡献的关键因素。细读王子云的早期求学和工作经历,可以把他决定进行西北考察的诉求来源概括为四个因素:兴趣、刺激、停工、友人帮助。

1.对建筑装饰与雕塑艺术的兴趣

王子云(1897—1990),原名王青露,字子云。在他九十三年的人生历程中,1940—1944 年组团考察西北艺术文物是他人生最重要的转折点,也是奠定他在中国艺术史界和文博界地位的关键人生经历。

1897 年 3 月 1 日王子云出生于安徽省萧县守备庄,幼年受美术教师朱孝谦的影响,爱好绘画。曾先后在江苏省第七师范学校(徐州)、刘海粟创办的上海西门图画学校(后改名上海美专)学习绘画(主攻油画)。之后几经辗转,于 1921 年考入国立北京美术

---

① 之所以认为王子云组团考察西北艺术文物并进行艺术史研究,属于"西北之学"的理由主要是基于此次考察的一个基本出发点是发掘西北在中国古代艺术史上的学术价值,重新定位中国传统艺术精神的基调,即对汉唐传统的艺术价值认同。这是一种在思想上对传统文化寻根与在学术上采取田野实证的思行结合的学术探究行为。这是当时"西北之学"风潮得以持续的一个显著时代特征。

学校的第一届高级师范专科学习,并参加了该校西画系教授李毅士、吴法鼎为首组织的北京第一个美术社团"阿波罗学会"。由该会推荐到历史学家陈垣创办的私立平民中学任美术老师,又经由陈垣推荐到蔡元培、李石创办的北京中法大学附属孔德学校教美术,并继续自学油画。因故宫当时正筹建博物院,王子云还被聘为故宫接受委员会成员①。

　　是否自那时起,王子云就已经萌生了研究艺术文物的想法不得而知,但至少从那时起他已接受了艺术文物研究的启蒙。并且还有研究者认为 1928 年王子云受林风眠之邀,参加筹建杭州国立西湖艺术院,并与林风眠、李朴园三人在成立"艺术运动社"时,因受到艺术运动社宣言②的影响,那时便已经有了进行艺术考古或美术考察的初步想法。

　　1930 年春,王子云与林风眠、潘天寿、李树化、李凤白等人组成西湖艺术院代表团,赴日本参加美术展览会。其间,王子云以

---

① 上述生平参考王子云著《汉代陵墓图考》的附录一《王子云年表》,该年表由王子云长女王蕾及女婿任之恭二人根据王子云自传《八十九岁自述》、王子云夫人何正璜撰写的《王子云年表》及其他相关资料整理而成,内容较为翔实可靠。

② 艺术运动社宣言中有这样一段话:"艺术运动社是一个空幻的名词,究竟如何运动,尚须拟定具体之计划以为进行之准绳。我们深知在庞大中国而谈艺术运动绝非少数人的力量所能完全成其事的,集中全国艺术界之新力量而一致努力于艺术运动是为本社第一理想! 发行艺术刊物广事宣传以提高社会上之审美程度,多多举行展览会俾民众与艺术接近,或致力于艺术教育培植后起之秀,或创办艺术博物院或组织考古团,凡此种种都是本社预定的工作,而按情形及能力略分先后耳。"(杭州国立艺术院《亚波罗》1929 年第 8 期)

《杭州之雨》、《江干》等油画参展,《杭州之雨》①被东京《美术》画报选印为彩色版刊出,反响强烈。也正是由于他在西画上的突出表现,该校校长林风眠支持他在同年冬以学校"驻欧代表"的名义公费前往法国留学。

　　1931年,他在法国学习法语其间,因受到法国公共建筑与雕塑艺术的熏陶,立志改习雕塑,进入法国国立巴黎高等美术学校雕塑系学习雕塑。他还利用晚上时间,在国立高级装饰艺术学校夜校学习建筑装饰雕塑(图1、图2),课余时间在法国街头进行油画写生。从此,王子云对艺术的关注逐渐由绘画转向雕塑。

图1　王子云与巴黎高等美术学校雕塑班师生合影(1931年)
(前排左二是王子云)

---

①该画在1931年冬季入选巴黎独立沙龙,受到几十家报刊媒体的赞誉,被认为是一幅富有东方情趣的作品,体现了法国艺术界对来自中国本土油画的赞赏和肯定,他因此入选了《世界现代艺术家辞典》,这在当时是唯一入选的中国艺术家。

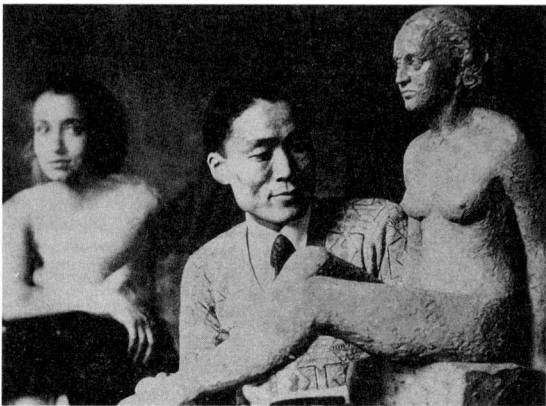

图 2　王子云在巴黎高等美术学校写生(1934 年)

在欧洲求学期间,王子云游历了比利时、荷兰、德国、瑞士、意大利、希腊、摩纳哥、英国等有着西方古典艺术传统的国度。他考察了比利时的三个文化古城,参观了柏林的古代美术收藏和意大利的文化名城威尼斯和佛罗伦萨,巡游了庞贝古罗马遗址以及希腊的神殿、古城和岛屿,领略了爱琴海和莱茵河畔的风光,深刻感受到雕塑、建筑艺术在西方文化史上的价值与底蕴。欧洲艺术考察的经历潜移默化地激起了王子云对雕塑、建筑的热爱。

2.伦敦展览的刺激

而真正使得他对中国古代雕塑与建筑研究产生强烈研究愿望的是一次意外的参观考察经历。那是 1935 年冬天在伦敦举办的一次中国古代艺术大展,王子云随中国政府组织的留法学生团专程前往参观。该展览展出了三千多件中国艺术文物①,使得他

---

①这批文物主要包括青铜器、玉器、陶器、书画等类别,且大部分属于通过中国古董商人倒卖或者被西方探险家窃取等途径流向欧洲藏家的中国文物。

首次感受到了中国传统艺术的强烈震撼力。他后来在回忆这段经历时说到："看到这些丰富多彩的艺术珍品,使我产生出无尽的民族自豪感。"于是 1936 年春天,王子云再次前往伦敦,这次他在大英博物馆仔细参观了顾恺之的《女史箴图》,以及来自龙门和天龙山的佛教石窟雕塑。这次参观给他留下深刻印象,多年以后他还记得曾有一尊佛像高达 5.6 米。

他对这些被西欧各国通过各种非常途径所获得的中国古代艺术文物感到痛心和愤慨。并且在法国看到斯坦因等人研究我国西北文物的著作《西域考古记》时很受刺激,他感慨道："观其全书,为其勇气智力博知所钦佩,但阅至将全窟精华以数千捆计之稀世古画古经典窃运至伦敦帝国博物馆之情形,不禁令人仰天再三为之黯然无语。……而终不能释怀者,此种画、经,为中国无价之国宝,今本国万万方里之地,无一处可使其安存而必须托赖于外国或更以此为幸,则此中痛心之处,固令人难以坦然也。"①

带着这种在异乡受到的触动和刺激,以及作为中国人对民族文化的认同与责任意识,1937 年 3 月从法国回到国民政府首都南京的王子云,打算宣传当年秋季在法国举办的"世界艺术博览会",希望教育部能参加本次展览会。据王子云回忆:

> 我回到南京后,举目无亲。仿佛到了外国,并感到政局很不安定,南京的一切所见多死气沉沉。为了宣传巴黎博览会,到国民党教育部去了两次,并找主管美术的人员,但谈到参加世界博览会,他们似乎不感兴趣。自己虽有满腔热情,

---

① 李廷华《王子云评传》,太白文艺出版社,2005 年 9 月,第 100—101 页。

竟忘记是个毫无地位的穷学生,又有谁来理会呢?[1]

可以说王子云看到流失海外的艺术文物之痛心和感慨,再叠加回国后国民政府教育部当局对艺术博览会的漠视所带来的失望,进一步加深了他内心对研究无名艺术文物的决心和信念。于是他想到要亲自去中原看看,寻访艺术文物最丰富的地区——河南的文物古迹。

3.雕塑工程的停工

正当王子云在河南、山东等地考察了文物古迹,打算从济南前往青岛的途中发生了七七卢沟桥事变,开往青岛的火车必须立刻返回济南。面临国难当头,王子云深知自己不能再离开祖国,于是选择接受杭州艺专[2]一级教授的聘书,与杭州艺专师生一道辗转迁移到昆明。迁徙过程中,由于杭州艺专与北京艺专在湖南沅陵合并为国立艺专,他在新成立的国立艺专担任中专部主任。

由于王子云未能在雕塑系任职,在艺专到达昆明后,教具匮乏,学生人数很少,他一直无适当课程可教,导致他在法国学习的雕塑技艺无用武之地。出于对自己前途的考虑,加上他的伯乐——作为杭州艺专校长的林风眠,由于学校人事安排的变动,离开国立艺专去往重庆,于是,王子云也来到了文化人聚集的陪都重庆,并在重庆通过投标方式,承接了重庆市政府为纪念抗日战争中牺牲的无名英雄而塑碑的雕塑工程。正当王子云设计的纪念碑图稿和模型得到政府通过,打算备料兴工之时,日军在重

---

[1]王子云《从长安到雅典——中外美术考古游记》上册,岳麓书社,2005年8月,第3页。
[2]即1928年他曾工作过的国立艺术院。

庆的大轰炸使得工程不得不暂停。

在等待政府回复是否要继续该雕塑工程的过程中,王子云觉得与其这样遥遥无期地等下去,不如利用这一空当去战事相对较少的西北考察,把他多年来在西欧求学中积累的对祖国西北艺术文物的研究热情与愿望付诸行动,并希望将来能有将自己的调查成果介绍到国外甚至办展览的机会。后来历史证明,王子云的夙愿得以实现。他在西北四省的考察成果得到了国民政府教育部的重视,于1943年奉教育部训令筹备在印度孟买举办了国际文化展览会。之后,他又将考察采集到的百余件精品文物,运往美国参加国际展览[1],以配合在美国举行的联合国大会。

4. 友人帮助

所谓友人帮助,主要是指王子云之所以能得到教育部批准,成立一个官方组织进行大规模系统深入的田野考察团队,与他的社会交往关系不无关联。这里重点分析他的三位友人:林风眠、刘季洪和徐朗秋。

首先是林风眠。王子云在20年代北京求学期间就与林风眠相识,在"阿博洛美术学会"和"红叶画会",他与时任北京艺专校长的林风眠有不少接触,且受到林风眠的赏识和提携。在杭州艺专期间,林风眠任校长,王子云任教务注册科长,曾与林风眠一同赴日本东京参展,后来在林风眠的支持下,学校给王子云一个驻欧代表的机会,让他在30年代初去巴黎学习雕塑艺术,并给予王子云津贴资助。1937年回国后他又得到林风眠答允,回到杭州艺

---

[1] 罗宏才《"西北艺术文物考察团"概述》,广东美术馆展出"西北艺术文物考察团六十周年纪念展"介绍。该文收录于《丈量历史的足迹——纪念一代艺术大师王子云先生诞辰120周年文集》。

专执教，与张道藩应聘杭州艺专被拒形成鲜明反差。此种情形看来，王子云与林风眠颇有交情，而 1940 年王子云组团之时，林风眠正任国民政府教育部艺术教育委员会专员，因此学界普遍认同林风眠在组团事宜上有促成作用。

　　另一个与王子云呈报教育部组团事件有关联的友人是刘季洪。刘季洪是王子云在江苏第七师范学校（徐州）时的同学，20 年代王子云在南京中央大学和教育部共辖的民众教育馆任美术部主任时，刘季洪为该馆馆长。他曾于 1935 年 11 月至 1939 年 4 月任河南大学校长，王子云 1937 年回国时还因此而前往河南参观考察艺术古迹①。1940 年 6 月组团时，刘季洪调任教育部部长陈立夫的秘书，且于 1943 年 1 月考察团在重庆举办敦煌艺术展览之时，刘季洪亲自陪同陈立夫观展。1945 年考察团解散后，王子云去西北大学历史系任教，当时刘季洪已任该校校长一职。至此，王子云当年的考察成果大都陈列在西北大学历史系文物研究室。从上述种种交往来看，刘季洪应该很了解当年王子云组团考察西北的前因后果，在其中有促成作用也是情理之中。只是又因刘季洪后来随国民党去了台湾，被蒋介石重用，使得"文革"期间王子云对与他的交往甚少提及，还曾因与之的这段交情受到过牵连，使得考察团时期的很多资料和整理成果或失散或被毁，造成不可挽回的损失，让人无比遗憾。

---

①1937 年王子云回国自知参加巴黎的世界艺术博览会无望时，"恰巧听说有个我在师范学生时代的同学刘季洪，当时任河南大学校长，而河南又是我国的中原，是文物古迹最为丰富的地区之一，遂决定先去河南一游。当时的河南大学设在郑州，而省政府却设在洛阳。我到郑州后，由刘介绍给洛阳省政府教育厅厅长鲁荡平"。引自王子云《从长安到雅典——中外美术考古游记》上册，岳麓书社，2005 年 8 月，第 3 页。

　　另一个与王子云上报教育部组建西北考察团有关的熟人是徐朗秋，他也是在江苏徐州师范学校学习期间和王子云是同学，后来他俩还在张聿光、刘海粟创办的上海美术专科学校一同学习。王子云呈报教育部组团时，徐朗秋任教育部社会教育司主管科（二科）科员。当时教育部社会教育司的其中一项工作是负责管理社会教育工作团、戏剧教育工作队、电化教育工作队等教育团队。而王子云呈报教育部组建艺术文物考察团自然也属于社教司的工作范畴之内。因此，不少人认为王子云是靠徐朗秋的关系才能顺利通过审批的。为澄清此事，1955年徐朗秋在一份汇报材料①里说：

　　　　王子云那时候就谈到西北艺术文物的丰富，特别是汉唐文物，都需要考察整理，他就向伪教育部提出了考察建议书。这个建议书是托我转给社会教育司长陈礼江的。

　　但徐朗秋否认是他的举荐才促成王子云的考察活动获批。在他看来，自己只是一个小小的科员，虽然是他拟稿，以社会教育司的名义签报批准成立考察团，但他觉得自己的力量显然不够去说服教育部部长陈立夫。于是他说道：

　　　　我是不是有这样大的力量举荐比较地位高的团长取得陈立夫的信任呢？在实力上，我是没有的。我想，那是陈礼江口袋里没有这路人才，王子云本身有这种工作条件。科长相菊潭是陈立夫的人，他和王子云谈过，这件事要做，或者以

————————

① 徐朗秋是20世纪20年代王子云在南京中央大学和教育部共辖的民众教育馆工作的同事，当时刘季洪为馆长，王子云为美术部主任，其属员有吕凤子、乌叔养。徐朗秋在馆内为民俗调查部主任。这份材料是1955年当时处于"肃反"运动之中关于国民政府时期活动的调查，因此语言表述带有时代烙印。

王子云为合适。王子云是个纯技术观点的艺术工作者(我那
时的看法)，不见得有什么政治企图。①

　　显然，徐本人认为让王子云任团长，作为国民政府教育部官方
考察团队的带头人不是他能做主的，他只是个牵线搭桥的中间联络
人。且徐朗秋尽可能表示王子云组团没有任何学术意义之外的政
治企图，充分说明王子云的考察活动是纯粹出于学术目的，也间接
反映出王子云当年的考察活动在特殊历史时期受到了一些政治
牵连。

　　总之，不管是林风眠的专业帮衬，还是刘季洪的职务便利，或
者徐朗秋的牵线搭桥，三人或多或少都对王子云上呈教育部审批
组建艺术文物考察团起到过一些作用或影响。诚如广东美术馆
在纪念西北艺术文物考察团六十周年的研讨会总结的那样：

　　　　由于建议书吻合了国民政府暨教育部"发扬中国文化，
　　以奠国基"②的方针政策，顺应了抗战期间国、共两党通力合

①上述文字材料是徐朗秋在上海复旦大学附属工农速成中学任教时的"肃
　反"运动中的交代。引自李廷华《王子云评传》，太白文艺出版社，2005年
　9月，第83页。
②该方针参见南京中国第二历史档案馆藏国民政府档案：《行政院内政部关
　于发扬中国文化重心以奠国基呈与国民政府批》(1928年4月—1931年3
　月)、南京中国第二历史档案馆藏国民党中央执行委员会秘书处档案：《邵
　元卫著"如何建设中国文化"》(1935年2月16日)、南京中国第二历史档
　案馆藏国民政府行政院档案：《"关于确定文化建设原则与推进方针以复
　兴民族案"的训令》(1936年1月10日)、南京中国第二历史档案馆藏国民
　党中央执行委员会秘书处档案：《陈果夫关于中央文化事业计划委员会成
　立以来工作状况的报告》(1936年10月19日)。以上档案均分别收录于
　中国第二历史档案馆编：《中华民国史档案资料汇编》第五辑，第一编，文
　化(一)，江苏古籍出版社，1994年5月，第7、37、25、31页。

作,共同维持中国固有文化,以免侵略战争顺势破坏的时代潮流。故而不久即由陈立夫正式签署下发教育部训令,基本采纳了王子云所提出的对策与构想。①

由此可见,王子云1940年5月呈报教育部要求组建官方团队进行西北艺术考察是由多种因素和条件促成。既有政府、知识界、艺术界在抗战特殊背景下的舆论因素,又有20世纪以来中国艺术史学、艺术考古学发展的学术环境因素,更有王子云个人的人生经历和艺术追求等主观因素,这些综合因素共同构成了此次西北田野调查的主客观条件。

第二节　西北艺术文物考察的前期筹备

一、王子云早期田野访古收获

所谓早期田野访古,主要是指王子云从1937年3月至1938年暑假这一年半的时间内,他对河南、山东、昆明等地的参观考察、旅行写生、文献考证以及古迹资料收集。从前文可知,王子云1937年3月回国本打算宣传巴黎在同年秋季将举办的"世界艺术博览会",希望国民政府能组织中国艺术品参展。但事与愿违,在去找教育部主管美术的人员谈了两次均无果的情况下,他遂决定在国内看看,实现他在欧洲时就想了解中国古代艺术文物的愿望。

此时恰逢王子云的同学刘季洪任河南大学校长一职,而河南

---

① 广东美术馆编《抗战中的文化责任:西北艺术文物考察团六十周年纪念图集·叙述文版》,岭南美术出版社,2005年9月,第37页。

地处中原,本就是文物古迹最为丰富的地区之一。因此,王子云回国后的田野考察首先想到的是去河南一游。

此阶段的考察更多的是一种游览性质的访古,算不得真正意义上的田野考古调查。王子云主要以三种形式进行田野访古:

1.参观博物馆及官方艺术收藏品

初到河南,王子云经过刘季洪的介绍,认识了河南省教育厅厅长鲁荡平①。得知王子云是留洋回来的艺术家,鲁荡平热情地接待了他。当时教育厅兼管文物,所以王子云在河南省教育厅得以参观厅里搜集到的各地出土文物。王子云对其中的唐俑颇感兴趣,他感叹道:

> 特别是画彩的舞俑,有的细腰长裙,舞姿翩翩;有的手托琵琶,且歌且舞,多是伦敦展览会也不曾见到过的珍奇品,使我为之心碎,感到很有艺术价值。遂要求为我一一拍照,留作资料。这些照片,我现在仍有一部份保存。可惜的是原物后来在逃避日本飞机轰炸时已全部毁失了。②

之后王子云又去了开封,参观了开封博物馆的藏品。他说:"馆中收藏丰富,远远超过了1935年在伦敦中国艺术国际展览会所见。而且这里的陈列是依照中国历史发展的时代,从远古一直到近代都有较好的文物艺术品,尤以唐代的墓俑三彩马,可说是从来未见到的珍品。"在这次参观中,王子云还重点关注到了一具北魏墓出土的石棺,该棺外侧满刻人物及龙虎线刻画,他认为这

---

① 当时河南省政府设在洛阳,所以王子云首先是在洛阳及周边地区进行古迹游览考察。

② 王子云《从长安到雅典——中外美术考古游记》上册,岳麓书社,2005年8月,第3页。

些石棺装饰线刻艺术的价值远高于魏墓志的碑刻。可以说,王子云回国后石刻线画是其访古中的重点关注对象之一。他对公私收藏中的碑石装饰线刻画均有关注,后来在西北艺术考察中也对西安碑林及大雁塔门楣等石刻线画进行过研究。他还将其十来年考察所获编成了《中国古代石刻画选集》①一书。

2.游览与考察河南、山东、昆明之名胜古迹

在河南访古期间,王子云初步考察了洛阳龙门石窟、白马寺。在教育厅厅长鲁荡平陪同下游览了中岳嵩山,途经偃师,顺道考察唐太子李弘之陵,以及登封县告城镇的周朝史迹"周公测影台"、"周公庙"、元代"观星台"等天文设施和兴盛于唐代的"石淙胜景"。

考察龙门石窟由于只是初次游览,王子云并未对其进行具体的田野考古,而是在参观了各类精美的佛、菩萨石雕像的基础上了解史料文献,对开凿龙门石窟的背景以及当时洛阳的佛寺繁盛状况成因有了初步认识。后来在1942年的再次考察中,王子云才对龙门石窟进行了仔细的田野调查,包括测绘、写生、摄影、拓印、文字记录等方式。在这次对唐太子陵李弘之墓的访古中,陵前护陵的巨型石人、石马、石兽雕刻是王子云回国后首次看到这样大型的古代石雕。虽然当时他并未研究唐陵的石雕仪卫制度与组织形式,但此次李弘墓前石雕已经激发了他对唐陵石雕的关注。在后来的西北考察中,陕西关中的唐陵石雕成了他的主要调查项目之一。

在游览嵩山时,他对三对石阙,即太室庙阙、少室庙阙和启母

---

① 王子云《中国古代石刻画选集》,古典艺术出版社,1957年7月。

庙阙上的隶书题名以及阙身四面满雕的狩猎、骑射、历史人物等装饰性浮雕很感兴趣，并认为是研究汉代艺术及社会生活的珍贵实物资料。自此，王子云受"二重证据法"影响的历史考证研究思路初步得以显现。此外，在参观嵩阳书院时，院门外建于盛唐时代的大唐碑也引起了王子云的兴趣。除了碑身的碑文外，其装饰性云龙纹和碑头石雕都体现出唐碑的书法与雕刻艺术价值，后来王子云在40年代考察西安碑林时，也着重研究唐碑书法艺术及其附属装饰雕刻艺术的审美与技艺。

　　游历完开封，王子云又想起了他的另一个老朋友，时任济南民众教育馆主任的乌叔养①。于是，他又去济南拜访老友，游历了济南各名泉湖泊，对趵突泉和大明湖的泉水湖光很是留恋。其间对古迹的寻访主要有佛教雕刻、摩崖石刻、建筑装饰等。

　　例如：王子云考察了济南城南千佛山崖壁上的隋唐佛教雕像、玉函山上的隋代雕像以及开凿于唐代的柳埠千佛崖。考证了柳埠千佛崖崖壁间的佛龛年代题记、开龛造像者身份、雕刻技艺；分析附近"四门塔"和"龙虎塔"的建筑形制和佛雕装饰，进而判定其为盛唐时期所造；研究了灵鹫山上的摩崖造像和佛塔结构特点。

　　王子云在画友乌叔养的陪同下游览了东岳泰山，观看了泰山日出，欣赏了山上之摩崖石刻以及位于山下的岱庙。在济南停留近十天后他又前往孔子故乡曲阜，参观曲阜孔庙，朝拜了孔子。要不是因为"七七事变"，王子云下一个目的地是青岛。至此，王子云在整个山东地区的考察更多是一种游览性质的田野访古，这些观光体验为其后半生踏查大半个中国，遍寻古迹文物的美术考

——————————

①此人是王子云1927年在南京民众教育馆艺术部工作时的同事。

古事业做了铺垫,其研究方法也在一次次访古活动中日渐成熟。

在山东考察中断之后,王子云加入到杭州艺专的教育工作中,在随合并后的国立艺专内迁来到昆明后,他自发对昆明进行了考察。他在昆明的访古主要也是游览观光性质的概览。他先后前往滇池、西山风景区、华亭寺、大观楼、玉案山等地,对华亭寺和筇竹寺的清代五百罗汉塑像进行了碑石考证和雕刻造型与技艺研究。认为华亭寺的罗汉塑像虽为清代,在造型上有逊于宋代和明代,但该罗汉塑像所具有的世俗神态却又高出宋、明各代。而筇竹寺的罗汉像"能够做到喜怒哀乐,细腻传神,所以显得有浓厚的生活气息,可说是清代民间雕塑艺术中不多见的佳作"①。

3. 走访调查民间文物收藏

走访调查民间文物收藏主要是发生在王子云考察洛阳期间。因为洛阳从东周以来,先后有十几个朝代在此地建都,并为唐和北宋等朝代的陪都。文物的丰富导致古物文玩收藏在民间很有历史底蕴。为了了解洛阳古文物市场及文物出土的情况,王子云经省教育厅的介绍认识了一洛阳的古董商人卫某。此人是北邙山人士,自小就与当地古墓出土文物打交道,后来他还从事文物贩卖生意,与河南、陕西一带的文化人士和上海的古董商人多有往来。虽然他未在洛阳市上开设古董铺,但他家中的藏品非常丰富。因此,王子云在卫某家中见到了各种墓志、造像、陶俑、碑石与汉画像拓片,对其收藏颇为惊讶,并引起了他对石刻画像拓片的研究兴趣。他曾回忆道:

　　在卫某的家中,还看到许多碑石拓片,……更有河南南阳

---

①王子云《从长安到雅典——中外美术考古游记》上册,岳麓书社,2005年8月,第18页。

汉墓石刻画像拓片等,都是很好的艺术珍品。尤其是南阳画像拓片,内容多为人兽搏斗,形象生动,风格泼辣刚劲,艺术色彩极浓,不禁引起我极大的兴趣,才知道早在巴黎就已听说鲁迅最喜欢收藏南阳汉画是有原因的。我曾选购了一百多幅,蒙他(卫某)以七折的价格优惠,这些拓片,有的现在仍保存着。①

总之,王子云在回国后一年多的时间内,对河南、山东和昆明等地的田野访古,为他日后组团考察西北艺术文物奠定了研究思路与方法的基础。这一时期的观光式考察活动,为他积累了研究古代雕刻、建筑尤其是佛教雕刻、建筑装饰雕塑、石刻线画、宗教壁画等无名艺术的鉴赏能力、考证能力、辨伪能力和资料收集经验。毫无疑问,早期的田野访古活动对于王子云而言,其最大的收获在于对雕塑艺术研究兴趣的激发和田野考察经验的积累。这些亲身考察体验,是他40年代初前往西北进行更为深入的"无名艺术史"考察的重要基石和他后半生学术研究中史料整理的起点。

二、王子云组团的前期工作

由于上文分析的多方面因素和条件的共同促成,王子云于1940年5月向国民政府教育部社会教育司递交了组建西北艺术文物考察团的申请,遵照教育部训令,同年6月批准由王子云任团长的教育部艺术文物考察团成立。按照前期工作计划,考察团于1940年7月在重庆青木关教育部驻地附近之民众教育馆正式设立筹备处,积极筹备各项工作。考察团所面对的筹备工作主要包括:一、人员的招募与培训。二、工作计划与项目的制定。三、

---

①王子云《从长安到雅典——中外美术考古游记》上册,岳麓书社,2005年8月,第6、7页。

人事接洽与人员财务预算等后勤保障工作。

1.人员的招募与培训

首先需要解决的问题是考察团成员的招募。考察团刚成立的时候最初只有王子云、周思铭、姚继勋①三人。考虑到当时重庆的战局，国立艺专无法分配的学生资源较多，且前期已经有一些文化人士呼吁西北艺术的重要性，因此王子云的人员招募首先想到的是在刚毕业的艺专学生中挑选。同时针对田野考古所需要的建筑方面的专业人才，王子云则在《大公报》刊登招聘启事，以此扩充考察团成员的专业门类和调研实力。例如，1940 年 8 月 3—5 日刊登在《大公报》上的一则招聘启事：

> 征聘建筑绘画人材：须长于建筑写生、建筑制图、建筑理论与建筑史。拟随某考察团体赴□地考察建筑。月薪百元以上，路费另给。愿应征者书个人履历于八月十日前寄青木关邮局四号信箱。合函约不合，原件退还。②

从此则招聘启事中看出，考察团在建筑专业方面的人才需求应该是国立艺专学生中无法挑选的，因此只能采取社会公开招聘的方式。后来，如郑祖良、梁启杰等人便是通过该途径加入考察团。

---

① 三人到职时间分别是：1940 年 7 月 1 日、7 月 16 日、7 月 16 日。周思铭与姚继勋都是国立艺专毕业的学生，与王子云在考察西北之前应该相识。

② 原文引自 1940 年 8 月 5 日渝版《大公报》第四版刊载的考察团招聘启事。有意思的是文中没有直接提及"教育部艺术文物考察团"的准确组织名称，据罗宏才观点是因为"为保证招聘工作的顺利进行，启事用词采取了含蓄、隐晦的方式"。至于为什么一定要避讳组织名称才能顺利招聘，笔者留有疑惑，待以后再行考证。

其中特别值得一提的是考察团中招募的唯一女性何正璜。她1934年毕业于武昌艺专,同年赴日本求学,在多摩川美术学校学习。1937年"七七事变"后她毅然选择回国。刚回国的前两年,她也如王子云一样,游历祖国故土山河,满目疮痍的家园,激起了她投身抗日的报国信念。1940年夏天,她在徘徊于长江堤边时,偶然看到了《大公报》上招聘西北艺术文物考察团员的启事,于是冒着日军轰炸的危险,只身来到重庆应聘。她凭借在武昌艺专和日本留学的五年美术专业功底,顺利地成为第一批考察团员中的唯一女性①,也是整个四年考察历程中唯一的女性成员。同年12月,她与王子云在成都喜结连理,成为20世纪西北艺术考古历史上一对值得缅怀的学人伉俪。

以下是西北四年考察期间的主要成员背景及团内工作:

周思铭,浙江人,毕业于杭州国立艺专,1940年7月入团,是进行筹备工作的三元老之一,团内担任总务组长,1941年离团回重庆。

姚继勋,浙江人,国立艺专毕业,1940年7月入团,是考察团筹备工作的三元老之一。考察期间担任雕刻摄影工作,1942年离团回重庆,任教于国立艺专,后长期协助刘开渠开展雕塑工作。

戚承先,浙江人,据说是陈立夫的远房外甥。1940年8月入团,在考察团担任社会风俗调查和地方文献的收集整理工作。1941年底与周思铭一起回重庆。

陈典尧,四川人,武昌艺专毕业,1940年8月入团,担任石膏

①第一批考察团员共十人,分别是:王子云、周思铭(团员兼任总务干事)、姚继勋、陈典尧、戚承先、雷震、何正璜、张仁钧、郑祖良、梁启杰。其中,郑祖良同年12月2日因故离团。

模铸工作,1942 年因病离团。

何正璜,女,湖北人,毕业于武昌艺专,之后前往日本多摩川美术学校留学,1940 年 9 月入团,在考察团中担任文书工作。

雷震,江西人,杭州国立艺专毕业,1940 年 9 月辞去国立艺专助教工作,参加考察团工作,在考察团担任图案绘画和文字工作,1941 年底周思铭离团后临时担任过总务组长和采集组长,1944年离团。1946 年在重庆举办个人《西北艺术展览》。

张仁均,江西人,1940 年 10 月经雷震介绍入团。曾在南昌做中学美术教师,在团内担任绘画工作。1941 年 7 月因病离团。

郑祖良,广东人,1937 年毕业于中山大学建筑系,1940 年 10月参加考察团,12 月 2 日因故退出,由梁启杰替补。

梁启杰,广东人,中山大学建筑系毕业,1941 年 1 月入团,在团内担任古建筑装饰和测绘工作,1942 年因考察团对古建筑测绘工作不多而离团。

李松如,西安人,当地著名椎拓石碑艺人,1941 年 3 月经西京筹委会夏子欣介绍入团,在团内主要从事立体拓印等工作。直到考察团工作结束。

赵春翔,河南人,1939 年毕业于国立杭州艺专,1941 年 6 月由李朴园介绍参加考察团,主要从事临摹绘画并兼任干事、总务组长等职,直至工作结束。

邹道龙,江苏人,1942 年 5 月入团,与王子云、雷震一道考察敦煌。1943 年 10 月离团。

卢善群,江西人,国立艺专毕业,1942 年 7 月经雷震介绍入团,主要在敦煌考察期间担任临摹与摄影工作。1943 年 12 月离团。

李炳章,四川人,考察团工役,1943 年 7 月入团,主要从事碑石拓印工作,直至工作结束。

通过对他们的简历进行梳理,反映出考察团成员的专业背景构成具有以下特点:

一是他们大都是国立艺专的学生或教员,包括周思铭、姚继勋、雷震、邹道龙、卢善群、赵春翔等人,其专业背景主要有雕塑、绘画。另有梁启杰是1940年广东勷勤大学建筑系(该校后并入中山大学建筑工程系)毕业的学生,主要负责古建筑的测绘工作。此外还有毕业于武昌艺专的陈典尧、何正璜。这些艺术技法专业背景的青年艺术家们构成了考察团成员的主体,充分显现出该考察团与同时代西北学术考察团队的区别,即该团兼有艺术审美与创作眼光的学术理性与感性并举的特点。另外,除了后来临时招募的工役个别年龄只有19岁外(刘荣光),他们的年龄层次主要是28—41岁左右的艺术青年,体现了该学术团队的年轻化特点。

二是为了方便田野调查的考古实践工作,考察团还临时聘用了一些工役,比如李松如、李炳章、李朝杰、黄德川。他们主要负责对墓葬石刻艺术的拓印工作。尤其是李松如,他是西安人,出身碑帖拓印世家,其父李月溪曾创立体拓印昭陵六骏之法。李松如1941年3月经西京筹备委员会的夏子欣介绍加入考察团,他对霍去病墓前石刻进行了立体拓印,这在当时填补了文博考古界对其的拓印空白。另外,李朝杰也是当时西安碑拓技术最精良的手艺人。应该说这些临时聘请的民间拓印工匠,为考察工作增添了技术力量,弥补了考察团成员在田野调查方面的某些技术性不足。

三是考察团成员分工明确,除了艺专师生负责绘画、摄影、写生、摹绘等工作外,有专门负责测绘、文字记录、田野拓印、风俗调查与文献整理的人员。因此,考察团在组建之初就已经为考察的方式与内容进行了周密的安排和详尽的计划。

从上述三点可以看到，从 1940 年 6 月考察团获批成立起，在重庆青木关的筹备期间，考察团一边招聘人才，一边安排短期集训，对人员工作任务进行明确的划分，同时也结合西北考察路线与内容进行有针对性的必要技术培训。应该说考察团是一个有组织的且具创新性质①的学术考察团体。

2. 关于工作计划与考察项目的制定

1940 年 9 月 15 日出版的《时事月报》上刊发了介绍考察团的消息：

> 教育部艺术文物考察团：教育部为发扬及整理我国艺术起见，特组建艺术文物考察团，组建区域，预定为豫、陕、甘、宁、青、新、川、康、黔、滇、桂等省，以两年为期。考察事项，约略分为建筑、雕刻、绘画、服饰、文物、工艺材料、民众生活等项，已设立筹备处，委派专家王子云负责筹备云。②

从上述材料中可以看到王子云组团去西北考察，最初打算的工作范围其实是较为宽泛的，所包含的省份与后来实际考察的区域差别较大。《时事月报》中提到的宁夏、新疆、西康、贵州、云南、广西等省，其实王子云团队并没有前往考察。而且最初确定的考察时间为两年，这也与实际考察时间四年有较大出入。由此推断，这则消息更像是考察团出发前对工作计划范围和考察项目的

---

① 这里所指的创新性主要是指考察团的资料收集方式的完备、工作组的明确分工和人事安排的合理高效。此观点是王子云自己总结的，参见王子云《从长安到雅典——中外美术考古游记》上册，岳麓书社，2005 年 8 月，第 21 页。

② 摘于《时事月报》1940 年第 23 卷第 3 期。

规划设计。

　　谈到西北田野调查工作计划中的考察范围问题,其实王子云的考察团能获得官方批准,最初主要是因为敦煌石窟艺术的考察动机迎合了当时学界和国民政府文化人士对西北文化保护的关切。正如他自己所分析的那样,国民政府监察院院长于右任是陕西人,且爱好古物收藏和书法艺术,深知西北是中国古代文化宝藏的重要区域,1939年还去过敦煌考察,回重庆后对敦煌壁画和雕塑艺术进行了发扬与保护的宣传,从而营造了敦煌艺术保护的舆论氛围(前文已提过)。这成为王子云提出西北考察的重要契机之一。因此,王子云把敦煌艺术考察列在首位,并为了在考察敦煌前积累更多的石窟艺术调查经验,而中途选择先考察洛阳龙门石窟。包括后来实际考察的川、豫、陕、甘、青五省,也大致属于以西北地区为主的西部。王子云西行的调查工作重点是紧紧围绕西北地区而展开的,因此在学界的研究中,通常把"教育部艺术文物考察团"又称作"西北艺术文物考察团"。

　　至于广西、云南、贵州、西康等省区为何列在工作计划中而实际又未考察,笔者认为,这个临时组建的学术考察机构以考察西北为名义,对西南省份的考察只是将其作为考察之余的有益补充。在战争年代,谁也无法预知考察行程中的战事发展情况,将西南省份列入计划,不过是为将来无法预计的突变时局提前准备一个工作项目预案罢了。而且考察范围设计得越广,组织的影响力会越大,能够得到政府支持的可能性和力度也会越大。

　　另外,从考察项目的制定来看,上述材料告诉我们,考察出发前王子云就已经考虑到西北考察工作项目除了要有传统意义上的建筑、绘画、雕刻、工艺等美术史研究门类①,还应包含服饰、文物和民众生活等反映地方文化和社会风俗的文化史研究。从某种程度上说,王子云在组团筹备阶段的工作计划制订已经蕴含着一种大文化史观下的艺术史研究思路与构想。这是他日后研究特色与学术贡献的重要来源。

总体来看,虽然目前没有王子云出发前拟定的工作计划的直接史料,但从《时事月报》上刊登的这则消息中已经可以窥探出王子云西行计划的大体思路和主要工作方向。这个工作计划虽然与最终考察有些出入,但主要考察项目还是与之基本吻合,符合该计划田野调查的预期目标,收获了珍贵而丰富的西北"无名艺术史"研究材料。

3.人事接洽与财务保障等后勤筹备

关于人事接洽方面,王子云曾说过:"在国民党的时代,做事大半要靠私人,即熟人或同乡、同学的关系。"因此,他带领考察团前往西北考察艺术,除了有政府出具的公函和介绍信等作为考察地的后勤保障联络工具外,还需要依靠自己的私人关系。在陕西和河南考察期间,两省教育厅厅长都是他的私人关系。陕西省教育厅厅长王捷三是他在法国留学时的同学,而河南省教育厅厅长鲁荡平是通过他的同学刘季洪介绍认识的,在刚回国考察河南期间与之已建立了不错的交情。甘肃省政府秘书长王艺圃虽然不是王子云的私交,但此人甚爱美术,对考察团前往敦煌、拉卜楞

---

① 这种美术史研究门类的划分也是受西方艺术学科分科的影响,毕竟王子云在欧洲求学 6 年,法国艺术院校的学科分科体系中关于建筑、绘画、雕塑、工艺美术的门类划分方式潜移默化地成为他对艺术史研究门类的划分依据。

寺、青海塔尔寺等地工作都给予了很大帮助,王子云团队所到之处无不受到满意的接待和协助。加上他的同学刘季洪与教育部部长陈立夫的关系,后来考察团在重庆举办敦煌艺术展览,得到了官方的重视以及中外人士的好评。因此这些后勤保障所需要的人事接洽事宜也是王子云作为团长需要提前考虑和联络谋划的。只可惜相关的直接档案目前没有找到,只能从王子云的回忆录或一些著作中管窥一二。

　　至于财务方面,依据《教育部艺术文物考察团经常费会计报表》①的记载,最初组团筹备时期,在经费预算上考察团给予每个团员除了发放薪水外,还有生活补助费、膳食、房租等预算开支,并从 1940 年 7 月起至 1941 年 12 月期间兑现。其中生活补助费约为月薪的一半,房租补贴为月薪的五分之一。从 1942 年开始,又增加了一项特别补助费(相当于房租),一直持续到 1942 年 9 月。从 10 月开始,工资结构有了新的变化,以"基本数"加上"按薪加成"的方式发放,此法一直持续到 1944 年 12 月。此外,从 1940 年 7 月至 1945 年 3 月,考察团每月为成员发放"食米代金"四至十斗不等,以应对通货膨胀。并且从数据上看,1943 年 1 月起(即考察工作过半时),团员的工资有了一次明显的上涨。

　　种种经费开支结构及数目,可见从后勤保障开支来看,考察团的财务工作较为细致,既考虑到薪水与补贴的综合配比,又兼顾通货膨胀所带来的生活压力,同时还考虑到加薪提成问题,以刺激工作效率,充分体现了作为官方工作机构,在经费预算与开支方面的严谨性。对于搞艺术出身的王子云团队而言,若没有出

①该报表引自中国第二历史档案馆档案,全宗号:五,案卷号 12054(1)、(2)、
　(3)。

发前的详细筹备和预算编制,很难科学有序地发放酬劳,这些考察前的筹备工作细节,在以往的研究中通常被忽略。

总之,王子云在组团后的半年筹备期中,主要完成了人员招募与培训、工作计划与项目制定、考察地人脉资源的交往联络、财务预算编制等筹备事项。为后来四年的西北艺术调查作好了扎实的前期铺垫,体现出王子云的团队组织能力和严谨细致的工作态度,这都是考察活动得以顺利开展的有力保障。

由此可见,1940—1944年王子云谋划并筹备西北艺术考察,是建立在对河南、山东、昆明等地的早期田野访古实践的经验和体会基础上的。在雕塑工程被迫停工的情况下经过深思熟虑后,王子云上报教育部组建艺术文物考察团,在得到批准后进行了周密的安排与筹备,使得西北考察在出发前的技术准备、人员组织、人事接洽、后勤保障等多环节谋划科学、准备充分。在踌躇满志的情怀下展开了一段持续四年之久的西行征途。

综上所述,1940—1944年在抗战时局的促使下,国民政府、艺术界、知识界对西北开发和西北文化保护的倡议与宣传的舆论环境下,在"无名艺术史"研究的滥觞与"西北之学"的学术风潮的双重诉求下,王子云从自身的艺术实践体验与学术旨趣出发,在友人的帮助下呈请教育部组建了艺术文物考察团,开始了一段值得艺术史及文博考古学界永远铭记的艰苦卓绝而又充满激情的壮游。

第二章　王子云率团考察西北艺术文物的历程与收获

　　王子云于 1940 年 12 月初带领考察团从重庆出发，经由成都前往西安，开始了本次西北艺术考察之旅。在为期四年的考察时间内，他带领团队的主要工作分为四个阶段：一、西安地区考察阶段；二、河南与西安往返考察阶段；三、甘肃与青海考察阶段；四、陕西关中汉唐帝陵考察阶段。主要调查对象是西北地区的民间雕塑、建筑、绘画、民俗等"无名艺术史"范畴。其主要工作项目分别从寻找"艺术史的田野"和寻找"艺术的田野"两方面出发，进行田野考古调查、民间收藏调查、文献与文物收集、社会艺术教育与宣传以及艺术采风。当然，考察工作的具体结束时间，学界有争议，笔者针对此争议进行了考证，同时也对考察期间的某些考察细节提出疑问，供学界进一步探讨。

第一节　西北考察的主要工作阶段

　　王子云一行人的考察范围是四川、陕西、河南、甘肃、青海五

省①,在四年的工作中,行程超过十万里,一路艰辛与沧桑,成就
与苦难并存。其中,考察佛教石窟与汉唐帝陵的成果最多,影响
力也最大,甚至改变了王子云后半生艺术事业的方向。

一、西安地区考察阶段

1940 年 12 月底和 1941 年 1 月初,考察团成员分两批先后抵达西
安,驻扎在西安南院门陕西省民众教育馆内②。1941 年 1 月 31 日,

图 3　蒋鼎文(后排左四)与王子云(后排右四)及考察团成员在省府大院前合影

---

① 其中王子云对四川省(广元千佛崖等地)的考察,属于往返渝陕之间的游览而
非学术考察,且考察成果资料相当欠缺,仅有少量旅途写生。(参见王子云《王
子云西北写生选(1940—1945)》,岳麓书社,2005 年 8 月,第 36 页。)因此王子云
团队的主要工作阶段的重心在其他四省。

② 所到之处,王子云等人一般都驻扎在当地民众教育馆,且民教馆的文物收
藏也是他们调研的对象。因为该考察机构直属教育部社会教育司,而社
教司主管全国民教馆。从此处可体现该团的官方团队性质。

陕西省政府主席蒋鼎文在西安"皇城"省府大院接见考察团全体成员,并合影留念及设宴款待①(图3)。应该说,在西安地区的考察,王子云团队得到了政府方面的多方支持。省政府不仅数次招待考察团观看陕西地方戏剧表演,还邀请他们参加一年一度的黄帝陵祭奠仪式。同时西京筹备委员会还委派夏子欣、陈子怡等人陪同考察西安城郭内外地区的名胜古迹,并给予考察团不少便利,包括文物参观、民间调研和组织展览等,充分体现了官方团队开展工作的优势和资源利用最大化的特点。

在1941年1月到1942年2月这一年的西安调查阶段,王子云的艺术田野考察主要分为三个区域,即西安城内外近郊地区、西安以北的渭北地区、西安以西的西府地区。

1. 西安城及近郊地区

在西安城及近郊地区的调查中,王子云夫妇及雷震、梁启杰、李松如、姚继勋、张仁钧、赵春翔和夏子欣等当地人员一行先后对各代宗教寺庙建筑进行了实地调查、摄影、测绘和文字记录,并对相关石刻艺术进行拓印。具体调查古迹有:城隍庙、东岳庙、碑林、文庙、大小雁塔、清真寺、兴善寺、兴教寺、广仁寺、华塔寺、卧龙寺、香积寺、牛头寺、八仙庵、水陆庵、武家坡、宋家花园和南五台。其中,对大雁塔门楣石刻线画、华塔寺砖雕建筑图案和卧龙寺北朝佛雕进行了临摹与模铸,对部分单体建筑如城隍庙等进行了实地测绘,包括平面与剖面图绘制(如图4)。

王子云等人于1941年3月4日,在西京筹委会人员陈子怡和夏子欣的陪同下,调查了汉代长安城遗址。采集了汉代瓦当、板

_____

① 参见广东美术馆编《抗战中的文化责任:西北艺术文物考察团六十周年纪念图集·叙述文版》,岭南美术出版社,2005年9月,第44页。

图 4　梁启杰绘西安城隍庙戏台建筑图(1941 年)

瓦和菱形、方格纹铺地砖及六村堡附近陶俑作坊中的陶俑残品，并对西查寨大夏石马及感业寺遗址内北朝造像进行了考察①。

　　3 月 16 日，王子云夫妇及考察团成员共九人首次对汉武帝茂陵进行了田野调查，对霍去病墓石刻进行了测量、登记、写生、模铸、拓印、摄影等资料收集。而霍去病墓石刻又是汉代大型石雕中存世较少的典型作品，该石刻王子云非常关注，后来曾多次考

---

① 何正璜 1941 年 3 月 4 日《西安考察日记》手稿。

察此墓石雕①,并有专论研究该石雕群。

此外,在西安市内的展览参观、民间收藏家的藏品调查与资料登记、市井生活和民俗活动的写生绘画都是王子云的工作组成部分。

2.渭北地区

1941年4月16日至25日,王子云又率团考察了三原、同官(铜川)、耀县、泾阳四县。对该地区的三原城隍庙、同官耀州窑遗址、耀县文庙、碑林、药王山摩崖石刻、泾阳崇文塔、李靖故居、东里堡民居建筑等进行了田野调查。其中三原县城隍庙的明代仕女彩塑和耀县碑林北朝造像、药王山摩崖石刻是本次田野调查的重点内容。这些关于雕塑艺术的数据采集和研究具有较强的考古性质,其中关于耀县碑林北朝造像碑的调查还引发了中央研究院历史语言研究所在1943年对该地区的考察。

3.西府地区

该地区主要指兴平、扶风、宝鸡、虢县、武功、岐山、凤翔七县。王子云团队于7月28日至8月6日,先后调查了兴平县的千佛寺、玉皇庙、杨贵妃墓、南北唐塔,扶风县的法门寺、龙光寺、文庙,宝鸡县的斗鸡台,虢县的卧龙寺,武功县的唐佛塔、教稼台,岐山县的五丈原、周公庙、城隍庙,凤翔县的金佛寺、凤女台、东湖。其中对周原遗址青铜器出土情况的调查最为突出。

---

①据王子云回忆说,初到陕西时,曾急不可待地先去看它,并一连去了三次,一次比一次印象深刻,愈看愈觉得这批杰作的伟大,后来因为想要模制,索性搬到那里的小学(茂陵小学,西京筹委会为保护该石雕群而建)中住下,不断地细细接触与端详。

4. 唐三陵考察

1941 年 10 月，考察团考察了唐太宗昭陵、高宗乾陵、肃宗建陵。汉唐陵墓是考察团计划中的一项主要考察内容，考察计划分三次进行，第一次是 1941 年 10 月，第二次是 1943 年 8 月至 11 月，第三次是 1944 年春、夏①。其中第一次考察即是在本次西安地区调查阶段所完成。考察唐太宗昭陵时，王子云重点关注了昭陵六骏浮雕的艺术价值，后来在 1942 年还曾通过陕西省文物保护机关的协助，用石膏模铸了其中未失窃的四骏浮雕。高宗乾陵由于石雕仪卫规模庞大，考察团对其行列进行了逐一的田野记录，通过测量、摄影、写生、摹绘等方式进行数据采集和资料搜集，尤其关注和总结了初盛唐石雕艺术特点与审美取向，为第二次详细考察唐十三帝陵积累了考察经验和研究思路。

除了日常考察工作外，在西安考察期间，王子云团队作为教育部直属学术考察机构，在当地针对古物文化与艺术进行了宣传和展览。并于 1941 年 4 月 5—7 日，在陕西省民众教育馆举办了第一次工作成绩汇报展；4 月 11—12 日，在陕西省教育厅的主持下，他们出席了西京中小学劳作美术教学座谈会；7 月 17 日，在西安民众教育馆举办了关中古代文化座谈会等社会艺术宣教活动。这些活动一方面促进了当地对艺术文物的关注，另一方面也扩大了该团的社会影响力。

二、河南与西安往返考察阶段

之所以称为两地往返考察阶段，主要是因为在工作时间上有重合。前文已述，西安地区考察一直持续到 1942 年 2 月，而河南考察是从 1941

---

① 据王子云、何正璜《汉唐陵墓考察报告》手稿。原件未出版，藏于王子云家人处。

年8月开始至1942年3月。其间，王子云等人在两省间往返考察。

此时期由于两省往返，具体的考察时间尚难以准确考证，但考察内容是较为明确的。主要考察了巩县石窟、龙门石窟、渑池石窟、登封汉阙、洛阳白马寺、嵩岳寺塔、南阳汉画像石、叶县民居建筑装饰等。因为1937年刚回国时，王子云曾在河南省考察过，对龙门石窟、登封汉阙、洛阳白马寺、嵩岳寺塔等古迹并不陌生，因此，第二次前往考察，应该说调研更有针对性。其主要采用了测绘、临摹、摄影、模铸、写生和文字记录等方式进行深入的田野考古资料收集，对龙门石窟绘制了全景写生图、平面测绘图，并对部分石雕进行摹绘与复制，这些图像绘制作品成为王子云珍贵的第一手研究材料。同时，在河南考察期间，王子云还对市井生活与民间疾苦进行了绘画写生，比如《黄土层中洛阳的小饭店》、《河南馒头担》（图5、图6）便是王子云西北考察中的写生作品。

图5　《黄土层中洛阳的小饭店》　　图6　《河南馒头担》

三、甘肃与青海考察阶段

1.甘肃考察

甘肃考察主要包括兰州地区、河西走廊石窟群和敦煌石窟等地,前后时间持续大概一年之久,其中以敦煌石窟考察为重中之重。王子云于1942年4月离开西安,前往甘肃兰州。兰州考察期间,王子云团队住宿在甘肃学院,与初到西安考察一样,他们受到了甘肃省政府隆重的接待。省主席谷正伦、甘宁青三省监察使高一涵、省教育厅厅长郑通和、省府秘书长王艺圃①等官员设宴款待,并邀请他们参加兰州各界公祭成吉思汗陵的活动。

1942年4—5月②,在兰州的艺术调查包括庄严寺、城隍庙、钟楼、金天观、普照寺、兰州卧桥、明代藩王府花园"节园"等地。

1942年5月底,王子云与雷震、邹道龙从兰州出发前往敦煌石窟考察,8月卢善群只身前往敦煌与考察团汇合。工作持续到1943年5月。

1943年3月11日至20日,应甘肃省拉卜楞寺保安司令、甘南草原藏族首领黄正清邀请,参加蒙藏贵族联姻大典。21日,在甘肃夏河县立小学举行联欢大会,王子云转递了中央政府对边疆的关注与慰问。随后参观了拉卜楞寺。

约在1943年5月前后,考察团在归途中考察了酒泉、张掖等祁连山石窟群。

1943年6月13日,考察团结束甘肃、青海地区的考察,返回西安。

甘肃考察以事前拟定考察项目中的重点——敦煌石窟为核心,王子云在这一年中多次往返于敦煌、兰州等地,中途(1943年

---

① 据罗宏才文章认为,王艺圃为甘肃省民政厅厅长,而王子云在《中外美术考古游记》中记述此人是省府秘书长。此人身份尚需进一步核实,遂决定暂用王子云的称呼。

② 未精确证,根据后来考察团前往敦煌时间推算得出。

1月)将敦煌考察所获成果运送重庆参加第三届全国美展和敦煌
艺术专题展览,与张大千团队和中央研究院西北史地考察团的劳
干等人在敦煌考察期间多有交流,但各个团队的工作意图和方式
却各有特色①。

考察团工作的核心放在对敦煌壁画的研究和石窟雕塑、建筑
形制的分析上。同时也考证了石窟题记等文献背景,对敦煌魏、
唐石窟形制和艺术风格进行了初步划分。对石窟壁画年代进行
了考证,对壁画技法进行了临摹,值得一提的是王子云还亲自测
量并绘制了敦煌莫高窟全景图长卷。

2.青海考察

考察团对青海的考察主要是参观喇嘛教名寺塔尔寺和调查
少数民族风俗,时间短暂。1942年5月16日,考察团一行人从兰
州前往西宁,并由西宁赴塔尔寺参观。在塔尔寺住了约两周,并
在鲁沙尔镇举办了关于藏民僧俗之绘画速写展,于5月底返回甘
肃兰州,前往敦煌考察。

此时期,考察团本打算直接去敦煌考察,由于有甘肃省府秘
书长王艺圃的推荐,并主动与青海省主席马步芳打电报接洽,遂
受到青海省教育厅的热情接待。因此,王子云等人将考察塔尔寺
壁画作为考察敦煌壁画的前奏,积累研究宗教绘画的视觉经验。

由于塔尔寺的考察属于临时性的安排,因此考察团在青海省

---

① 艺术文物考察团的考察特点介于张大千敦煌壁画临摹团队、西北史地考
察团二者之间。艺术文物考察团一方面有绘画专业背景和艺术形式语言
研究的能力与诉求(接近张大千团队),另一方面他们也试图在主观艺术
审美之外进行客观田野考证,将艺术图像与历史文本进行有效互动的实
证研究(兼有史地考察团的历史研究法与考古方法论特点)。

教育厅一位科长的陪同下,进行参观性质的粗略调查,主要针对塔尔寺的壁画、塑像、建筑和布幡画。

　　参观之余,王子云等人还考察了被誉为"塔尔寺三绝"的壁画、堆绣和酥油花及酥油花在民间使用的习俗,随后听当地人介绍塔尔寺周边的其他寺庙壁画及背景。

四、陕西关中汉唐帝陵考察阶段

　　敦煌考察结束后,王子云团队回到了陕西,鉴于"汉、唐两代帝王陵墓分别于陕西之咸阳、兴平、高陵、三原、醴泉、乾县及富平、蒲城各县。每一陵前均有巨大雄伟之石刻多种,其艺术价值不亚于敦煌、龙门所有"[1],因此,他们决定"奉令重行莅陕,进行考察关中汉唐陵墓所遗之重要石刻及宫阙建筑艺术"[2]。

　　1943年8月17日至11月7日的这次汉唐陵墓考察,是王子云团队与西京筹委会联合进行的。第一章已提到,西京筹委会从30年代初成立以来,就对陕西的文物保护工作较为重视,以此作为发扬西北民族精神和保存民族文化的重要内容。因此,修复古迹,开发交通是发扬西北精神的主要途径。1934年2月28日和3月1日,西京筹委会两次致函陕西考古会,强调要"将陕西出土古物,保存于陕西,以全古物历史的意义,并使聚在西京,籍集西北文化之大成"[3]。应该说,西京筹委会与王子云团队已经有过多

---

[1] 摘自南京中国第二历史档案馆藏《教育部艺术文物考察团考察西北三年工作计划》,全宗号五,案卷号:12043(1)。

[2] 引自1943年6月13日《华北新闻》第四版刊发中央社消息《关中汉唐艺术——教育部艺术文物考察团来陕考察》。同日,多家报刊转载,如《西北文化日报》等。

[3] 引自陕西省档案馆藏西京筹备委员会至达陕西考古会第19号、20号公函。

次合作,这次依照两团体合作办法之规定,两团体根据自身性质、特点和需要,分别派定专门技术人员担任。此次出发考察,一行共八人。其中,西京筹委会由夏子欣(任领队兼负责拓印)、方启瑞(负责测绘)、刘振海(拓印助理)、方子玉(测绘助理)参加;王子云团队由王子云(担任领队及负责写生绘画)、何正璜(负责文字记录)、卢善群(负责摄影)、李炳章(负责拓印和模铸)参加。

　　此次汉唐陵墓考察,汉代陵墓考察相对较为粗略,主要针对汉代陵墓的地理位置、方位、距离的考证,帝陵及陪冢的平面分布图的绘制,营建规模及制度的实地调查研究。而唐陵考察主要是针对除了 1941 年考察过的昭陵、乾陵和建陵之外其余十三陵①的田野调查。分别是:位于富平县的懿宗简陵、文宗章陵、代宗元陵、中宗定陵和顺宗丰陵,蒲城县的睿宗桥陵、穆宗光陵、宪宗景陵、玄宗泰陵,三原县的高祖献陵、敬宗庄陵、武宗端陵,泾阳县德宗崇陵。另外,在三原县他们顺道还考察了唐太祖永康陵。

　　此外,1944 年春、夏,考察团第三次对唐陵进行了考察,由于欠缺具体的文字材料,因此只能推测第三次是第二次唐十三陵考察②的延续和补充。

　　总之,考察团的整个西北考察工作,以唐陵考察为终,历时四年,后因王子云前往西北大学历史系任教,使得考察成果与资料

---

①因时间和地域关系,宣宗贞陵和僖宗靖陵未考察。

②第二次唐陵考察,何正璜担任文字记录工作,撰写了《关中唐陵考察记》,后来又和王子云一起整理了《汉唐陵墓考察报告》手稿(藏于王子云后裔处),应该说该考察报告内容里综合了第三次唐陵考察的成果。据悉该手稿近期将公开出版。

最终归西北大学历史系保存。

五、关于考察工作具体结束时间的考证

关于教育部艺术文物考察团西北考察工作的结束时间，学界有的认为是 1945 年，有的认为是 1944 年。其中支持考察团工作是 1945 年结束的主要史料依据是两点，一是"教育部艺术文物考察团经常费会计报表"上记录"员工公粮费报核清册"上的最后日期是 1945 年 3 月。因此，有人认为 1945 年 3 月应该是考察团的工作结束时间；二是王子云在《从长安到雅典——中外美术考古游记》中收录他 1951 年 3 月 27 日日记，其中提到他去四川雅安考察的心情时说："16 日从成都出发，已十天过去，可是这十天的收获是非常丰富的，可以说自从 1945 年结束西北文物艺术考察团的工作以后是第一次又重温我所最爱的旅游性质的美术考古。"[1]王子云直接在日记中说结束工作是 1945 年。

认为考察结束时间是在 1944 年底或者冬天的理由是：一、王子云将本次考察所收获的照片遴选后结集成十册《教育部艺术文物考察团西北摄影集选（1940—1944）》[2]，在集选的封面上明确注明时间是截止于 1944 年，而该选集应该是考察结束后不久王子云亲自整理的，在时间上的准确性和可靠性较高。二、王子云在《从长安到雅典——中外美术考古游记》的另两处自述中，均暗

---

[1] 王子云《从长安到雅典——中外美术考古游记》上册，岳麓书社，2005 年 8 月，第 130 页。

[2] 该集选在考察结束后一直收藏于西北大学文博学院资料室，后于 2016 年由西北大学文博学院整理出版。

指考察结束是在 1944 年,这两处自述分别是：

> 西北大学函请教育部,对考察团的善后工作加以处理,即遣返团员,并把已收集的文物资料移交西大历史系保存。我个人的遣返,不需公费解决。就这样,我带着一部分文物到了陕南西大所在地的城固县,这时已是 1944 年的冬初了。①

> 就这样,头两年的工作还进行得很顺利,两年之后,又由于国家币制的变更,钞票贬值和物价上涨,这对于一个生活无定的工作团体,想维持好的局面是很困难的,这样对于工作的正常进行也难以保证,因此考察团的四年工作实际只有两年半是旺盛期。②

以上两则材料,一是直接说 1944 年冬是王子云遣返回西北大学的时间,间接说明考察工作此时已经结束。二是描述考察团的工作时长是四年,从 1940 年底出发计算,四年结束,刚好时间是 1944 年底。这两则材料在时间逻辑上吻合。

至于上文王子云在该书日记中提到说 1945 年考察结束,却没有说具体是上半年或下半年或几月份,因此不能看成是考察结束时间的准确表述。并且由于是日记,王子云的自述也只是基于回忆的一个大致时间范围,不能作为考证结束时间的最可靠依据。加上该书中提到,在考察后期,国民政府财政困难,钞票贬值,团员个人工资逐渐难以维持生活,"团中的公用开支,全靠虚报人员名额(这是

---

① 王子云《从长安到雅典——中外美术考古游记》上册,岳麓书社,2005 年 8 月,第 95—96 页。
② 同上,第 22 页。

当时国民党政府机关的公开秘密）以勉强维持"①。既然开支有虚报，那么在前文提到的"教育部艺术文物考察团经常费会计报表"的最终记录时间 1945 年 3 月，也大有可能是为了维持团队正常开支而将工作时间虚报，从而获得政府拨款。从这个逻辑上看，会计报表中所陈述的工作时间真实性也是不完全可靠的。

综合上述材料的可靠性逻辑分析，笔者倾向认为考察结束时间是在 1944 年底，而 1945 年，应该是考察工作善后的资料移交、整理时期，而非考察工作结束时期。所以，教育部艺术文物考察团的西北考察工作时段应算成 1940 年至 1944 年间更为合理。

第二节　主要考察对象

从上一节可知 1940—1944 年艺术文物考察团的西北艺术考察，其主要考察对象以西北地区的民间艺术文物和风俗为重点，其中涉及的踏查对象包括建筑、绘画、雕刻和民间风俗等门类。其共性在于，这些考察对象都非传统意义上的经典艺术史所关注的研究对象，而是散落在民间多年且未受重视和研究的无名艺术文物。踏查对象的这一特点决定了王子云团队的"无名艺术史"研究成果的学术价值与历史意义。

一、雕塑

此次西北艺术考察以雕塑考察为重点，其中考察了以河南龙

---

① 王子云《从长安到雅典——中外美术考古游记》上册，岳麓书社，2005 年 8 月，第 95 页。

门石窟、巩县石窟、甘肃敦煌莫高窟、酒泉文殊山、张掖马蹄寺为代表的宗教石窟雕塑；以陕西西安、甘肃兰州、青海夏河的宗教寺观为代表的建筑装饰雕塑；以及陕西汉唐帝陵石刻为代表的墓葬雕塑和各地出土的小型装饰雕塑。

对于宗教石窟雕塑的踏查，王子云主要从石窟雕塑的年代入手，结合文献与题记，研究其雕塑造型风格、审美特点、创作手法等。并结合五官造型、服饰发型、人物神态等细节与当时的社会历史背景和审美风尚的关联，进行艺术本体研究与环境研究相结合的内向观与外向观阐释。

以洛阳龙门石窟踏查为例，王子云着重关注了宾阳中洞的北朝石窟雕塑和奉先寺的唐代雕塑卢舍那佛像。认为"宾阳中洞是北魏皇室开凿的具有典型布局的佛窟。正窟一佛二弟子和左右壁一佛二菩萨，都是标准的北魏后期的造型，无论佛或菩萨，都是浅笑迎人，用意在招引信众，不致令人生畏。这种艺术创作手法是现实主义的"①；在对奉先寺卢舍那佛像进行分析时，认为根据历史背景推断此佛像是按照武则天形象来塑造，且人物造型是"从现实中取得，概括了许多人的美的形象"②。此外，对于龙门石窟的雕塑调查，考察团除了分析视觉形象，还对石窟进行了逐一断代和内容整理。

对于建筑装饰雕塑的考察，王子云对河南叶县民居建筑砖饰图案进行拓印(图7)，认为甘肃张掖民宅的门楼木刻浮雕，其制作精巧，构图匀齐和谐，从审美风格上判断应为明代所制。在考察

① 王子云《从长安到雅典——中外美术考古游记》上册，岳麓书社，2005年8月，第45页。

② 同上，第47页。

西安清真寺嵌入墙面的砖刻图案时，认为系人工在平砖上刻成浮雕，与唐代以前是模制而成有所不同，且花纹多以繁复的植物花草所构成，与汉代以前喜用动物且结构简洁的风格趣味有所不同①。另外，他还从装饰雕塑角度对陕西的秦汉瓦当艺术进行了纹饰分析，总结了这些瓦当装饰雕刻图案的艺术构成规律和审美风格②。

图 7　考察团拓印河南叶县民居的花纹砖（1942 年）

---

①该观点参考王子云《中国历代应用艺术图纲》，太白文艺出版社，2007 年 5 月，第 51 页的文字叙述。

②考察结束后王子云将自己从古董店收集到的上百种瓦当拓印后编撰成《秦汉瓦当艺术》上下册，由于书稿遗失且未出版，所以关于考察团对瓦当艺术的研究参见王子云《中国雕塑艺术史》上册，人民美术出版社，1988 年 10 月，第 49—50 页。

关于帝王陵墓石雕艺术的踏查，考察团从田野调查的测绘、摄影、模铸、拓印、文字记录、写生摹绘等角度，结合历史文献的梳理，考察了汉唐帝王陵墓石雕艺术的形制、风格、制作技巧、石雕仪卫制度，并发表了《汉唐陵墓考察报告》、《唐陵考察日记》、《汉代陵墓图考》等文章和论著。具体研究情况参见第四章第二、三节内容。

其他民间墓葬中出土的小型工艺雕刻，也是考察团对雕刻艺术研究的组成部分，包括秦汉两代的铜镜、带钩、印钮、佩玉和唐代墓俑雕塑（尤其是人物俑和唐三彩）。他们主要关注其雕刻纹饰特点，风格与时代审美和丧葬习俗的关系，以及造型、色彩等艺术形式特点。例如：在谈到北魏墓俑雕塑特点时，王子云认为："北魏的墓俑，表现了拓跋族的人物风貌。而北齐的墓俑也和同时代的佛像那样，有一种既像北朝又像汉族的特殊风格。特别由于北齐的造型艺术其装饰手法非常显著，墓俑都像是一尊尊的装饰雕塑，形象夸张而精美，是我国古代造型艺术中极其突出的一种类型。"①

总之，在此次西北考察之行中，雕塑考察是一个重点内容，一方面与考察团团长王子云在法国改习雕塑有关，另一方面也与前人对雕塑艺术史欠缺研究有关。不论是宗教雕塑，还是建筑装饰雕塑、民间工艺雕刻和墓葬小型雕塑，都属于"无名艺术史"和雕塑艺术史的研究范畴。这在拓展中国艺术史研究格局的民国，有着积极的学术意义和发展空间。

①王子云《从长安到雅典——中外美术考古游记》上册，岳麓书社，2005 年 8月，第 91 页。

二、绘画

在这次西北考察中,由于考察团主要是针对民间无名艺术展开的田野调查,因此,对西北各地的绘画关注点放在宗教绘画,尤其是寺观与洞窟壁画的考察研究上,其中对敦煌莫高窟壁画的研究倾注了考察团最多的心血。

在考察敦煌莫高窟壁画过程中,考察团采用了临摹、摄影、测绘、文献考证等多种手段进行调研,尤其关注壁画的年代考订、风格演变、技法特点和图像内容,可以说为后继者研究敦煌壁画打下了坚实的基础和提供了方法论参考。由何正璜整理发表的《敦煌莫高窟现存佛窟概况之调查》一文,详细地根据张大千和伯希和的编号进行了逐一记录,其中涉及到的壁画技法还与西方油画,尤其是现代派绘画进行了审美对比,提出了很多新鲜的话题,也体现出考察团作为以艺术专业背景为主的团队特色。(关于敦煌壁画的详细研究情况见第四章第一节。)

王子云对西安东岳庙的殿内壁画也是从创作者的角度进行分析研究,他认为:"人物故事的结构安排似乎有连续性,画工细致,人物高仅数寸,衬以树木山水。就其画风看,颇类清初作品,色彩仍多保持未变。在人物故事的穿插结构以及画法方面颇具有学习参考价值。"①

此外在西安考察期间,考察团对大雁塔门楣上的线刻画进行了拓印和线刻艺术研究。王子云认为:"大雁塔西门楣刻的是佛殿中的说法图,成为唐代殿宇建筑中唯一的典范,在建筑艺术史

————————
① 王子云《从长安到雅典——中外美术考古游记》上册,岳麓书社,2005 年 8 月,第 78 页。

上有极大的历史和艺术价值。"①这些论断显然是将建筑与绘画结合起来观照所得出的结论。这体现出考察团在研究对象选择上的一个特点,即同一个艺术文物或艺术遗迹,它所承载的艺术形式的多样性,可以从不同角度和界面进行分析和研究。有的是建筑与绘画结合,有的是绘画与雕塑结合,有的是雕塑与建筑结合。

　　总之,教育部艺术文物考察团成员的专业背景,使得他们在一路西行中对绘画艺术特别敏感,也从艺术创作者角度进行创作实践方面的关注和研究,体现出客观考证结合主观审美的研究特色,把以壁画为主体的绘画研究与经典绘画史进行比较观照(第五章第三节会详述),使得民间绘画成为传统绘画史的有益补充,进而为逐步完善中国绘画史打下了坚实的基础。

三、建筑

　　由于王子云不是建筑专业出身,因此在招募考察团员时就已考虑到需要建筑专业人员的参与,而梁启杰便是其招募的建筑专业人员,本次考察涉及到的建筑测绘、造型结构分析主要由他完成。建筑考察工作主要是对寺观和石窟建筑形制、建筑附属装饰和建筑遗址的田野考察与基础资料的收集。他们主要考察了青海塔尔寺、甘肃拉卜楞寺、兰州渥桥、金天观,以及古建筑遗址(古杜伯国)和河西走廊上的石窟建筑形制以及陕西帝王陵墓形制。

---

①王子云《从长安到雅典——中外美术考古游记》上册,岳麓书社,2005年8月,第78页。

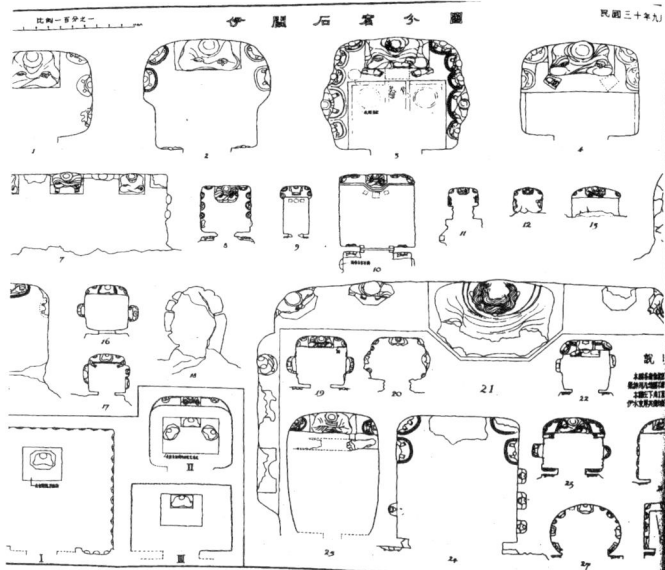

图 8　梁启杰绘龙门伊阙石窟分图(1941 年)

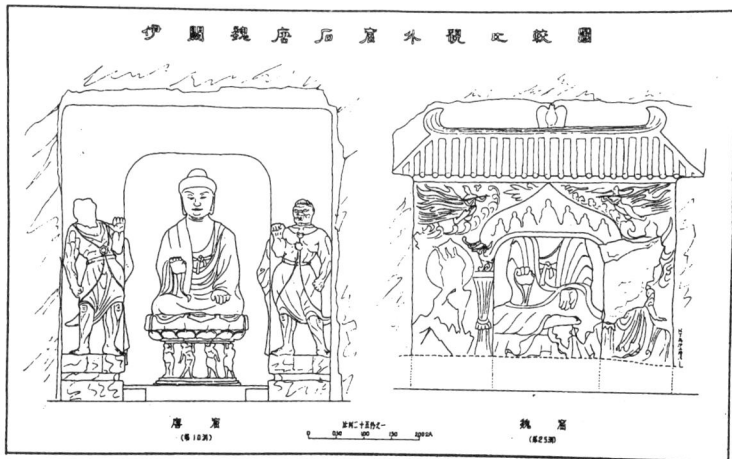

图 9　梁启杰绘伊阙魏唐石窟外观比较(魏 25 窟、唐 10 窟)

　　除了梁启杰作为建筑专业人士对建筑本身的结构形制的测绘记录和客观实证外(如图8、图9)①,王子云等人对建筑的研究主要集中在建筑整体结构以及内部装饰细节上。以1942年考察团在青海省主席马步芳和教育厅长等官方人员陪同下一同前往塔尔寺进行参观访问为例。此行的目的一来是为了参观这座宏伟的喇嘛教寺院,二来是针对寺庙内部装饰的壁画和塑像进行图像资料收集。在教育厅陪同工作人员的历史背景介绍下,他们参观了一天,记录了所见之塔尔寺的华丽装饰。王子云曾这样回忆道:

　　　　塔尔寺的建筑以金顶殿(也称金瓦殿)最著名,并且有大小两殿。这是清朝初年才加工修建的(实际是铜瓦镏金),到乾隆初年,又在殿脊上安放金轮、金钟、金鹿等装饰(实为镏金),使整个佛殿金光灿烂,更引起了信徒的崇敬。大金瓦殿内,正中有一座十一米高的银塔,也是为最初建寺前的那座塔另制的;小金瓦殿亦称护法殿,是清朝嘉庆年间改装为金瓦的。殿后广场建有八座藏教式的白塔,是为纪念佛祖释迦牟尼而在乾隆年间修建的。

　　　　塔尔寺较著名的建筑物还有藏式平顶建筑大经堂。堂内一百六十八根柱子都满雕龙凤等花纹,外裹以彩色毛毯,缀有绣花飘带,堂内壁画、幡画布满四壁,被称为塔尔寺的

----

① 该二图分别是龙门石窟的俯视石窟分布图和平视石窟外观图。梁启杰按照考古实测图要求,不仅精确交待了石窟形制与比例尺寸,同时通过虚实不同的线条准确描绘了石窟造像内容,绘图严谨而生动,是具有较强写实性绘画技巧的田野调查测绘图。像这类田野实测图还有很多,这是本考察团田野调查成果的专业水平体现。

"三绝",即壁画、堆绣、酥油花……①

从上述文字可看出,由于考察团成员大多数不是建筑专业背景的学者,他们把对建筑考察的精力集中在关注建筑装饰上,这与梁启杰的建筑结构的实证性考察相得益彰,互为补充,对建筑装饰艺术史而言是大有裨益的,也与中国营造学社的建筑考察形成了鲜明对照,学术特色显而易见。有关建筑装饰艺术的研究,后来王子云子女根据考察成果出版成《中国历代应用艺术图纲》一书,以图像整理为主线的建筑装饰图案谱系研究,是中国建筑装饰艺术史的重要图像参考资料,具有较强的史料价值。

在考察团的据点西安,他们还重点考察了唐代长安城建筑规模和城市布局。对唐代长安城的宫城、皇城、外城进行了详细的考察记录,包括街道、寺观、住宅的布局情况都作了仔细考察和测量②。

此外,在对一些古代木制建筑的考察中,由于木制建筑容易毁坏,因此考察团成员还在考察期间参与了呼吁保护古建筑的座谈活动。例如,1942 年 5 月 3 日,考察团一行在兰州兰园思危斋新厦参加了文艺座谈会,呼吁保护即将被拆除的兰州古钟楼建筑。关于该钟楼的情况,王子云曾有一段简短的叙述:"兰州的城市是明初建造的,如有名的渥桥和钟、鼓楼以及作为明藩王府后花园的'节园'都是明代初年的遗迹。"③

在对石窟艺术的建筑形制研究中,考察团最大的关注点在于

①王子云《从长安到雅典——中外美术考古游记》上册,岳麓书社,2005 年 8
　月,第 50 页。
②这些考察和测量,有的是实测,有的是参考历史文献数据。
③王子云《从长安到雅典——中外美术考古游记》上册,岳麓书社,2005 年 8
　月,第 93 页。

敦煌莫高窟中魏式窟与唐式窟的结构布局差异。何正璜《敦煌莫高窟现存佛窟概况之调查》一文中绘制了这两种窟形的平面图和剖面图,从而将此形制差异作为对石窟绘画断代的依据之一,充分体现出建筑形制研究在绘画和雕塑互动研究中的方法论价值。

　　总之,艺术文物考察团的建筑考察,在客观实证的测绘和形制结构分析的基础上,对建筑附属装饰格外关注,而这些装饰有的属于雕塑,有的属于绘画。因而,在建筑艺术研究中其实是建筑、绘画、雕刻的综合研究,将无名艺术文物看成一个整体的艺术形态进行综合研究。(在第五章的方法论体系部分还会详细探讨这种综合研究。)

四、民俗

　　王子云早在留学欧洲期间就在各大博物馆参观中国流失海外的艺术文物,他对祖国优秀艺术遗产的流失倍感痛心,因此他心里一直有一个回国建设美术博物馆的构想。1937 年 5 月他在文章《对于国家美术博物馆设施之建议》①中,在谈到设立美术博物馆的物品分类时,将博物馆陈列分为六大类:一、纯艺术(绘画、雕刻),二、装饰艺术(工艺装饰用品及家具),三、平民艺术(社会风俗等用具),四、史料(一切古物及历史材料),五、钱币及奖章(一切小品浮雕),六、版画(一切版刻及拓片)。从他对古代美术品的分类构想看,他对"无名艺术"、"小艺术"、"民俗文化"这三类艺术形态很是重视,并且把反映社会风俗的用具归入"平民艺术",说明民俗文化已然在他心中归属艺术史研究的范畴。

　　因此,王子云在一开始制定西北考察工作计划时就考虑到了

―――――――――

① 此文发表于 1937 年第 72 期的《政问周刊》。

民俗考察内容,将沿途各地的少数民族民间风俗的收集列为考察对象。重点调查和收集了陕西、甘肃、青海、河南四省包括藏、蒙、回、哈萨克族在内的少数民族历史背景、方言、饮食、服饰、社会习惯、地理环境等史实与图像。在《教育部艺术文物考察团西北摄影集选》第十辑"社会风俗集"中对西北各地民俗进行了详细介绍,该辑开篇王子云就提到:"本团遍历豫陕甘青四省,对蒙族、藏族、回族,及哈族等诸族之生活方式,曾尽力调查收获良好机会,故多属珍贵材料,兹选列五十张可以窥见各地各族生活之一般。"①(如图10、图11)

　　例如,在塔尔寺考察期间,考察团了解到每年农历正月十五,塔尔寺都要举行"灯节"大会,而各种花灯多是用酥油花制成,成为塔尔寺的重要风俗活动。又如,1943年3月王子云等一行人参加了拉

图10　王子云参观张掖　　　　图11　王子云洛阳街头写生
赛马会所绘《藏族妇女之　　　　　《中国的手艺工人》
现行装束》(1942年)　　　　　　　　(1942年)

①西北大学文化遗产学院编《西北大学藏民国时期教育部艺术文物考察团"西北摄影集选"》(第九至十辑),西北大学出版社,2016年8月,第63页。

卜楞寺嘉木祥活佛的侄儿与邻近蒙古族大财主的女儿结成藏蒙联姻的婚礼,调查并记录了少数民族婚俗、服饰文化与饮食文化等民间风俗。并在参观拉卜楞寺时了解了当地的宗教习俗。(如图12、图13)

图12　王子云为新娘及其母摄影(1943年)　　**图13　王子云为新婚夫妇肖像写生(1943年)**

　　总之,王子云在民俗方面的考察,涉及门类丰富,有属于少数民族风俗的,有属于汉族民间风习的,还有反映社会底层民众生活现状的。可以说这些踏查对象涉及到民族学、民俗学和社会学的田野考察对象,这为日后"无名艺术史"研究的跨学科思维与方法的运用提供了第一手研究材料。

　　由此可见,从上述主要踏查对象来看,王子云团队的民俗调研涉及门类丰富,调查对象往往具有多重艺术研究价值,且具有民族性、民间性或宗教性,可以从不同角度,运用不同方法对其进行田野调查与研究,进而使王子云团队的工作方式呈现出多样化特点。

第三节　主要工作项目

前文提到考察团田野艺术调查的工作方式有摄影、测绘、临摹、模铸、写生、拓印、文字记录等,而这些工作方式主要围绕两大工作项目开展,即在寻找"艺术史的田野"和寻找"艺术的田野"两大类项目中,研究西北地区最能体现祖国优秀传统文化内涵和民族精神的艺术文物。

一、寻找"艺术史的田野"

所谓寻找"艺术史的田野",主要是指王子云团队西北田野考察的学术旨趣之一,是将中国艺术史的叙事范畴由原来的经典书画史扩充到包含少数民族艺术、边疆艺术、民间艺术、民俗文化在内更为广泛的现代学科意义下的中国艺术史。换句话说,为建构现代意义的中国艺术史学形态,而进行"无名艺术史"的田野考察。

经过王子云团队的四年寻踪,初步梳理出了西北四省"无名艺术史"的田野分布脉络。即:以甘肃、陕西两省为考察核心区,以敦煌石窟群、祁连山石窟群、麦积山石窟、中原石窟群为代表的"西北佛教石窟艺术区域";以陕西关中汉唐帝陵石雕艺术为代表的"陵墓石雕艺术区域";以陕西佛教、道教寺庙建筑及装饰艺术为代表的"民间应用艺术区域";以河西走廊上的少数民族民俗风土为代表的"西域民俗文化区域"等为主要内容的"无名艺术史"田野版图。

在寻找艺术史的田野调查中,王子云将工作重点放在田野考古和文献收集两方面。

1. 田野考古

王子云团队的田野考古主要是地面考古，针对汉唐帝陵及其石雕艺术、古建筑遗迹、古长安城遗址等进行的数据收集。

（1）地面考古现场数据收集

现场数据搜集包括对遗址地形测量数据、文物数量与尺寸数据等数字性数据和艺术文物图像信息数据的客观采集。

在《汉代陵墓图考》一书中，王子云对汉代帝陵的陵域、陵基、陵高的边长进行测量并汇总成表，直观地呈现各陵大小面积的测绘数据①。这是考古调查中一项枯燥而又必须进行的数据采集工作。

顺序	陵名	陵域之一边	陵基之一边	陵高
1	高祖长陵	陵域淹没	一四零公尺，六零九汉尺	二五公尺，一零九汉尺
2	惠帝安陵	三一二公尺，一三五七汉尺	一三七公尺，五九六汉尺	二五公尺，一零九汉尺
3	文帝霸陵	依山为陵无从测量		
4	景帝阳陵	三六五公尺，一五八八汉尺	一五零公尺，六五二汉尺	二八公尺，一二二汉尺
5	武帝茂陵	四三四公尺，一九八八汉尺	二二九公尺，九九六汉尺	三七.四公尺，一六三汉尺
6	昭帝平陵	三六八公尺，一六零一汉尺	一八一公尺，七八八汉尺	二七.五公尺，一二零汉尺
7	宣帝杜陵	四八三公尺，三一零一汉尺	一八七公尺，八一三汉尺	二八.一公尺，一二二汉尺

①引自王子云《汉代陵墓图考》，太白文艺出版社，2007 年 6 月，第 18 页。

续表

顺序	陵名	陵域之一边	陵基之一边	陵高
8	元帝渭陵	陵域淹没	二四二公尺,一〇五三汉尺	二九.七公尺,一二九汉尺
9	成帝延陵	五七三公尺,二四九三汉尺	一八七公尺,八一三汉尺	二六.五公尺,一一五汉尺
10	哀帝义陵	三四九公尺,一五一八汉尺	一六七公尺,七二六汉尺	二一.八公尺
11	平帝康陵	三七九公尺,一六四九汉尺	一八二公尺,七九二汉尺	二七.五公尺,一二零汉尺

注:以上图表中信息来源于《汉代陵墓图考》第 18 页

　　上表清晰地呈现出西汉各帝陵的实测数据,并如实描述了考察当时的一些具体考察困难与情况,并且在表后注明"汉田亩之制,广六尺,长六百尺为一亩。广六百尺,长六百尺为一顷。度量之制,十寸为一尺,十尺为一丈"①。体现出严谨的工作态度和对细节的考证功夫。

　　此外,王子云还针对汉代各陵与西安城之距离进行了估算,并绘制了"西汉帝陵之分布图",其中标明了具体的里数。以及根据清代陕西巡抚毕沅所立碑位置,绘制了"西汉十一帝陵所在地区平面图"。当然,他并没有完全确信毕沅的碑记,而是根据实地考察情况提出自己对各陵位置的新看法,例如,对汉高祖长陵及其陪冢位置进行考证后得出真实的位置图②。

　　而艺术文物的图像信息数据采集,则主要由摄影、写生和临摹等方式来进行采集。考察团对各艺术田野的考察都进行了摄影,并编制成十辑的《教育部艺术文物考察团西北摄影集选》,丰

①王子云《汉代陵墓图考》,太白文艺出版社,2007 年 6 月,第 19 页。
②同上,第 84 页。

富地呈现出当时各考古地区的文物现状和工作状态。至于写生和临摹更是王子云的长项，他精心绘制了《唐五陵全景图》、《唐十八陵全景图》、《敦煌莫高窟全景图》等多幅考古现场的全景长卷，以客观考证的态度呈现出"艺术史的田野"图景。

此外，在图像资源的收集方面，他还针对遗址形制及方位绘制了各种平面图、剖面图等。

（2）拓印

关于拓印，这是田野调查艺术文物常用的一种保存原始资料的方式。拓印又分平面的和立体的两类。平面拓印主要是指针对古代碑刻、墓志、造像题记、石棺石椁的线刻画、建筑门楣上的浅浮雕装饰、瓦当纹饰等偏向平面化的艺术图案与文字的拓印。其主要方法是将纸张（一般常用生宣）蒙在对象上，用墨（或者朱）色将其传拓出来的一门文物图案复制技术，拓好的纸张称为拓片。2002年广东美术馆有幸收集了王子云珍藏多年的一大批拓片，其中就包括这次西北艺术考察所获。在2005年"抗战中的文化责任：西北艺术文物考察团六十周

图14　西安大雁塔门楣线刻图案拓片（1941年）

年纪念展"上曾展出过其中的 21 件拓片。在王子云众多拓片中,给笔者留下最深印象的是西安大雁塔东西门楣上的线刻装饰图案的拓片(图 14)。拓印清晰、力度均匀、线描质感逼真、完整性好,可以说该拓片称得上珍贵的文物资料。

　　而立体拓印是王子云团队考察方式中的一个亮点。据考证,立体拓印在清代便开始流行,主要由拓形、拓形上纸、上墨三个步骤组成。由于立体拓印较平面拓印难度大,工序细节多,对经验的要求很高,一般的拓印工役很难完成好。因此在西安考察时,王子云经人介绍,聘请了西安当时非常有名的拓印名家李松如。李松如受其父亲影响,对碑帖拓印很有经验,并擅长钟鼎彝器的立体拓印。王子云根据自己考察的需要,要求李松如拓印的效果要达到清晰逼真、色度适中的立体效果。在涉及到李松如较少拓印的碑刻浮雕装饰图案时,王子云还指点他一些要领,使得李松如的立体拓印效果得到了进一步的提升。可以说,立体拓印是王子云与民间拓印师在共同研究和合作中完成的,很好地融合了王子云对艺术审美的敏感和民间拓工对拓制技巧的拿捏这两者的优势。其中,比较有名的立体拓印作品有西安碑林大智禅师碑侧拓片、唐景云铜钟全形拓片(图 15、图 16)。这些高质量的立体拓本得到了原西安碑林管委会主任曹仲谦的高度评价,充分肯定了王子云对碑侧装饰纹样的艺术性研究。

图 15、16　李松如拓唐景云铜钟(1941 年)

(3)提出文物保护意见

在田野调查过程中,数据的采集、文物资料的收集是主要内容,而文物保护措施和建议则是作为考古研究者的一种责任体现,也是一种专业习惯。在唐陵考察期间,考察团根据考察的各陵现状,提出了一些具体的文物古迹保护措施和建议,在何正璜《唐陵考察日记》中有这样一段记载:

1. 各陵陵前石刻行列及内外阙门之地区内,既为陵田所有,应禁止农耕,尤应禁止筑掘乱挖,以免石刻之倒损淹没。

2. 各陵石刻已倒地者应设法扶立,已残碎者应收集一处以资管理。

3. 各陵前石刻行列两侧及内阙门以外应广植树木,以培养风景。

4. 各陵前于最外五里之阙门处(即外阙门)不妨筑一道

可以通达之公路,以便拜谒游览。

　　5.各陵陵地六顷至八顷,应划出专为办理护陵学校,所有陵之保存整理事宜均责成护陵学校进行,因性质特殊,其学生教师应加特别训练和选择。①

　　由于对唐陵进行田野考古时,有西京筹委会的同行协作,因此,这些古迹保护措施也得到了筹委会的重视,且符合该筹委会对西安古迹进行保护的工作思路,体现出官方团队工作与地方政府工作的协同效力。

　　此外,在地面田野考古过程中还包含一些偶然性的发掘工作。例如,据何正璜《唐陵考察日记》中记录1943年8月22日,在考察唐懿宗简陵的时候,"午后四时始相继下岭,多越岭绕道过陵前,看新掘出之鸵鸟石刻,此系昨晚嘱该堡甲长代为雇工发掘者。此石刻已中断,仅余下部,全部形体已不可辨,仍嘱工妥为掩埋,以免被村童损毁"。从此日记可知,在田野考察过程中,考古发掘虽然不是王子云团队的主要意图,但为了得到一些田野数据和图片资料,王子云还是采取了一些临时性的试发掘工作,并从保护文物角度考虑,在采集相关数据后掩埋复原,待日后专业的考古团队进行发掘研究。

2.文献收集

　　从"无名艺术史"研究角度看,田野调查收集的数据信息和图像资料只是研究对象的第一手材料,而针对第一手材料的分析研究需要结合具体的文献史料,从而从实物和材料两个角度入手进行史学研究,这也是新史学以来所提倡的一种研究方法。因此,

①何正璜《唐陵考察日记》,收录于《何正璜考古游记》,人民美术出版社,2010年3月,第168页。

考察团在田野调查过程中，收集当地的相关文献资料，这些资料包括地方县志、地图、地方艺术刊物、图志游记等。

例如，在考察三原县唐高祖献陵、敬宗庄陵和武宗端陵期间，考察团就查阅了三原县志和地图，并根据地图和县志记载，了解当地历史发展概貌，各帝陵位置以及本地其他民间艺术史迹①。在考察中，何正璜等人除了摘录所到之处的县志中有价值的文字材料，同时在夏子欣的帮助下，查阅和摘录西京筹委会编撰的陕西各文物史迹县志。

除了摘录以外，在能购买的情况下，王子云在西北考察期间收集了不少与研究西北文物和艺术史迹相关的报刊、图志、杂记等。通过 1943 年一份"教育部艺术文物考察团经常费增加部分"的统计表可以看到，王子云购买图书文献的一份清单：《中华民族发展史纲》69 本、《西行日记》31 本、《西行杂记》30 本、《中国新闻画报》28 份、《河南省地志》27 本、《文化先锋》26 本、《中国的边疆》25 本、《长安图志》24 部、《东方画报》2 册、《西北行册》2 册、《苏联画报》2 册、《藏边采风记》1 本、《亚洲古兵器与文化艺术》1 本、《芥子园画谱》1 本、《旅行杂志》1 本、《天下文章》1 本、《美术论集》1 册、《陕西人文志》1 册、《读书通讯》1 册、《西北剪影》1 册、《关南游记》1 册、《读中国命运》1 册②。从以上图书资料的种类来看，主要有两大类：其一是历史文献与史学著作，其二是艺术画报、文史期刊。从内容来看，涉及的范畴既有地志、图志、人文志等史料，又有采风、剪影、画谱画报等图像资料，还有日记、游记、杂记等随

---

① 例如，通过查阅县志，王子云了解到三原县庙中有五尊西魏时期的巨型佛雕。
② 摘自中国第二历史档案馆全宗号：五，案卷号：12054(1)，教育部艺术文物考察团经常费会计报表。

笔杂谈。可以说是正史野记、图像文字兼收并蓄，与田野收集资料一并成为考察团西北无名艺术研究的重要史料基础。

　　文献收集除了文本材料，也包括实物上的文字信息收集，何正璜主要负责文字信息的采集和整理，比如摘录各调查地的碑刻、铭文、题记上的文字。在敦煌石窟考察期间，她对各类石窟碑文进行了文字考证与记录。在王子云著述中也多次提到一些实物文字材料，例如：第332窟武周圣历元年（698年）圣历碑的发愿文碑记、第148窟大历十一年（776年）唐宗室陇西李氏再修大历碑功德记、元至正八年（1348年）莫高窟六字真言碑等功德碑记、供养人题记等历史文献的实物资料。关中唐陵考察中，清代巡抚毕沅所立唐陵石碑也是王子云研究的重要参考，当然他也对其所立石碑的准确性提出了质疑和考证。总之，在收集文献实物信息中，考察团既进行了客观收集摘录，又进行辨伪、考订与修正。

　　此外，摘录文献、购买图书之余，在田野调查期间，对当地相关人物的调查与访谈也是为考察工作提供更详尽资料的一种方式。例如，陕西富平县的考古学者张扶万，王子云打听到他有关于唐陵考察的一些文字材料，于是首先拜访他，收集前人研究材料。同时，考察团利用官方渠道，找到富平县文人郭进平，在他的指引下参观了当地文庙和师范学校里陈列的魏唐碑刻。应该说，文字材料的收集是考察团除了艺术图像收集外，十分重视的一项工作内容。何正璜在负责各类文字材料的整理工作期间，既有对收集到的文献材料的整理，也有对考察收获的田野研究信息的文字整理。

　　因此，从"艺术史的田野"角度看，教育部艺术文物考察团的西北之行，依据史料寻找史迹，运用多种途径，从梳理西北地区"无名艺术史"发展线索中进行深入田野的微观细查，从而为下一步的门类史研究(主要是民间雕塑艺术史)打下基础。

二、寻找"艺术的田野"

寻找"艺术的田野",既是一项诗意的工作,也是一项充满责任意识的工作。教育部艺术文物考察团成员是带着对祖国西北古物蕴藏的艺术文化的热爱和憧憬,对西北苍茫深邃的地域文艺情怀,对西北边疆文化建设的责任与担当而去,因此他们的艺术考察工作项目还包括:艺术文物藏品调查与收集、艺术采风和社会艺术宣传与教育。

1.艺术文物藏品调查与采集

该项工作任务主要分为三个部分:一是民间藏品的寻访与登记;二是民间文物购买;三是民俗文化资料的收集整理。

首先,在民间藏品的寻访与登记中,民间藏家的调查是工作的第一步。王子云在有着丰富的民间艺术文物市场流通渠道的西安,经过官方和私人渠道打听到当地著名的艺术品藏家,例如阎甘园、薛定夫、柯莘农、王典章、花某等人。于是他进行逐一走访调查、参观、拍照、登记,有时甚至在条件允许的情况下进行临摹、模铸和购买。这种民间走访是碎片化而不成系统的寻访与登记,有一定的随机性和时效性。西安的文物收藏和流通兴盛,艺术文物的流散可以说每天都可能发生变化。因此,王子云团队根据其人脉关系和社会条件所建立起的民间藏品登记也只是西安民间藏品概貌的一个局部,虽然可能信息很不全面,但足以反映一些当地民间文物的出土情况和艺术文物的种类与现状。何正璜曾经在阎甘园家中见到了周秦汉唐各代石马、兵器、佛雕、瓦当、玉簪等无名艺术文物,她在其日记中用了整整三页纸记录下这些民间藏家的藏品细录。

　　第二,民间文物的获取既需要技术眼光也需要资金支持。王子云在西北考察期间的文物收集主要有三种方式,一是通过古物市场,二是通过私人收藏,三是田野流散文物的采集。从技术眼光来看,王子云的文物识别能力一方面是在自己的田野调查实践中积累,另一方面主要是通过与民间收藏家的交流获取①。从资金角度说,王子云虽然有教育部的专项调查经费,但文物收藏所需资金根据其文物价值而高低不同,工作经费需要首先保证考察人员的日常开支和工作运转的必须支出,花费在购买文物上的经费可想而知。因此,购买民间文物需要慎之又慎。

　　王子云曾在其著述中提到在西安期间,他爱上了研究瓦当,自己购买和采集了不同种类的文字和云纹瓦当一百二十多种,且都是从自己的生活费中节省出来的。并且在甘肃考察期间,他还在古董铺购买了临洮出土的原始陶器和敦煌写经。另据考察团1943年的经常费增加部分的统计中看到,用公款购买文物的清单:历代名画法帖10本、黄龙碑拓片3份、番文经2页、敦煌写经1卷、天经残卷1件、唐人写经2卷、藏画1幅、白花挽绣1支、补幅1幅②。

　　王子云在田野考察之余,喜欢与古董铺打交道,经常在西安南、北院门的古玩店铺寻访有价值的艺术藏品。古秀山房、悦雅山房、荣茂斋、一文集、艺雅斋、九鼎斋、敬心玉、华茂轩、积古斋、

―――――――――

① 例如阎甘园就教授了王子云不少识别文物的方法,从藏家经验角度给王子云提供鉴别的技术引导。

② 摘自中国第二历史档案馆全宗号:五,案卷号:12054(1),教育部艺术文物考察团经常费会计报表。

茂永等多家古董铺便是他经常光顾的地方。另外,经陕西省官员王捷三、曹仲谦、陆槐庭的引荐,他拜会了收藏家薛定夫、段绍嘉、夏子欣、柯莘农、李问渠、李幼鹤、陈尧廷。据何正璜日记,"1941年夏子欣赠与考察团咸阳某处之拓片四张,一为长条之龙、一为长条之凤、一为一人立于奔虎之背、一为一胸首之正面"①。

当然,有部分文物没有花费资金,而是田野调查所采集,王子云多次提到在文物遗址上采集陶片、佛雕残段、瓦当散件、汉竹简。收集到的文物大部分归公家保管②,有的属于偶然发现且意义重大者上报政府,经由政府出面收藏。例如:1941年王子云在西安城内大湘子庙街意外发现的唐墓细线刻石椁板十二块,这是当时西安的重大艺术文物发现,他将此发现上报后转交由西安碑林保管。

第三,民俗文化资料的收集与整理中,王子云团队成员何正璜和戚承先在陕西的民俗文化资料整理成果包括:陕西地方戏剧脸谱资料、凤翔木板年画、西安庙会风俗。团队其他成员在甘肃、青海等地的民俗文化资料的收集主要包括兰州市井风貌、成吉思汗陵的蒙古族祭礼大典、拉卜楞寺蒙藏大联姻的婚俗、青海回族宴饮风俗、塔尔寺的宗教仪轨等。这些民俗文化资料主要围绕西北地区的少数民族风俗和宗教信仰及生活展开。正如王子云所说:"本团的使命在于调查采集各地之优越遗作及民俗资料,考证各时代之史迹及社会生活,藉以表彰我国固有之优美文化。"③这

---

① 见何正璜1941年2月25日日记,摘自黄松《拓印流年——记广东美术馆珍藏民国西北艺术文物考察团金石拓本》,《艺术市场》2007年第9期,第62页。
② 考察结束后,王子云在西北大学历史系任教,西大成立了文物研究室,他的大部分藏品都归西北大学所有。
③ 东平《历史遗珍——"教育部艺术文物考察团西北摄影集选(1940—1944)"的发现》,《文博》1992年第5期,第44页。

段话明确表述了在寻访"艺术的田野"中,民俗文化中渗透的艺术风情,特别是少数民族民俗生活中的艺术体现(饮食、婚庆、祭祀)和宗教习俗中常见的艺术样式(比如藏教喇嘛庙中的经幡画、堆绣、酥油花工艺装饰),是从另一个角度对西北文化艺术特点的反映。这些民俗文化资料,既是民俗艺术研究的对象,也是西北地区"无名艺术史"研究的重要文化语境,王子云加以收集整理,一方面体现了他的中国艺术史研究(特别是"无名艺术史"研究)所应具备的宽泛的学术视野和综合性的学科知识架构;另一方面也为他的西北少数民族写生提供了素材和创作的基础,让理性的考古在艺术实践的氛围下增添了几分诗意与情怀。

2. 艺术采风

艺术采风所留下来的作品,目前公开出版的且收录最全的是《王子云西北写生选(1940—1945)》①。该写生选集的采风对象主要分为市井生活、西北风光、民俗活动、人物肖像四大类。市井生活主要是表现西安、洛阳、兰州以及河西走廊上的城镇面貌,有的反映老百姓的平凡生活,有的描写抗战历程。比如《长安之市场》、《抗战中大后方人民之贡献》、《送军粮途中的宿营地》、《露天小商小贩》、武威《平民食堂》(图17)、《运钢轨》、《运木头》、酒泉南郊《哈萨克族的游牧生活》等。西北风光主要是描写河西走廊上的骆驼行旅《酒泉南郊骆驼牧场》、《塞上行》、《祁连山下之金张掖》、《古酒泉写照》、《焉支祁连山合图》,华山终南山的自然风光《华岳东峰》、《云海幻景》等。人物肖像主要有河西走廊途中的《嗜茶番胞》、《塞北游牧民族》(图18)、《哈萨克族新嫁娘》、《汉蒙

---

① 2016年8月《云开华藏——陕西省美术博物馆藏王子云作品及文献展》中也有部分写生作品展出,内容与该写生选有大部分重合。

回藏族骑手》等。民俗活动有：长安大雁塔旁的元宵节爬竿荡绳及元宵灯会、山丹城隍庙之社戏、张掖汉蒙回藏之民族运动会、哈萨克族赛马会、蒙藏联姻婚俗等。

图 17　王子云作品《平民食堂》(1942 年)

图 18　王子云作品《塞北游牧民族》(1942 年)

这批西北艺术采风中除了上述带有旅行写生性质的国画彩墨速写外,还有大量具有史料研究参考价值的古迹风光写生,比如《定陵远望》、《唐五陵全景图》、《唐十八陵全景图》、《龙门石窟全景图》、《敦煌莫高窟全景图》等。这些古迹风光写生,一方面以客观原貌的再现为出发点,另一方面在构图、设色、线条表现方面又具有一定的艺术鉴赏价值。从而使得这些全景图较一般考古记录性质的场景速写草图而言,既不失严谨又不缺乏感染力。另《教育部艺术文物考察团西北摄影集选》第十辑《社会风俗集》中共收录了50页照片,其中有元宵之花灯、终南山烧炭之挑夫、农夫之牛车等社会风俗体现。(如图19、图20)

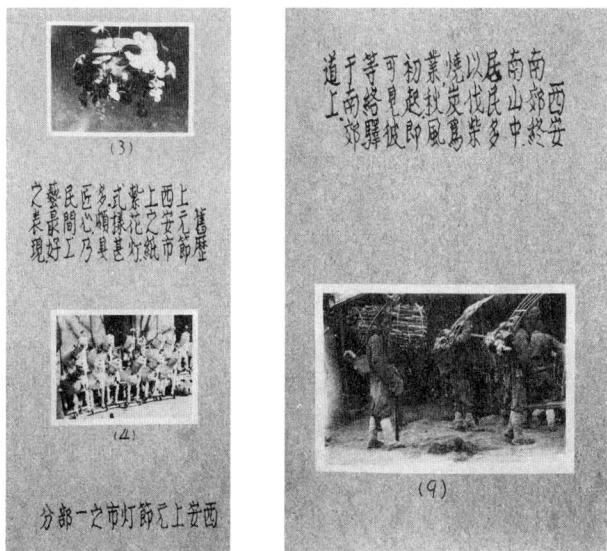

图19、20 西安地区社会风俗摄影

图片来源:《教育部艺术文物考察团西北摄影集选》

第十辑《社会风俗集》之图3、4、9

　　总之,这些写生与摄影作品不仅是王子云艺术才情的体现,也是其研究思路的另一种呈现方式。王子云及其团队成员大都具有绘画专业背景,在西北调研期间的艺术采风实践,既是对艰苦的考察工作的调剂,也是他们的一种日常工作方式。王子云在洛阳街头、火车站、汽车站等公共场所所绘制的毛笔速写,在参加西北少数民族庆典活动的现场写生情况记录,都充满着艺术家创作和审美的情怀,也透过写生作品流露出西北考察行程的心路历程和沿途感想。写生成为了该学术考察团队最有特色的工作方式。(如图 21、图 22)

图 21　王子云写生《山丹城隍庙之社戏》(1942 年)

图 22　王子云写生《茂陵车站之车下市场》(1943 年)

3.社会艺术教育与宣传

关于社会艺术教育与宣传这项工作任务,从王子云撰写的《教育部艺术文物考察团工作概况》①中可寻其内容。他首先总结了考察前三年在西北四省所举办的各类社会艺术教育活动。考察团所到之地,随时联合地方政府和社会团体举行艺术性质的演讲集会和作品展览,或者与教育机关合办美术师资讲习会等,直接或间接地协助了社会教育的推行。

比较有代表性的社会教育活动有:1941 年 4 月初在陕西省立民众教育馆举办的考察团首次成果展览会。会期三日,观众 7000余人,展品包括古代建筑绘图 15 件、建筑装饰绘画 120 件、古代

①原文见《社会教育季刊》1943 年第 1 卷第 4 期,第 65—69 页。

雕刻品模铸 8 件、民俗工艺绘画 40 件、拓印作品 20 件、摄影作品 50 件、社会风俗调查 5 种、史地考察记述 2 册、其他民俗资料 10 种①。

另外，考察团在西安除了调查工作外，到各中小学参观，认为在艺术课程的教学方面有研讨改进的必要。于是他们与陕西省教育厅联系，举办了"西京市中小学劳作美术教学座谈会"，并得到了省教厅和参会老师的认可。此外，还有"关中古代文化座谈会"、"洛阳龙门雕刻及南阳汉画展览"、"兰州文化界文艺座谈会"、"西宁塔尔寺边疆风物写生展览"等相关社会活动。

值得一提的是 1942 年 8 月 11 日，全国工程师学会在兰州举行年会时，甘肃省政府举办了西北文物展览会，本考察团也参与其中，将他们在敦煌考察所得的资料与成果陈列展示，该展不仅得到了官方的赞许，也在科学界引起了关注。换言之，考察之艺术文物由于有了官方的参与，这些文物就不仅只是在艺术界或文博学界中得到关注，艺术文物的价值在社会舆论的催化、时代背景的映衬之下得到了传播，其社会艺术教育的辅助功能也得到了相应提升。

作为教育部官方的学术考察团队，首先需要把艺术与艺术教育相联系，尤其是考察团深入民间的调研，所研究的对象都是来自民间的艺术文物，因此把这些社会大众身边的艺术品与民众拉近距离，进行社会艺术教育也是一项重要的考察工作内容。从另一个层面来讲，考察团团长王子云在留学法国的六年时间里对西方的现代艺术教育也有些感触，对于艺术与生活的关系、艺术对

---

① 王子云《教育部艺术文物考察团工作概况》，《社会教育季刊》1943 年第 1 卷第 4 期，第 66 页。

于国家社会建设的作用有着自己的看法和认识。他曾作为参加
巴黎世博会中国组的宣传委员,在 1937 年 4 月 25 日的国民政府
教育部市政演讲上①说:

> 在中国一般的现象,大家总认为艺术是一种不切实际的
> 学术,艺术作品,形成为一种古董式的鉴赏品,如同现时的中
> 国绘画,每每离开现实的社会,现实的人生,而不相关联。其
> 实所谓艺术,乃人类的情感的表露,生活现象的写照,与现实
> 的社会,绝对不能分离,否则必失掉艺术存在的意义。我们
> 应该知道在法文中有一句艺术上的名言"Les arts s'unisent
> pour orner la vie",这句话的意思译成中文就是"艺术的合
> 奏,用以文饰的生活",此可谓一语道破,切实说明了艺术的
> 正当用途。原来在人类生活现象中,举凡衣食住行,无一不
> 靠着艺术来满足精神上的需要,平时在生活中所具有的愉快
> 舒适的情感是由于美与便利而得来,此美与便利,可说全是
> 艺术的效能。所以在人类的生活环境中,如缺少了艺术性的
> 点缀,则必然感到枯寂无味,甚至于现状都不能维持。

显然,在王子云看来艺术不仅与生活有很重要的关系,而且
他对于艺术的界定不是仅仅局限于绘画(准确说不是局限在传统
意义上的中国画),更多时候他在演讲中提到的艺术是工艺美术,
也就是设计艺术。他在演讲中还说到在都市建设中,艺术是成就
现代物质文明的主要成分,对于中国的文化建设而言十分需要。

他紧接着又论道:

> 所谓的艺术应与现实的生活相一致,仍然可以应用首都

①王子云《艺术与艺术教育》,《播音教育月刊》1937 年第 1 卷第 8 期,第
　111—114 页。

最近的现状来证明,今日的首都,正是一辈艺术家用武之地。大者如各项建设设计工程,小者如土木工匠,机械技师,以及各色各类的职工手艺,无一不需要艺术家来为之支配。因为一切一切,都好像正在新创的时期,一般的心理又每以新奇为贵,而中国现代的艺术家,正应该负起了这种创发新奇的使命。然而我们再试一审视首都现有的建设状况,究竟应该作何感想?假使再这样的草率忽略下去,实在是中国文化前途的极大损失,而此项损失的责任,中国现代艺术家是应该负担的,于此就不能不联想到中国的艺术教育。

从上文演讲内容来看,王子云把艺术教育的重要性拔到社会经济和文化建设的高度来谈,而不只是局限在艺术界。对全社会进行普识性的艺术教育在他看来是非常必要的。

当然,如何进行普识性的艺术教育,用当时学界流行的西方艺术或者是古代经典艺术作品来进行大众宣传,其效果和被接受度是要受到质疑的。因此,本考察团在考察工作中就把所收集到的民间艺术文物作为社会艺术教育的宣传载体,在西北考察沿途就地举办各类座谈会、展览会和艺术讲座,将此作为官方团队的一项重要工作内容。

总之,从政府文化建设和民众艺术教育两个角度来看,西北艺术文物除了作为学术研究的关注对象外,它所具有的“民族精神”和“传统固有文化”内涵,增进了与民众的亲和力,且与民众的认知度高度吻合,是进行社会艺术教育和宣传的很好载体,因而收到了良好的社会反响。

由此可见,在四年的考察工作中,考察团从寻找“艺术史的田野”和寻找“艺术的田野”两个大项出发,其工作项目围绕田野考古、文献收集与艺术藏品寻访、艺术采风和社会艺术宣教展开,其工作细致严谨、涉及面广、形式丰富,这都为考察成果的多样化奠定了坚实的基础。

综上所述,在西北艺术调查工作期间,考察团考察地域广泛、考察对象丰富、工作方式全面,使得整个考察行程与规模在民国期间的艺术考古与文博考察团队中都非常突出。因此,他们所收获的丰富考察成果,为现代中国艺术史研究在很多领域都打开了思路,起到了开疆拓土的示范作用。

第三章　西北艺术文物考察成果类别

考察团关于西北艺术文物研究的整个学术影响力,无论在中国现代艺术史上,还是在中国文物与考古学界都不应被忽视和遗忘。不仅因为它的时间早、范围广、规模大,更因为此次考察给我们带来了很多关于中国西北艺术与历史的重要信息,也给我们提供了难得而珍贵的文物史料,引发学界对西北更进一步的学术思考与价值发现。整个四年多的考察,成果颇丰,值得我们认真审视其考察成果的学术内涵与研究特色。

关于调查成果的类别,笔者将其分为两个大类,即早期成果和后期成果。团队早期成果属于考察过程中收集的资料性成果,包括图像、实物、展览和少量论文或考察报告,这是王子云团队工作方式、研究方法的集中体现;后期成果属于王子云根据考察所得原始材料进行的整理与研究,包括专著、论文、画册、游记和图录,体现了王子云考察研究的连贯性,是具有一定学术创见的研究性成果。

第一节　团队早期成果

此次西北地区田野考察的研究对象是"无名艺术文物",并且绝大多数文物是前人没有深入研究过的。王子云团队的早期成果，主要是指 1949 年以前完成的，将四年来陆续收集到的文物信息加以分类、整理、发布，以实物、图像、展览和研究论文的形式保存或发表的成果。目前有的是归西北大学所有，有的是公开刊物发表，有的是面向社会展览，有的书稿已经遗失。

一、图物

所谓图物，主要是指考察团西北调查期间通过购买、采集、模铸、拓印、摄影、写生等方式收集到的无名艺术文物的图像资料和实物本身。根据广东美术馆"西北艺术文物考察团"专题研究组调查研究的最新资料显示，在 1940—1944 年期间，考察团共发现各类文物遗址及艺术文物数百处（件），收集诸如马家窑文化彩陶、秦汉瓦当、敦煌写经卷、汉唐雕刻、唐三彩、明清宗教艺术文物等大量弥足珍贵的艺术文物以及各时代石刻艺术拓本共计约两千余件。绘制西北沿途各种国画写生图、临摹稿和所调查地区的艺术文物分布平面图与艺术文物现场的测量图千余件，立体拓印各类石刻艺术拓本近千套（张），临摹西北各地佛教石窟大量壁画，对代表汉唐艺术精神的部分石雕艺术及古代建筑雕刻和装饰进行了石膏模铸，拍摄各种无名艺术文物的照片上千张①。

这些图像与实物资料的价值除了体现出这是考察西北文物史迹的成果外，它们很多都是珍贵的文物史料。比如：王子云拍摄的拉卜楞寺全景照片，这是 20 世纪 40 年代该寺完整全貌的展示，本身就具有历史意义；由他亲手绘制的敦煌莫高窟全景图是根据实际测绘数据绘制的考古与艺术性兼具的绘画长卷，也是早

---

① 成果归纳参考广东美术馆编《抗战中的文化责任：西北艺术文物考察团六十周年纪念图集·叙述文版》，岭南美术出版社，2005 年 9 月，第 20 页。

期敦煌艺术研究的见证，具有较强的历史与文物价值；由考察团拓印和模铸的很多珍贵文物现在已经毁坏或者遗失，这些拓本和复制品都成了绝版或孤品，其价值不言而喻。

目前收藏该阶段实物图像成果的地方主要有广东美术馆、陕西省美术博物馆、西北大学文博学院、王子云书画艺术研究院等机构和王子云子女处。当然，该次统计并不完全和充分，数据信息只是初略概况，随着研究的深入，统计数据会不断细化。

二、展览

作为官方组织，王子云团队其中一项工作是在四年的考察期间，通过展览方式，一方面向国民政府教育部汇报考察进展和成果，另一方面通过展览宣传保护文物的重要性与紧迫性以及西北文物中所蕴涵的艺术精神，进而引起艺术界对西北文化艺术的寻根思潮。其间较为有影响力的展览主要有下列几次[1]：

(1)1941 年 4 月 6 日，王子云在陕西省民众教育馆举办第一次在陕工作成立展览会。展品包括古建筑实测图、古代雕刻艺术复制品(模铸)、民俗图案绘本、石雕艺术拓片、摄影作品、史迹考察记述等，共计 290 余件。

(2)1941 年底举办洛阳龙门雕刻及南阳汉画艺术展览会，展品包括石窟雕刻复制品、南阳和叶县等地采集的东汉画像石。

(3)1942 年 8 月 11 日，在兰州为配合甘肃省政府举办之"文物工业展览"，而举办"西北文物展览会"。

(4)1942 年 10 月 10 日，与甘肃省党部联合举办过一次美术

---

① 参考广东美术馆编《抗战中的文化责任：西北艺术文物考察团六十周年纪念图集·叙述文版》，岭南美术出版社，2005 年 9 月，第 98—99 页。

展览会,展览一周,参观人数达两万多人。

（5）1942年底,王子云携部分敦煌临摹壁画和其他文物资料回到重庆,参加教育部举办的"第三届全国美展"。

（6）1943年1月在重庆中央图书馆单列举行一次"敦煌艺术展览会"（图23）。展品300余件,展品主要包括敦煌石窟壁画、装饰图案的摹本与西北风情写生等。

（7）1943年春,在西安国民党陕西省党部举办"汉唐陵墓艺术展览会"。

（8）1943年10月10日,配合陕西省政府"陕西省文物、产业、卫生展览会",在陕西省民众教育馆举办"西北艺术文物展览会"。

图23　在重庆展出考察团敦煌临摹作品（1943年1月）

从上述八次较有影响力的展览可看到,这些展览的目的都是宣传西北艺术文物和汇报考察工作,举办地主要在兰州、西安、重庆三地。且都是以官方名义举办,由当地官方组织参与,体现出艺术活动的官方团队性质。有的展览甚至吸引了教育部长陈立夫及外国使节的关注。并在教育部授意情况下,送展品出国参加国际展览，可以说引起了广泛的社会反响甚至国际关注。

此外，在考察活动结束后，部分考察团员也将自己西北考察历程中的艺术成果向社会公开展示。例如，1946年2月考察团核心成员之一的卢善群在重庆举办了"敦煌安西北魏隋唐五代壁画及西北写生——卢濬西北画展"。该画展得到了包括《光华日报》和《新华日报》在内的多家重庆重要媒体的关注和宣传，产生了积极的反响，尤其是在艺术界。当然，其中最重要的还是敦煌艺术展览部分，这也是王子云组团工作的重中之重，敦煌艺术展览引发了后来重庆的艺术家们奔赴西北（特别是敦煌）进行写生创作的风潮，在中国绘画发展史上产生过不小的影响。

三、著述

考察期间著述主要是考察报告或者论文形式，绝大多数由王子云夫妇整理发表。目前从王子云子女处查阅到1943—1945年期间，他发表关于西北文物考察的研究报告主要有《唐韦顼石椁发现记》《古杜伯国考》①、《敦煌佛窟建筑体式》、《茂陵霍墓之汉代石刻》。但由于种种原因，目前原文无法找到，只能从标题看到他研究的对象与内容。不过有一篇论文是能查阅的，即署名何正璜发表在1943年第三卷第十期《说文月刊》上的《敦煌莫高窟现存佛窟概况之调查》。

该论文被看作敦煌石窟艺术研究的第一篇专论，是早期中国敦煌学研究的重要学术成果之一，尤其是对敦煌艺术学而言。该论文分为四个部分：一、敦煌莫高窟之沿革及现状；二、佛洞之格

---

① 据说当时在《大公报》上有大量关于该调查报告的新闻报道。但具体内容无法查证。

式及布置；三、敦煌艺术之作风；四、洞窟之编号。其中，在"佛洞之格式及布置"中，该文将敦煌石窟分为魏式窟和唐式窟两大类，并分别就这两类窟式绘制了窟底与窟顶的平面图、剖面图，并对不同窟形的长、宽、高进行了测量，梳理其内部布置情况与差别。在对"敦煌艺术之作风"的总结归纳中，就魏、唐两个时期的壁画题材、塑像造型作风进行了风格比较与判断，并从中看到东西方文化交流对于造型样式的影响。

特别值得一提的是，在文章的第四部分"洞窟之编号"中，该文以张大千编号为序，依次进行各窟内容的记录，包括窟形与年代的判断、窟内塑像与壁画内容分析、题记记录与考证、图案纹样的风格归纳、整个艺术风格与价值的鉴赏等方面的详尽描述与整理。应该说，该文是当时敦煌石窟艺术研究方面较为详尽且带有非单纯记录性质的研究性成果。这部分内容也是整个文章的核心内容，里面体现了王子云团队严谨的考证态度，也反映出作为在西方留学，了解东西方绘画艺术背景的王子云的造型与审美鉴赏能力。该文虽然署名为何正璜之作，但从行文中看得出是汇聚了考察团集体的学术观点和研究能力而成。

1946年至1948年间，王子云还整理出《唐代雕塑选集》（图24）和《唐十八陵考察记》，前者于1956年由人民美术出版社出版，后者2006年收录于陕西人民出版社出版的《何正璜文集》。这两部著述都是关于唐代雕塑艺术的研究。前者是图像资料的整理，后者是文字材料的分析，反映出王子云研究"无名艺术史"的两种主要方式，即艺术图像的资料整理和艺术文物的历史考证。

此外，1946年至1948年期间，王子云还整理了《汉唐陵墓艺术》和《秦汉瓦当艺术》两部书稿。只可惜由于种种原因，稿件在出版前便遗失了,甚是遗憾。这些针对四年考察期的研究成果如果都能完整出版,学界对民国时期的"无名艺术史"研究及考察团的学术功绩的价值定位应该不至于滞后这么多年。

图 24　王子云《唐代雕塑选集》封面

总之,在新中国成立之前的这期间,王子云以西北四年的实地考察为基础,整理并研究了西北各类无名艺术,尤其是雕刻艺术,它们是考察团集体成果的体现,同时也是王子云以考察所获第一手材料进行"无名艺术史"归纳、考证、审美研究的方法论特点的来源。这期间他还打算撰写《汉阙及汉刻》、《画砖》、《碑的艺术》、《伊阙龙门》、《飞天》等著述①,有的资料收集整理完成,尚未添加文字;有的具有初步研究构思,尚未形成论述。如果将这些书稿题目仔细分析,可知考察团四年考察期的主要收获和关注侧重,而这些思路与成果后来都逐渐积累并最终促成王子云在 1956 年撰写《中国雕塑艺术史》②。因此,王子云对考察团考察成果的整理、研究与出版,既是集体成果的展示,也是他个人史学研究的呈现。

---

①这些研究题目及完成情况参见由王子云子女整理的"王子云主要著作编写及出版情况一览表",引自王子云《汉代陵墓图考》附录二,太白文艺出版社,2007 年 6 月,第 287—288 页。

②该书最终于 1988 年由人民美术出版社出版。

第二节　王子云后期整理与研究成果

　　西北艺术文物考察工作结束后,王子云在西北大学短暂工作过一段时间,七年之后(1952年)他调到西北艺术专科学校(西安美术学院前身),从事中国美术史和油画教学科研工作。此后,王子云继续实地踏查祖国大江南北的文物史迹,并陆续将40年代西北考察的成果整理、研究、发表与出版,对"无名艺术史"的考证与研究从此成为他后半生学术研究的重点。

一、专著

　　50年代整理的著作有《中国古代石刻画选集》①、《中国雕塑艺术史》②以及用于教学的《中国美术史》教材③、《中国古代画论》④、《中国美术简史》⑤。70—80年代他专注于古代雕塑艺术研究领域的继续深入,1976年完成《陕西古代石雕刻(1)》、《中国古代雕塑百图》,1988年完成《从长安到雅典——中外美术考古游记》,之后在其人生的最后阶段打算写《欧洲雕塑史》、《古埃及·美索不达米亚雕塑选》,但由于天不假年,两书最终未能完成。

　　在这批著作中,《中国雕塑艺术史》可谓是他后半生研究成果

①1957年由古典艺术出版社出版。

②1956年完成书稿,"文革"期间书稿遗失,1976年王子云重写,于1988年由人民美术出版社出版,1993年重印,2005年岳麓书社再版。

③1956年完成,用于教学,未出版。

④1956年完成书稿,未出版。

⑤1956年完成,该书为人民美术出版社约稿,后因1957年"右派"问题,取消出版计划,目前文字、图片资料完整。

的集大成者,也是王子云树立自身在中国艺术史学界地位的代表性著作。该书完全是建立在他的田野考察第一手资料整理基础上的研究成果,其中很大一部分内容,尤其涉及到汉唐时期的雕塑艺术研究都是40年代西北艺术考察成果的总结。包括陵墓雕刻、宗教雕刻、建筑装饰雕刻、工艺雕刻的门类划分方式也与他对西北艺术考察对象的认识有直接关系。该书中有大量内容是本次考察的研究对象,上卷为文字部分,约41万字,下卷为图集,约700幅图片。这种文字配合图片的研究方式,是王子云史学的一个明显特点。可以说如果没有这次西北田野考察,王子云雕塑艺术史的撰写方式与内容将不是当下所呈现的面貌。

　　该书是中国雕塑艺术史研究领域,国人最早的一部依靠自身调研材料整理研究而成的通史专著,在此之前只有梁思成1930年左右为东北大学教学编写的讲义《中国雕塑史》。梁书大量引用文献记载和外国学者[①]对中国雕塑的研究,他研究的对象也大多来自文献记载和国外博物馆或私人的中国雕塑艺术藏品。因此,1956年完成,1976年重写的王子云版《中国雕塑艺术史》无疑在中国艺术史学界具有举足轻重的地位。在他的雕塑艺术史出版之后,学界对雕塑艺术史研究的著作才陆续出版。其中有代表性的著作有陈少丰的《中国雕塑史》、孙振华的《中国雕塑史》、赵

---

①这里所指外国学者的著作有1915年日本学者大村西崖出版的《支那美术史·雕塑篇》和1925年瑞典学者喜龙仁出版的《中国雕刻》。喜龙仁将中国雕刻分为古拙时期、过渡时期、成熟时期和衰微及复兴时期。时间上只涉及魏晋南北朝至宋辽时代。大村西崖在年代上也只研究到五代以前,可以说20世纪30年代初以前,关于中国雕塑艺术史的研究还比较匮乏,且内容大多引自文献记载和少量遗存,欠缺对民间雕刻的第一手材料的研究。

萌的《中国雕塑艺术》、贺西林的《极简中国古代雕塑史》等。应该说，王子云开创了中国雕塑艺术史研究的田野实证学派。

此外，在王子云逝世之后，其子女于 2007 年将他 1946—1948 年间完成的《中国历代应用艺术图纲》和《汉代陵墓图考》两书稿整理后出版，其中绝大部分内容是 40 年代西北艺术考察时期的研究成果。

《汉代陵墓图考》一书是 40 年代王子云对陕西关中一带汉唐帝陵调查研究的成果，虽然成书于 1948 年，但几乎 60 年后才对外公开出版该成果，在遗憾与惊叹之余，笔者梳理出他的研究思路与方法。王子云在书开篇中指出"本书取名图考，故内容以图为主，因现代科学以实证为尚。历史考古尤非有实地实物之图形，殊不足以令人获得真正之理解。本书编撰取材完全采取实地调查之资料，不专依据册籍之记载。凡今日无史迹及遗物可证者概不论列"①。这段话可表明他一方面以历史考证为研究思路，另一方面以田野调查对象的实际材料为研究依据，从而实现图像与文字互证的研究目的。这既是他多年以来的史学研究方法，也是他对"图像"的价值判断方式。该书无论从实地踏查数据的客观性、绘制陵墓分布图的直观性，还是考证帝陵形势的严谨性和归纳营建制度的全面性来看，都是那个时代艺术史家田野实证研究的典范之作。

二、论文

解放后，王子云陆续在《西北大学校刊》、《文物》、《文物参考资料》、《美术》、《西北美术》等期刊上发表关于 40 年代西北考察的整理性研究成果。例如《敦煌莫高窟在东方文化上之地位》、《敦煌和敦煌莫高窟历史考证》、《中国美术遗产中的汉唐雕刻》、

---

① 引自该书"凡例"之三、四。

《西汉霍去病墓石刻》、《谈唐陵石雕刻艺术》、《汉石刻画在陕西》等。这些已发表的研究论文从题目上可知他在新中国成立后关注的艺术史对象主要是40年代所积累的无名艺术文物，尤其是敦煌艺术、汉唐陵墓艺术、石刻画像艺术等。这是王子云最熟悉和擅长的研究领域，也是他治学专长之所在。

以他1950年发表在《美术》杂志第5期上的《中国美术遗产中的汉唐雕刻》为例，该文开篇便提到中国古典文化以汉唐为最盛，此时期已奠定中国民族优良的形式。而具体在论述到汉代雕刻艺术时，他首先谈的就是霍去病墓前石刻，这是他研究中反复提到的，也是40年代多次考察过的对象。紧接着在唐代雕塑部分，他评价道："唐代作品的特点是，写实、精致、洗练、富丽和有生命力，和希腊盛期的作品极相类似；而唐代陵墓石刻所具有的气魄，则又超越于希腊雕刻之上。"并在具体介绍唐代雕塑时他说限于篇幅，只着重谈唐十八帝陵。这些表述都能体现他对唐陵石雕研究之深入，以及他基于对唐陵石雕艺术研究而形成的唐代雕塑的整体价值判断。

而《谈唐陵石雕刻艺术》一文更是详细地将唐十八帝陵雕刻一一进行文献考证、风格判断、石雕仪卫特点归纳。从以上两文再联系到前文论及的《中国雕塑艺术史》，可以这样说，王子云对中国雕塑艺术史的整体价值判断和时代审美风格评价都主要基于他40年代的西北艺术考察。因为在他多本著作中均体现出他对汉唐雕塑艺术的价值认同，包括他的《中国古代雕塑百图》一书的概说也充分肯定唐代雕塑的成就与时代风格。他把隋唐时期看成是雕塑艺术的鼎盛时期，认为雕塑在当时已达到精致完美和绚烂成熟。总之，王子云对中国雕塑艺术的研究心得和价值认同着重是在汉唐时期。

三、游记

游记对于学术研究而言往往给人感觉不太严谨，属于文学作

品类别。但研究过王子云田野考察经历和治学方法的人都知道，
他的田野考察是具有艺术家情怀的诗意考古，这与常规考古学家
的田野调查有着明显不同。他喜欢用日记的方式或者游记随笔
的方式记录田野艺术考察的收获与心得，用直白而生活化的语言
流露其考察经历与艺术情怀是其游记的基调。由于王子云早年
在欧洲留学，游历过很多西方艺术底蕴浓厚的国家，因此他在晚
年将其一生的游历见闻与艺术考察结合起来，撰写了一部《从长
安到雅典——中外美术考古游记》①（图 25）。

图 25　王子云著《从长安到雅典——中外美术考古游记》上册封面

①该书从撰写到出版，跨度十余年，最终在王子云先生去世后于 1992 年才
　正式出版。

雅典是他早年在西方求学时对雕塑艺术产生研究兴趣的起点,而长安是他后半生事业的核心地,也是中国古代雕塑艺术遗存相当丰富的地方。他以回顾自身艺术考察经历的方式,以中国到外国这样的倒叙方式讲述了他一生中外艺术研究的历程。在该书的第二章详细回顾了他对西北各地的美术考古历程,即40年代西北艺术田野考察这段经历。有很多研究性质的成果体现在该游记里。比如:该书收录了他对汉唐陵墓雕刻资料、龙门石窟雕刻资料、敦煌千佛洞艺术资料的采集情况和相关历史考证、形式分析、技法研究的成果以及论文《敦煌莫高窟现存佛窟概况之调查》。这些都不是文学性质的游记,而是具有调查报告性质的学术成果。因此,该书虽然成书很晚,并且是带有回忆录性质的游记,但里面却不乏有学术价值的田野考察成果资料可供后学研究。

四、画册与图录

1. 画册

关于王子云西北艺术考察的画册,前文多次提到《王子云西北写生选(1940—1945)》(图26),2005年该书经王子云子女整理后由岳麓书社出版。在这批40年代的西北考察沿途写生作品集中收录他的手稿80余幅,王子云主要采用速写的方式,对西北少数民族风情、自然风光和平民生活进行富有艺术家个人情感体验的艺术表达。此外,还有一批非常有特色的、非一般艺术家创作的考察实景写生图卷,这些图卷既是艺术作品又是文物史料。

图26 《王子云西北写生选
（1940—1945）》封面

图27 王子云作品《塞外夜行》
（1942年）

　　从艺术创作的角度看,对西北自然风光描写的诸如《安宁堡之春》、《祁连焉支雪峰》、《云海幻景》、《塞外夜行》(图27)、《春雨终南山》、《三危山与鸣沙山全景图》(图28)等作品都属于水墨淡彩式的国画表现手法,以速写写生为基础进行再现场景式的叙事创作。造型上以墨线勾勒为基础,色墨并用,在干湿点染间表现作者对西北自然风光的抒情性审美和筚路蓝缕的考察情怀。以《塞外夜行》①为例,该作品尺寸为36.5×26cm,是1942年7月王子云由敦煌返回安西,乘马车前往嘉峪关途中看到戈壁滩上夜幕降临前奇幻的云彩,心生"塞外荒凉而伟大"之感触而即兴绘画。他用大块面的花青加墨色形成深色的天幕,渲染间干湿并用,不时透着远处天边那一抹还未退去的晚霞。在低矮的视平线下,一个手持皮鞭的牧童与依偎在身边的骏马背影,衬托出大漠荒凉而孤寂沧桑之感。这种作品既是即兴情感抒发,又是大漠风光再现,

---

① 该作品现收藏于陕西美术博物馆。

以景抒情的渲染式中国画特点可谓展现得淋漓尽致。在大面积天幕之上，王子云以心得题记的方式记录了他此时此刻的情怀，用书法配合着朱红印章，整个画面在一种宁静平和的笔调氛围下涌动着一股激情和感动，正是这股暗流刺激着王子云在艰苦环境下还能有此艺术家的感怀，与观者形成自然的情感共鸣。

图 28　王子云写生作品《三危山与鸣沙山全景图》(1943 年)

而人物肖像写生部分，由于王子云早前是学习油画专业出身，留学法国期间又改习雕塑，因此从人物造型角度看，他的西北少数民族肖像写生能力发挥得游刃有余。当然他的肖像写生绝不仅仅是表达人物动态或神情，更多时候是为了西北民俗研究的需要，记录少数民族服饰的特点。《哈萨克族之妇女装束》、《祁连山中之藏族妇女》、《哈萨克族新嫁娘》等，这些作品不仅仅是刻画人物面部五官特征，而是尽可能地描绘少数民族服饰的多姿多彩。设色较为浓艳，服饰花纹细节处理较丰富，而人物动态一般未作周密的设计，五官处理也是以勾勒为主,记录的意图明显大于创作的意图,这与之前的风景写生有着创作动机上的不同。因此,审美角度也大相径庭。

至于客观考证基础上绘制的文物史迹全景图,更多地带有史料性质,而非单纯的艺术作品。在对唐陵实景写生图系列进行分析后,笔者认为这批具有考古性质的全景绘画,以中国画的用色、笔法表达出考察对象的造型、规模、环境,其记录图像的实用性大于纯粹的审美观赏性。当然,王子云在绘制这些长卷的时候,也是充分考虑了画面的美感,比如画面的整体色调,构图节奏感的变化,笔法虚实关系与空间关系的处理等绘画性因素。从而使得王子云的考古写生图兼具学术研究价值和艺术审美价值。

除唐陵考察期间绘制的全景图卷外,最有典型性价值的是《敦煌千佛崖全景图》,该图长达 5.5 米,是王子云花了很多工夫,在实测基础上对敦煌石窟外景进行的客观写生。敦煌研究院前院长段文杰对于王子云将该长卷捐赠给敦煌研究院收藏表示非常赞赏,他曾在与王子云夫妇的通信中提到:

> 关于您画的莫高窟全景图,我们很需要,因为现在的莫高窟已非原貌,过去我们又没有画过全图,您把全图赠我院,非常感谢。我们一定派人来取,寄怕有损坏,我们将把它装裱一新,珍贵保存起来,在美国展览中,或在我院正在建设的大型陈列馆中陈列,非常感谢您们。①

总之,《王子云西北写生选(1940—1945)》是最能集中全面地反映王子云 40 年代西北艺术考察的绘画作品集,该画册用艺术语言的方式展示了他西北考察的对象与方法,也应当算作其考察成果之

---

① 引自陕西省美术博物馆编《云开华藏——陕西省美术博物馆藏王子云作品及文献集(文献卷)》,陕西人民美术出版社,2016 年 7 月,第 102—103 页。

一,此画集中的大部分作品目前被陕西省美术博物馆收藏。

2.图录

后期整理出版的图录主要有前面提到过的《中国历代应用艺术图纲》、《中国古代雕塑百图》、《中国古代石刻画选集》和《教育部艺术文物考察团西北摄影集选》等。

这些图录或图集大多都是考察期间所拍摄的文物照片或考察工作照片。尤其值得一提的是王子云在西北大学历史系工作期间整理的《教育部艺术文物考察团西北摄影集选》手稿,该集共十册,每册由50张照片组成,王子云以"上图下文"的方式逐一手书注明该图内容信息。原件由于具有重要的史料与文物价值,西北大学文化遗产学院决定于2016年将该图集公开出版,从而第一次全面公开了王子云当年的考察摄影资料。王子云将所有照片进行筛选,分史迹名胜(上、下)、汉唐陵墓雕刻、佛窟雕刻、豫陕甘各地雕刻、建筑艺术、敦煌千佛洞壁画、敦煌及其他壁画、工艺制作及图案装饰、社会风俗集(共十辑)进行编排,且每集前附加文字概述(说明),交待该部分内容。例如第九辑"工艺制作及图案装饰"中王子云将他们在河南叶县考察民居建筑装饰砖侧上的图案纹样二十五种,依次拓印,然后整理拍摄成照片。并在照片下附文:

> 河南叶县有东汉所遗花砖甚多,零碎砌入人家墙上,本团遍觅各处,拓得不同纹样数十种,各砖纹样组织各异,为艺术及历史上之珍贵资料。①

而《中国历代应用艺术图纲》(图29)则是王子云积累多年考

---

① 见西北大学文化遗产学院编《西北大学藏民国时期教育部艺术文物考察团西北摄影集选》第九辑,西北大学出版社,2016年8月,第36页。

察成果而成的一本关于图案研
究的专论。该书主要由建筑装
饰、雕刻装饰、工艺美术装饰三
部分组成。每个部分分别从概
论和图说两个层面进行宏观和
微观的分析，以大量的图像分
类描述为主体，对图案进行形
式演变与审美阐释。其中建筑
装饰和雕刻装饰这两大部分的
主体内容都是以 40 年代西北
艺术考察所收获的田野资料为
研究对象。在该书绪言中，王
子云谈到：

**图 29　王子云著《中国历代
应用艺术图纲》封面**

　　　　本书编辑之最大目的
在于发扬中国固有文化，表彰中华民族特有之优越气
质。……本书所集，系就教育部前艺术文物考察团于抗战期
间在西北各省踏查采集之资料为主，择其具有价值者分别整
理编列。考西北为中华民族文化之发祥地，尤以陕西关中乃
周、秦、汉、唐之国都所在，一砖一石均属前人优美遗制，足以
代表民族之智慧与精神。吾人对此珍贵遗产如能善为发挥
运用，并触类旁通，配合现代科学，以美化社会生活，提高民
族意识，更由此以促进工商业之发展进步，则未来新中国文
化之繁荣实利赖之。[①]

该书稿完成于 1948 年，从上述文字可看到王子云当时撰写

---

①王子云《中国历代应用艺术图纲》，太白文艺出版社，2007 年 5 月，第 2 页。

书稿的初衷不仅在于对无名艺术史的学术研究,更在于将其研究运用于现代生活,尤其是设计和美化生活。这也是王子云艺术史学的价值取向之一,也正是这种不仅仅为学术而学术的信念,使得他的研究著述擅用图谱、图录、图集的方式呈现,一方面体现他研究的田野考证性,另一方面体现他注重艺术史学与社会生活的关联,这是他一生从事理论研究的一大突出特点。

　　另外一本图集《中国古代雕塑百图》①(图 30)是他在将自己学术研究重心放在雕塑艺术史之后的又一以图片解说方式出版的著述。该书是他八十岁高龄时出版的一本图集,他用他擅长的图片解说方式对自己收集整理的从原始社会到清末的具有代表性的百余件雕塑作品进行逐一介绍,是一部具有普及性质的读物。其中王子云选择作品的标准,主要是作品的艺术性,同时也考虑时代、类别、地区和作品的艺术形式等因素,从史学发展链条的叙事逻辑出发进行分析。

　　值得关注的是,王子云在该书"概说"中提到他对中国古代雕塑的分期看法,其中他认为隋唐是雕塑艺术发展的鼎盛

图 30　王子云著《中国古代雕塑百图》封面

①王子云《中国古代雕塑百图》,人民美术出版社,1981 年 3 月。

时期,其理由来自他所踏查过的陵墓石雕、石窟、寺庙造像等。他在文中说:"唐代十八帝陵前几百件大型石人、狮、马和长安、洛阳两地唐墓出土的数字庞大、形象优美的俑、马雕塑,以及洛阳龙门石佛,四川乐山摩崖造像,敦煌、邠州等地的泥塑大佛,也都是前所未见的。"①这段话足以说明,他对唐代雕塑的认识主要来自于40年代他所踏查过的西北艺术史迹。

　　总之,我们有理由相信,在考察结束后的三十年中,王子云学术研究的主要立场与观点还是以西北艺术踏查所获经验和成果为基础。因此,要全面研究王子云艺术史学理论、观点与方法,离不开对他抗战时期的这次西北艺术调研实践的研究分析。从另一个角度说,考察团西北艺术调研实践的成果分析不能仅仅只关注考察期间和考察刚结束那几年出的研究成果,其中不少有学术贡献的成果体现在王子云后半生的研究中,需要关注王子云在新中国成立后出版的著作。只有动态地审视王子云西北艺术考察的研究成果,才可以更全面地认识该考察的史学价值与意义以及中国"无名艺术史"早期的研究状态。

　　近年来,陕西省美术博物馆对王子云的艺术与学术成果进行专题展览和研讨(2016年9月),2017年11月在西北大学举行"王子云先生诞辰120周年纪念会"及由王子云家属发起成立的"王子云书画艺术研究院",这些组织与会议把对王子云艺术史学的回顾与研究推向新阶段,伴随着对王子云史学研究的深入,相信以后关于此次西北考察的研究会愈来愈趋于成熟。

　　综上所述,由王子云率团的西北艺术文物考察成果丰硕、形

---

①王子云《中国古代雕塑百图》,人民美术出版社,1981年3月,第4页。

式多样、门类广泛,且发表时间跨度大,无论是团队的早期成果还是王子云后期整理成果,都体现出本次西北考察对以中国雕塑艺术史为核心的"无名艺术史"研究的重要史学意义。这些不同形式的成果不仅呈现出民国时期这次艺术史学的西北体验经历,还能引起学界从多个角度去审视和反思一个艺术家从绘画创作转向史学研究的经历变化、角色转换和治学特色。

下篇　西北考察及王子云史学研究的学术贡献

第四章　西北艺术考察项目的研究成果

　　教育部艺术文物考察团在历经四年多的考察后，很多学术性成果是在考察期间及结束之后整理而成。要厘清其中的主要学术观点，尤其是在当时有代表性学术价值的观点，需要对整个考察成果进行深入梳理与研究。从目前的资料来看，本次西北文物考察的学术成果主要集中在敦煌石窟艺术研究、霍去病墓前石刻艺术研究、汉唐帝王陵墓研究以及一些无名艺术杂项研究这四方面。

第一节　敦煌莫高窟的研究成果与特点

　　前文已多次提到，王子云组建考察团赴西北进行艺术考察的一个重中之重便是敦煌石窟艺术，因此他们对敦煌的考察是此次西北田野考察成果中最突出最被后人所关注的。第二章已说明考察团对敦煌的考察分为两个阶段，其中第一阶段是 1942 年 5 月到当年底，此阶段考察主要由王子云、邹道龙和雷震完成；第二阶段是 1942 年 8 月到 1943 年 5 月，此时主要工作由王子云和卢善群两人开展①。此两阶段之间还包括 1943 年 1 月王子云将敦

①这两个阶段时间上有重合，从现有资料和既有研究来看，1942 年 8 月至当年底应为王子云、邹道龙、雷震、卢善群四人承担敦煌调查工作。

煌考察所获摄影照片、临摹作品、写生作品运至重庆参加第三届全国美展,该展览在艺术界影响深远。可以说,对敦煌莫高窟的艺术考察具有很高的学术价值,且王子云的考察与张大千团队、向达的西北史地考察团在研究方法、思路、观点等方面相互影响。综合来看,本次考察在敦煌艺术学史上具有不可磨灭的历史性意义。

从具体的研究成果角度看,艺术文物考察团本次敦煌考察的学术价值与贡献主要有以下几个方面:

一、对敦煌莫高窟艺术的总体价值判断

王子云团队来到敦煌,首先是针对敦煌石窟的发现、开窟历史、前人对敦煌石窟的研究、佛教传入中国的社会环境和文化意义进行历史文献考证与实地勘察,从宏观角度对敦煌石窟艺术进行学术研究价值的定位,充分肯定其在东方文化史上的地位与价值,并提出保护敦煌石窟艺术的建议。

在对敦煌莫高窟进行整体的学术价值判断时,王子云认为敦煌莫高窟中的文物涉及到古代建筑、音乐、文字、舞蹈、服饰、习俗、藏经等文化史信息,研究敦煌艺术则是对中国魏晋到明清的整个文化史的研究,其中可以梳理出服饰史、雕塑史、绘画史、音乐史等不同门类史的研究线索与思路。并且他不仅认为敦煌艺术属于中国艺术史的一部分,而且里面包含和体现的中外文化交融因素,着实可以把它看作世界文化史的组成部分来研究。这种将艺术史延展到文化史,从中国放眼世界的关注视野,即便在当代盛行作为视觉文化研究的艺术史学中仍然普遍存在。而在20世纪40年代初能有这样的学术价值定位实属难得。

1948年王子云发表题为《敦煌莫高窟在东方文化上之地位》

的论文中,开篇便提出敦煌艺术不仅在我国佛教艺术史上具有重要地位,而且在文化史上也具有特殊价值,他分析敦煌壁画时这样论述:

> 虽属于佛教范围,但其内容包括甚广,举凡中国古代之建筑、音乐、服饰、习俗以至西域风尚,均可据以考证,用为东方文化史研究之绝好资料。至敦煌石室写经,更为东方文献之一大宝藏,较诸孔壁、汲冢,以至甲骨、木简的发现,均为重要,在写本方面,有佛、道、儒三家经籍,及文史音韵等古本,范围至为广博,其文字包括汉文、梵文、藏文、蒙文、西夏文、回鹘文,以至其他西域各国之文字,其关系与语言文学者,实至丰富。①

当把敦煌艺术放入整个敦煌石窟宝藏范畴之中来看待时,不仅是敦煌雕塑、壁画可以作为研究雕塑史、绘画史的有益补充,而且其壁画中的人物服饰也是自成一历史流变之系统,可以从中抽引出服装史。也就是说,从壁画史研究中可以延展到对其他视觉艺术史乃至文化史的思考,这需要具有艺术史学顶层思维的学术史眼光才能辨识,也间接反映了王子云在团队学术研究中的核心地位和作用。

王子云在《敦煌和敦煌莫高窟历史考证》一文中这样写道:

> 其中画供养人则有北魏隋唐五代宋元明的服装,现在演戏的古装则系明代服装,若无隋唐及北朝以前的服装,除洛阳一带出土的唐俑,四川各地出土的汉俑,尚有一部分外,而敦煌石室有北魏至明画的服装,可成为一部服装史。并且在

---

① 王子云《敦煌莫高窟在东方文化上之地位》,《国立西北大学校刊》副刊1948年3月16日第35期,第480页。

画佛病了，各国太子前去慰问，除中国的太子穿帝王服装外，尚有于阗印度等国的太子，有高鼻深目多须者，有裸体者，有奇装异服者，这不惟中国的服装史，而且为小亚细亚和印度的服装史，并且可考其种族与文化。

总之敦煌文化不仅是中国文化，而且是世界的文化。①

上述文字是王子云对敦煌莫高窟的历史考证之后，对敦煌文化进行价值判断时的一段话，里面涉及两点值得关注：一、他对于壁画里的服饰研究的重视。将绘画史抽离出绘画本体语言之外解析形式要素（服饰特点），从绘画史演绎到服装史研究，这是一种文化史考证的学术眼光。二、对于敦煌石窟价值的总体判断。他基于文化价值，将敦煌文化看成是世界文化的组成部分，也契合了前文（《敦煌莫高窟在东方文化上之地位》）将敦煌学置于东方文化史组成部分的学术定位。

在王子云考察敦煌石窟艺术之前，关于该石窟艺术史的研究主要有贺昌群和冯贯一两人。在贺昌群的《敦煌佛教艺术的系统》②一文中，他在参考伯希和《敦煌石窟图录》标号的基础上，运用流散国外的敦煌文书和其他相关史料，对敦煌莫高窟的历史沿革、佛教艺术源流进行了较为全面的梳理和介绍，该文是国人撰写关于敦煌佛教石窟艺术史研究的第一篇文章。文中贺昌群对石窟开凿年代的考证、千佛洞的具体方位、敦煌佛教造像兴盛的原因与历史地位、西方学者对敦煌的关注与研究等问题进行了较

---

① 王子云《敦煌和敦煌莫高窟历史考证》，《文博》2010 年第 5 期，第 63 页。注：《文博》杂志在王子云先生逝世 20 周年后选择将其子女整理的该遗稿发表。
② 原文摘自《东方杂志》第 28 卷第 17 号，1931 年。

为系统的阐释,此外还参考了西方人所窃取的敦煌佛画和 20 年代陈万里《西行日记》中的种种记述。此文是建立在前人仅有的少量研究基础上的一篇系统性梳理文章,文中归纳的犍陀罗风格的历史演变与传入等都具有重要学术价值。

王子云团队的考察与研究虽然受到此文思路的影响,但由于贺昌群并未对敦煌石窟进行实地考证,因此,关于每个石窟的具体风格类型、开凿年代、石窟内壁画与雕塑的审美与图像内涵等一系列具体问题的研究,在当时还是一个学术空白,就更别提将敦煌艺术价值放到整个东方文化史的高度进行审视了。

在冯贯一《中国艺术史各论》一书的壁画章节中,也有关于敦煌壁画的论述。他在书中指出:"此等壁画关系中国艺术者极大,既可窥知古时中国绘画技术造诣,又可与卷轴画参较其异同,当时衣冠,文物,风俗等有关文化进展事项亦莫不可察知。其最值注意者则为各种变相之结构造意藉可明知隋唐壁画之内容情势。"①此段话表明,冯贯一对敦煌壁画价值的认识主要是绘画技艺、题材内容以及风俗文化三方面。其中在他看来最重要的是从壁画形式结构来分析题材内容,说明他对敦煌壁画价值的关注主要还是停留在视觉图像的艺术分析上,至于衣冠、文物和风俗等涉及文化史问题,他有初步的意识,但并未对此进行进一步的思考。

在贺昌群、冯贯一的研究成果基础上,根据敦煌石窟题记,以及姜亮夫发表于《说文月刊》第三卷第十期上题为《敦煌经卷在中国学术文化上之价值》、卫聚贤发表于同一期的《敦煌石室》等文章,王子云把研究敦煌艺术的价值,归纳和提炼到研究东方文化

---

① 冯贯一《中国艺术史各论》,上海书店,1990 年 12 月,第 367—368 页。

史的高度。他的研究既有历史的考证、文献的梳理,又有艺术本体语言的视觉分析,还能站在文化史的高度进行整个敦煌文化的学术观照。因此,他的研究在当时是较为全面而深入的敦煌艺术研究成果。

一方面他将敦煌艺术所体现的中西文化交流与融合作为其价值判断的重要依据之一。他在文中提到:"敦煌系融合中西文化于一炉,即撮取希腊、波斯、印度之精华,再加以中国固有的民族艺术天才以成就的作品,故能形成为绮丽的结晶,不朽的结构。"①他还从魏晋南北朝文化史角度分析:"在美术方面,无论建筑、雕塑、绘画,均不出佛教范围。由于当时外来宗教之特别发达,以致中西交通频繁,西域的僧侣商贾,相率东来⋯⋯同时中国僧人亦多经西天求取经典,而敦煌实为往返之必由之路,人文荟萃,遂形成为东西文化交流汇集之所,故由此以产生莫高窟之艺术胜迹。"②换句话说,正是由于有了东西方文化的交流,才有了敦煌艺术的灿烂与辉煌,敦煌艺术实质是中西文化交流史上的一个见证,其价值自然应上升到文化史意义的阐释层面。

另一方面他对敦煌唐代塑像进行审美与技艺分析的时候,将其和谐富丽的审美品格归结为文化的繁荣和思想的自由。他认为:"唐代国势开展,民族思想发达,对于外来文化,吸收融合,不遗余力,当时流传已久之佛教艺术,已蜕变而为东方固有形式,形成为中国民族本质的产物。"③正是这种国力强盛所带来的文化

---

① 王子云《敦煌莫高窟在东方文化上之地位》,《国立西北大学校刊》副刊,
　1948 年 3 月 16 日第 35 期,第 480 页。
② 同上,第 481 页。
③ 同上,第 483 页。

自信和思想自由，才有了佛教思想的本土化、佛教艺术的民族化。何正璜在《敦煌莫高窟现存佛窟概况之调查》一文中也同样强调这一点，她说敦煌唐代塑像"已不复加魏塑像之趋于西方化而呈现东方式的风格"。因此，敦煌艺术的繁荣是文化自信的产物，其价值当然应该放在文化史的范畴加以讨论。

此外，王子云还很重视敦煌佛画的史料价值，他还曾在《敦煌莫高窟在东方文化上之地位》中提到：一、在南北朝时代，北凉人所修之佛洞中，题有刘宋元嘉二年题记，可据以考知当时之胡族，虽远在边陲，仍尊崇汉文化。二、在五代回纥王所修洞中，题有"大朝大于阗国第三天公主李氏"及"大朝大宝于阗国大圣大明天子"等，可据以考证当日回纥可汗的封号、称呼及其受唐赐姓等问题。三、宋初河西节度使曹氏一族所造佛洞之横梁上题记，可以补足宋史并订正前人之误。这些具有史料价值的题记，既是历史考证的有力明证，也是文化史研究的重要补充。

总之，王子云团队对敦煌石窟艺术的研究，从宏观层面讲，其学术研究的总体价值判断是站在东方文化史价值定位的高度，将敦煌石窟艺术所传递的文字、宗教、音乐、考古、风俗、服饰、绘画、雕塑等综合文化史信息作为一个整体来衡量，运用文物考证与艺术审美两种研究思路，以文化史价值为目标诉求，将敦煌石室的各种图文信息作为研究对象，从而进行客观实证结合主观审美式的敦煌学研究。

从微观层面看，本次王子云组团考察敦煌艺术，从研究分析敦煌壁画技法风格、塑像造型、石窟体制等方面入手，一方面关注敦煌艺术的题材内容、色彩构图、审美品格等艺术语言特点；另一方面又分析敦煌艺术所蕴含的思想文化渊源。体现出他以艺术史本体研究为出发点，将艺术史融入文化史进行多门类综合研究的学术取向,初步展示了考察团敦煌研究视野的开放性和学术张力。

这样的学术价值定位,既是为敦煌艺术进行敦煌学地位的价值定性,又展示出作为世界范围的敦煌学的内涵丰富性和学科综合性。虽然承认敦煌学是显学已经不是疑问,但能在敦煌艺术学研究的初期阶段就有这样的开放性视野和研究格局,这是一代代敦煌艺术研究者之幸,幸之在于敦煌艺术研究的垦荒者们所具有的高屋建瓴的学术眼光和价值判断,是他们为敦煌艺术研究搭建了跨领域综合研究的话语平台和方法论实践的基础。

二、对石窟雕塑与壁画的艺术史价值判断

王子云在《敦煌和敦煌莫高窟历史考证》一文中提到:

> 苏州陆角镇发现唐塑,轰动全国,而敦煌石室中,则有北魏隋唐五代宋西夏元明清以至民国的塑像,其中以唐代为多,这种有系统的雕塑,可成为一本雕塑史。

> 中国现存的宋画,每件价在数万元以上,至于唐画则少有存者,而敦煌石室中则有北魏隋唐五代宋西夏元明清的壁画,这种有系统的国画,可成为一种绘画史。①

从上述两段话可看出,王子云对敦煌雕塑和壁画的看法大体一致,认为二者都是可以成为一种单一系统的艺术史(即雕塑史和绘画史)。而这种单一系统的艺术史是一种有着自身风格演变规律的艺术史,它是能从中看出其技法语言与经典艺术史相关联的另一种视角的艺术专门史。

以敦煌壁画所体现的绘画史体系来看,王子云研究其风格演

---

① 王子云《敦煌和敦煌莫高窟历史考证》,《文博》2010 年第 5 期,第 63 页。

变规律后认为："十六国以至北魏,仍多数没有脱离印度犍陀罗的艺术风格。……它的特点是衣纹好而贴体,色彩也注重于光暗的晕染法,而且线条粗放,仿佛西洋油画,这全是初传入中国,还未经消化所致者。到了北朝后期的西魏、北周,特别是隋唐时代,千佛洞的壁画塑像就逐渐地融化为中国的民族形式,不论是线条或色彩,外来的风格一点也不见了。"[1]

因此他归纳出隋代壁画在绘画形式上,"已全是中国绘画所运用的线描和平涂的色彩,油画式的厚重色彩也已不见"[2]。到了唐代,壁画"由浓厚之渲染而变为流利之线描,色彩则富丽轻快,画面结构,复杂紧凑,随处呈现出歌舞升平之灿烂境界"[3]。

除了进行风格演变特点的归纳,王子云还关注到壁画里的人物和山水场景与经典绘画史的关系问题。例如,他在分析莫高窟第 213 窟(张大千编号)洞门内壁的萨埵王子舍身饲虎的本生故事壁画时认为:"用笔着色都特别泼辣豪放,有类中国泼墨写意画,是颇具有特点的早期绘画作品之一。"[4]在分析 270 窟的壁画时认为:"色彩仍很鲜艳,是学习研究唐代绘画用色用笔的良好典范。…不过应引起注意的是这里的维摩经变中的维摩诘已全不是顾恺之画中所显示的'清羸示病之容'的形象,而是形神健壮,具有唐代造型风采的人物。至于佛、菩萨和伎乐飞天的描写都显

---

① 王子云《从长安到雅典——中外美术考古游记》上册,岳麓书社,2005 年 8 月,第 56 页。
② 同上,第 66 页。
③ 同上,第 99 页。
④ 同上,第 58 页。

得特别艳丽,可以说是唐代人物画的典范。"①第292窟壁画"上部都衬托有山水风景,青山绿树,远近分明。可以说是唐代很可珍贵的山水写生画,是国内现有卷轴画中难以见到的"②。

这三段洞窟壁画的评价性结论中,既有技法风格与经典绘画史的比较(泼墨写意),又有题材手法上与经典绘画史的参照(唐代人物画、山水写生画)。并且何正璜在《敦煌莫高窟现存佛窟概况之调查》一文中也认同这一立场,将敦煌壁画的绘画性、技巧性与传统文人绘画史进行比较研究,同时还对其画风作中西比较,经常拿敦煌壁画风格与西洋油画甚至是现代油画进行比较。虽然看似没有可比性,其实体现的是研究者看待敦煌壁画的绘画史观,这是与考古学家研究壁画的题材、内容、涵义、年代明显不同的艺术史审美价值判断倾向。

同样的思路,在分析敦煌石窟雕塑的时候,也是从石窟所体现的雕塑风格演变规律来梳理雕塑史的脉络。王子云在分析敦煌千佛洞隋代雕塑时有过这样一段关于风格演变的论述:

> 敦煌千佛洞的隋代佛洞有纪年的有第94、96两洞,洞内正面佛龛下有隋开皇四年和五年的题名。其他的隋洞虽无题记,但从壁画和塑像与有年代题记的在造型风格上是一致的,它是界于北朝和唐代之间的一个过渡阶段,这是很容易看出的。隋代虽然仅存在短短的三十七年,但由于国家的统一和强大所形成的艺术风格,具有承前启后继往开来的重要作用。所谓承前启后,即是从隋代三十七年的前一阶段中,

①王子云《从长安到雅典——中外美术考古游记》上册,岳麓书社2005年8月,第68页。
②同上。

可以看出从南北朝后期的秀骨清像逐步向着隋代独有的丰满洗练而尚未臻于唐代所出现的刚劲坚强的造型,但到了隋代后期,就已渐渐见到了唐代艺术饱满而充沛的影子,并产生了形体博大的佛像制作。①

这段话不仅是在论隋代的雕塑造型风格,而且还可以看出作者对敦煌雕塑的时代风格分期。显然王子云是认为隋以前是一种相对独立的早期风格,即秀骨清像的人物造型,而隋代则是丰满洗练的过渡风格,唐代雕塑所表现的刚劲坚强的饱满形体则是敦煌雕塑成熟期的面貌。需要特别指出的是,他对于隋以前的风格用了一个词叫"秀骨清像"。这个词在经典绘画史里常用,往往是形容魏晋人物品藻风气下的人物画风,以顾恺之、陆探微、张僧繇为代表。王子云将此形容经典绘画史中人物画风格的语言直接移植到对敦煌宗教雕塑人物形象的描绘中,明显是试图在经典绘画史风格序列中找到与之相对应的语汇,从而从民间艺术的角度来印证绘画史风格演变的时代性。

总之,王子云及其他考察人员对于敦煌雕塑与壁画的研究,从艺术史的角度来看,其立场与观点无疑是既要体现出雕塑史与绘画史(壁画)的独立性发展脉络,又要试图建构民间宗教艺术史与传统经典文人绘画史的有效关联,在不同中找相同,在作独立体系研究的同时,寻求民间艺术与精英艺术的互证性和相关性。

三、临摹敦煌壁画的学术立场与风格特点

关于敦煌莫高窟的壁画临摹,王子云率领考察团,依据题材

①王子云《从长安到雅典——中外美术考古游记》上册,岳麓书社,2005 年 8 月,第 66 页。

将临摹对象分为藻井图案、故事画、独立佛像画等三部分内容。临摹工作主要是由王子云、雷震、卢善群、邹道龙、何正璜完成。既有研究对考察团依据现状的客观临摹法作了一些分析，大家的关注点主要集中在将他与张大千团队的临摹进行比较。根据现状的残缺美和时代感来表现壁画艺术，保留壁画目前面貌，这是王子云团队在敦煌艺术研究上秉持客观实证的理性态度和审美取向，也是一种强调科学精神且具有学理性质的绘画实践。这样的临摹理念在今天看来也是敦煌艺术临摹中的一种主流临摹法①。这是王子云率团考察的主要学术原则，在他后半生的田野考证史学研究中，对待艺术文物的审美与研究态度始终如一。因此，有人评价他虽然是一位艺术家，但首先主要是一位学者，一位美术史家和美术考古学家。

　　要做到认真严谨地进行客观临摹，需要首先研究临摹对象的图像内涵，并且要能判断该壁画的时代及风格特点，然后考证该壁画是属于原初壁画还是覆盖后修改过的壁画，再分析并梳理出各时代壁画制作的程序和方法。这些临摹前的准备工作从某种程度上说也属于敦煌壁画的研究成果。因此，在充分的前期研究准备基础上，用艺术和考古两种标准进行综合评价后，具有专业绘画基础的考察团员结合自身艺术语言特点而临摹的壁画作品，其成果的艺术性和学术性是不言自明的。他们通过1943年1月在重庆中央图书馆举行的敦煌艺术展览证明了这一点。此次展

①原敦煌研究院院长段文杰在《临摹是一门学问》（该文发表于1997年《国画家》第一期）一文中指出，"客观摹写"的临摹方法是40多年来的主要临摹方法，也是文物工作者和美术考古工作者对外介绍敦煌壁画的基本原则。我想最早用此方法身体力行的应该首推西北艺术文物考察团。

览不仅展示了敦煌艺术的魅力,更重要的是引起了学界和老百姓对民族传统文化的重视和认可。

1.对敦煌壁画的图案临摹

王子云首先考虑的是图案的典型性和装饰性,他从这两方面入手选择临摹对象。一、从选择图案的典型性出发,他主要依据题材内容,将敦煌莫高窟壁画中具有典型性的飞天形象、宝相花纹、动物鸟兽纹、如意云纹、吉祥草纹、葡萄纹、莲花图案等进行归类后,按年代的风格分期演变进行临摹。比如:他对唐代藻井图案中的莲瓣及宝相花纹的演化进行了六种主要组合方式变化的梳理排列[1],色彩绘制细腻、构图临摹准确、图案形式演变规律梳理很清晰,对研究敦煌图案的形式演变规律提供了必要的参考。二、从选择图案的装饰性出发,他尤其关注藻井中心与边缘图案各自的特点与区别,依据藻井四周之十余种不同的装饰边缘,将他认为在造型和结构上和谐华美与辉煌富丽的图案,进行了择优临摹,充分体现出他对图案研究的细致与深入。王子云将藻井边框装饰研究的重要性凸现出来,认为"此种纹饰在中国图案中可称绝作"[2]。

从上述例证中可见,王子云对敦煌壁画图案的临摹是带有学术研究性质的临摹,他从风格种类、审美价值、演变规律等方面入手分析后,对图案进行排列组合归类,然后按一定的逻辑规律进行临摹。这种临摹绝非随机无序和零散琐碎的临摹,也并非仅仅从造型、设色等纯艺术技巧角度进行临摹,而是从艺术风格学研究角度对装饰性图案进行旧色现状的客观临摹。理解这一点对

①王子云《中国历代应用艺术图纲》,太白文艺出版社,2007年5月,第139页。
②同上,第140页。

于理解考察团的临摹思路与用途具有较强的启发性。

2.对敦煌壁画中的故事画临摹

从壁画的完整性出发,王子云团队依据原作的造型和色彩,尽量保留原图的线描、笔触和设色效果,其中第 243 窟北魏时期本生故事《九色鹿本生图》(卢善群临摹)、第 277 窟《唐净土变相图》局部(邹道龙临摹)①等为临摹代表之作。

以邹道龙临摹千佛洞 277窟《唐代净土变相图》局部(图31)为例,该图临于 1942 年 7 月11 日,纵 111 厘米,横 63 厘米。他临摹的线条流畅严谨,依据对象的不同选择不同色线进行复勾,色彩保留客观现状的效果。例如,对不同佛像的肤色在时代变迁中的色差都进行了区分。壁画中的植物设色依据

图 31　邹道龙临摹《敦煌千佛洞 277窟唐净土变相图(局部)》(1942 年),陕西省美术博物馆藏

其位置的主次,分别采用了工笔重彩和勾勒渲淡的不同表现方式,同时在壁画装饰性图案的临摹中也尽可能做到细致刻画,使

---

① 参见《抗战中的文化责任:西北艺术文物考察团六十周年纪念图集·艺术图版》,岭南美术出版社,2005 年 9 月,第 159、169 页。

整个画面看起来庄重典雅又不失唐代壁画的雍容富丽。

又如卢善群临摹的北魏壁画《九色鹿本生》局部(图 32),他利用随性而大胆的线条结合旧色斑剥之感,形象而客观地反映出该本生故事图的原貌。色彩凝重而洗练,赭石和石绿也在临摹过程中考虑了年代的因素,赋色厚薄有别,画面值得关注的是一些色彩脱落后,下层颜色的本来面目他都进行了描绘。勾勒线描技法流畅而生动,构图造型也相当精准。他临摹其他类似的飞天图、伎乐图(图 33)也都保持了考察团客观旧色临摹的风格。

图32　卢善群临摹《敦煌千佛洞 243 窟
北魏壁画九色鹿本生(局部)》(1942 年)
图片来源:《抗战中的文化责任:西北艺术文物考察团
六十周年纪念图集·艺术图版》第 168 页

图 33　卢善群临摹《敦煌千佛洞 216 窟北魏伎乐图(局部)》(1942 年),
陕西省美术博物馆藏

此外,卢善群临摹的《张议潮出行图》(图 34)也属于具有故事情节的壁画。从画面色彩来看,该图符合王子云强调的以旧色客观临摹的原则,并且对故事画中人物的五官表情进行了细致入微的观察,对涉及壁画脱落的部分也有客观记录。线条流畅自然,设色古朴深厚,画面构图饱满,细节临摹到位。

图 34　卢善群临摹《敦煌千佛洞 156 窟张议潮出行图(局部)》
(1942—1943 年),陕西省美术博物馆藏

3.对敦煌壁画的独立佛像画临摹

关于佛像画的临摹,王子云团队多采用较为鲜艳的设色方式,与前面两类题材壁画的客观临摹法略有风格上的差异。从何正璜临摹《唐代大势至菩萨像》、《唐代舞俑》(图35)、《普贤菩萨赴会图之乐仙》,邹道龙临摹《唐代观世音菩萨像》等作品中可以看到此风格。以往对这些作品的研究较少。以何正璜临摹的《唐代大势至菩萨像》为例(图36),该图以佛像本身为临摹对象,舍弃了对佛像背景环境的描绘,以佛像人物画的独立表现方式呈现其动态与造型。从人物的肤色和整体着装色彩来看,属于还原佛像原貌的临摹方法,与张大千的临摹法类似。虽然在王子云的著作和文章里都提到当时他们临摹壁画的方法和张大千有很大不同,认为张大千的临法,色彩过于艳丽,火气重,不太认同。但从此二人的临摹作品可见,王子云团队中的临摹作品风格也是不尽相同的,这里面体现出画家们审美与表现的个人差异。

通过分析何正璜临摹作品可知,在恢复原貌的设色中,她很注重审美尺度的把握,总能给人以浓淡相宜、清新雅致之美感。相比之下,邹道龙的观世音菩萨像临摹图则更在艳丽中不失沉稳,重装饰细节而不失人物神韵。这些例子都证明了其实在整个团队的临摹作品中,以佛像画为对象的临摹往往会带有人物画作品的创作倾向。

图 35　何正璜临摹敦煌《唐代舞俑》　图 36　何正璜临摹敦煌《唐代
　　　（1942—1943 年）　　　　　大势至菩萨像》(1942—1943 年)

　　在敦煌壁画的临摹中，毕业于国立艺专图案系的雷震、绘画系的邹道龙、西画系的卢善群、留法学习雕塑的王子云和武昌艺专毕业的何正璜，他们在研究敦煌壁画技法、制作规律的同时，注重各自艺术表现语言的审美个性。戴叶君曾这样评价："同样是北魏壁画，王子云的摹本敷染醇厚、气魄宏大，而卢善群的雄健臣毅、谨严秀古，雷震的潇洒粗犷、且精心作旧；同为隋唐壁画，邹道龙的摹本笔笔劲道、细腻工整，卢善群的线条流利、设色秾丽轻快。"①

<hr>

① 戴叶君《1940—1945 教育部西北艺术文物考察团敦煌壁画临摹研究》，《湖北美术学院学报》2008 年第 1 期，第 75 页。

关于敦煌壁画的临摹，从 1938 年画家李丁陇由上海去敦煌，初次开始临摹算起，到过敦煌的艺术研究者几乎都会涉及临摹壁画的工作。和王子云所率领的教育部艺术文物考察团差不多同时期在敦煌临摹壁画的画家还有张大千。这两个考察团队，一个是官方性质，一个是纯粹个人行为，临摹敦煌壁画的出发点也不尽相同。

张大千团队主要是由他的徒弟以及他从青海塔尔寺请来的喇嘛画师组成。他临摹的目的是想从敦煌壁画的色彩、造型出发，去探究唐代及以前中国重彩绘画的色彩语言及技法，目的是为自己山水画创作的语言创新找寻新的突破口。因为他从敦煌临摹回来之后，山水画风大变，他将敦煌壁画的色彩表现运用到山水画创作上，成就了他晚年泼墨泼彩的重彩山水画风。因此，他在敦煌临摹壁画期间，对唐代的壁画尤其看重，甚至对覆盖其上的壁画进行了破坏，以求真实地面对唐代壁画的本来面目，试图尽可能地还原当时色彩和线条表现的原貌。

王子云对自己与张大千的临摹方法曾作了这样一番评价："我们的目的是为了保存壁画现有面目，按照原画现有的色彩很忠实地把它摹绘下来。而张大千则不是保存现有面目，而是'恢复'原有面目。他从青海塔尔寺雇来三位喇嘛画师，运用塔尔寺藏教壁画的画法和色彩，把千佛洞因年久褪色的壁画，加以恢复原貌，但是否真是原貌，还要深入研究，只令人感到红红绿绿，十分刺目，好像看到新修的寺庙那样，显得有些'匠气'和火气。"①

很显然，王子云的团队是一种尊重客观现状的临摹法，而张大千的团队是一种复原壁画本来面目的临摹法。从考古和保护

---

① 王子云《从长安到雅典——中外美术考古游记》上册，岳麓书社，2005 年 8月，第 70—71 页。

文物的角度看,王子云的团队更科学与合理,他们的临摹更有文物研究价值,更有史料价值;相反,张大千团队的临摹则更偏向绘画创作的研究价值,他们的临摹更直观地呈现古代重彩绘画的用色方式和技巧,更具有绘画性。

王子云团队的临摹理念被后来成立的敦煌艺术研究所继承下来,临摹的出发点是保护与研究,因此敦煌艺术研究所成立之后,所长常书鸿立下了两条临摹原则:"第一,重视文物保护,严禁在壁画上拷贝画稿。第二,除了利用张大千留下的画稿外,所有的临本不得与原壁大小等同。"①并且追求"旧色完整"的临摹效果。后来敦煌研究院院长段文杰也支持这一观点,认为"临摹古画应有古色古香的效果"。

国人临摹敦煌壁画的历史已经有将近八十年,在这八十年中,人们总结出临摹壁画的三种方式:一、客观现状临摹,完全依照壁画的现状进行以假乱真的临摹;二、旧色整理临摹,尊重壁画残破的现状,在有根据的研究作支撑的情况下,进行适当的修复和整理,目的是使临摹对象尽可能完整地呈现;三、恢复原貌临摹,在对古代壁画技法作深入研究的基础上,以科学方法为依据进行恢复壁画原貌的临摹。

以往学者对王子云团队临摹方法的立场,主要认为他们是属于客观现状临摹,但仔细阅读过他们的临摹作品后发现,其实教育部艺术文物考察团成员王子云、何正璜、邹道龙、卢善群、雷震等人的临摹作品从严格意义来讲,应该属于"旧色整理临摹"。因为,他们并非没有对壁画进行修复与整理的意愿,也并非只是从纯客观立场出发,对壁画进行以假乱真的复制。他们带有考古调

①李其琼《再谈敦煌壁画临摹》,《敦煌研究》2013年第3期,第23页。

查性质的临摹,是在考证敦煌石窟艺术历史、风格分期、壁画年代的基础上进行的。因此,在一定考古研究成果基础上的临摹,其实质包含有对壁画本身的修复和整理的目的,只是色彩上以旧色现状为基础,不做复原式的增色,所以容易造成认为他们是在进行客观再现式临摹的误判。

总之,教育部艺术文物考察团对敦煌壁画的临摹总体上看,其原则是尊重壁画的现状,在对壁画年代、风格进行分析考证的基础上,对壁画进行以客观现状为基础的"旧色整理式临摹","整理"的目的是尽可能地使临摹作品具有完整性,而"旧色"则体现考察团临摹壁画是从考古与艺术史研究出发,而非纯艺术创作技法研究的目的。

四、艺术家式的考古研究

艺术家式的考古研究,这是王子云团队四年西北考察的一个整体显著特征。贯穿其始终的研究理念是,以田野实证为基础,在客观考证基础上结合艺术家审美感悟和风格判断的专业优势,进行具有艺术家鉴赏式的美术考古研究。在敦煌莫高窟考察的一年多里,王子云与其他考察成员吸取同时期考察敦煌的西北史地考察团的历史考古研究理念,从历史考证角度,对敦煌石窟建筑形制、开窟年代、历史背景等运用实地测绘、文献考证等历史学方法和考古类型学方法进行分型、分期研究。以测绘图、写生图、摄影照片、临摹作品和洞窟题记记录等多种方式收集整理其研究成果。同时,他们也不放弃自身的艺术判断眼光,对敦煌壁画与雕塑的风格判断和技巧分析,超越了一般历史考古研究者的深度和角度。将审美鉴赏的主观价值判断与田野考证的客观学理阐述进行柔性结合,呈现出20世纪40年代敦煌艺术学研究的多个亮点。

1.关于敦煌石窟建筑形制的研究

在敦煌学史的研究中一般认为,西北史地考察团的石璋如研究敦煌石窟形制的著作《莫高窟形》①开创了中国学者运用考古学方法研究敦煌石窟的先河。该书既不属于敦煌艺术学方面的论著,也不是纯粹的考古调查报告。用他本人的话说是"1942年6月至9月以窟形为主的实象记录"。该著作分三个角度进行叙述,一是对窟形的尺寸和内容的逐一记录;二是绘制每个洞窟的平面图,并标明尺寸;三是摄影图片437张,用图像记录了当时敦煌石窟建筑的形制面貌。这种以文字描述结合摄影照片和测绘图的研究著述方式与王子云的很多"无名艺术史"著作相似,比如:《教育部艺术文物考察团西北摄影集选》、《历代应用艺术图纲》、《古代雕塑百图》、《汉代陵墓图考》等。这不免让人推断王子云的艺术史学研究著述方式在40年代已经基本形成。

受到西北史地考察团对石窟形制的考古类型学方法影响,何正璜撰写整理的《敦煌莫高窟现存佛窟概况之调查》一文中,根据张大千对石窟的编号顺序,将石窟建筑形制依据其大小和窟内结构的差异粗略分为魏、唐两个大类,其中每一类又分为大、中、小三种形制,并测绘出各自的尺寸面积。

　　大型窟:宽8.30米,长9.30米,高5.00米。

　　中型窟:宽4.00米,长4.20米,高3.00米。

　　小型窟:宽3.00米,长2.00米,高1.40米。②

在测量的基础上,王子云绘制了魏式窟与唐式窟的窟底平面

---

①石璋如《莫高窟形》,台湾中研院史语所,1996年12月。

②王子云《从长安到雅典——中外美术考古游记》上册,岳麓书社,2005年8月,第98页。

图、窟顶平面图和剖面图（图 37），直观具体地呈现出这两大类窟
式的不同结构特点和窟内壁画的方位。并对这两大类石窟形制
进行了这样的特点归纳：

　　魏窟形式：佛坛多建于中央，上接窟顶，四面开龛塑像，
壁画则满饰四壁，窟之前部另凿廊厦，饰以斗拱及图案装饰，
窟顶则绘连续天花。

　　唐窟形式：佛坛多凿于后壁，形成小洞，洞顶成覆斗形，
中凿藻井，饰以图案，四壁满绘壁画。①

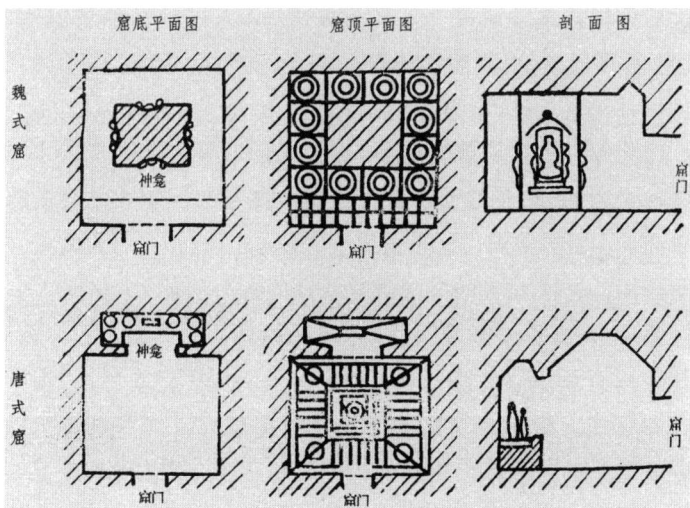

图 37　敦煌魏、唐窟形平面图与剖面图

图片来源：《从长安到雅典——中外美术考古游记》上册第 98 页

　　在初步分析了魏式窟与唐式窟的不同形制特点后，王子云还

①王子云《从长安到雅典——中外美术考古游记》上册，岳麓书社，2005 年 8
月，第 98 页。

关注到了这两类窟形与其他佛教石窟形制的关联。他曾在研究中提到敦煌魏式窟的建筑形制与云冈和巩县石窟"多相一致",唐式窟与龙门和麦积山石窟"大同小异"。这些细节体现出他在调研之后,将敦煌石窟形制的风格判断放在整个中国佛教石窟形制的大范畴中进行比较研究的思路。

虽然王子云团队在建筑形制方面的研究不如石璋如《莫高窟形》那么细致完备,且对部分窟形的年代判定上也存在疏漏,但在40年代的敦煌艺术学研究历史上还是具有旗帜鲜明的特点。同时代的敦煌艺术学研究文章还有张大千《大风堂临摹敦煌壁画》(1943年)、傅振伦《敦煌艺术略论》(1945年)、李浴《莫高窟艺术志》(1946年)、宗白华《略谈敦煌艺术的意义和价值》(1948年)等。这些专论主要从敦煌壁画、雕塑或音乐等角度进行艺术风格的概要介绍,并非如王子云团队的艺术史与考古学相结合的跨学科研究。因此,40年代何正璜发表在《说文月刊》上的此文是体现王子云团队艺术家式的考古研究特点的有力明证。

此后,1946—1947年,艺术家韩乐然两次赴新疆克孜尔石窟,对其进行摄影、陵墓、编号和文字记录,并结合壁画色调、构图与语言和一些天相图的变化进行年代分期研究。这些具有艺术实践专业背景的艺术家们进行的田野调查研究,从某种角度上暗示了考察团这种研究方式的可行性与价值。

2.关于敦煌石窟艺术的风格分期与品评

如果说对敦煌石窟建筑形制的研究更多地体现了王子云团队客观实证的考古研究立场,那么对石窟艺术(壁画与雕塑)研究则是主客观结合研究的最直接表现。关于石窟艺术研究,王子云是以艺术本体阐释与艺术背景考证两条路径为研究线索。

　　从艺术本体阐释路径出发,王子云依据每窟雕塑与壁画的题材、技法、造型风格等进行艺术本体语言的分析和品评,同时结合窟形进行年代判定。他将年代的界限大体分为魏与唐及五代以后,重点分析魏、唐两时代的风格特色。

　　《敦煌莫高窟现存佛窟概况之调查》一文,是考察团集体考察成果的体现,因该文的学术影响力,使得《中国敦煌学史》在评价40年代实地考察敦煌,利用第一手材料进行研究的诸项成果时,认为"成绩显著者首推何正璜",且认定该文是"我国第一份敦煌内容总录"①。

　　在分析魏晋时代敦煌艺术的总体风格时,何正璜在该文中这样论述到:

　　　　绘画题材多描写释迦舍身等悲惨故事,用笔设色则雄健沉毅,其造型格式因直接间接受印度、波斯以及罗马、希腊之诸多影响,遂形成所谓"犍陀罗"样式,此于魏塑像之体躯姿态及衣褶等尤为显著。至其整个艺术之作风倾向,则系以东方装饰之趣味,间以西方写实之技巧,而另成一种风格,此即为中国初期之佛教艺术。其内容与形式均足以代表东西文化交流之特点。②

　　这段论述既提到壁画题材、用笔设色,又提到造型格式、风格来源和东西方文化交流,是典型的艺术史本体语言阐释,需要艺术家式的审美经验与感悟方能实现。同样,在谈到敦煌佛雕艺术

①林家平、宁强、罗庆华《中国敦煌学史》,北京语言学院出版社,1995 年版,第 155 页。
②何正璜《敦煌莫高窟现存佛窟概况之调查》,原载于《说文月刊》第三卷第十期(1943 年 5 月)。

时,该文认为,唐代雕塑已不再是魏晋时代趋向西方化的风格,而是呈现出东方式的面貌。这是王子云区分魏唐两个时代风格的基本立场。该立场还体现在对壁画风格年代的判定与审美品评上。文中评价唐代壁画认为,在技巧上"由浓厚之渲染变为流利之线描","色彩富丽、结构复杂紧凑",题材由本生故事变为经变故事,审美风格上倾向于东方固有的民族艺术面貌。因此,该文总结魏、唐两时代的审美风格分别为,魏代雄健豪放而唐代富丽细腻。而五代及以后则形体结构松散,色彩消沉暗淡。显然王子云对敦煌艺术风格的审美肯定倾向于魏唐时期,而对五代之后的石窟艺术风格持消极评价立场。

除了对上述两个时代的总体审美品评进行区分外,在具体的每一窟的艺术审美品评中,王子云也针对其年代,依据其艺术语言和当时的画史风格进行逐一审美品鉴。他将艺术价值从高到低分为精品、较好、一般和无可取四个层次。例如,在分析第146窟的唐代壁画时说道:"全窟壁画完好,色彩犹新,画工亦极精致,为千佛洞中唐代壁画之佳品。"①分析第152窟晚唐壁画时说:"四壁有唐绘金光明、妙法等经变八幅,尚称完整,技法细腻,为唐画中之较佳者。"②分析第281窟时说:"经宋代改修,无甚可取。"③

在每窟的具体艺术技巧分析中,王子云结合自身的艺术实践以及在西方留学时对西方现代绘画的认识,对敦煌壁画与雕塑进行了创造性审美与技巧评价,观点很有意思。例如,他评价第148

①王子云《从长安到雅典——中外美术考古游记》上册,岳麓书社,2005年8月,第101页。

②同上,第102页。

③同上,第105页。

窟壁画"其所画风景人物,皆依光线深浅而设色,颇有西欧印象派之特点"①;第76窟宋代壁画"设色多用热色,无宋代之冷静色调"②;第303窟壁画"色彩、作风与欧洲新派绘画颇相类似"③;第445窟唐代雕塑"表现极为生动,颇似希腊作风"④。

从艺术背景考证路径出发,一方面王子云从历史社会背景分析入手,进而将社会动荡联系到当时人民的宗教信仰与思想转变,认为佛教美术的传入为向来素朴的中国古代美术增添了一层华丽的外衣,从而使得西陲的敦煌美术能有如此区别于中原美术的灿烂图景。

另一方面考察团在考证石窟题记上也是煞费苦心,认真严谨地记录每一段可供考证的题记。例如,第217窟在窟口处有比丘供养人像,上方有题记"应管,释门□僧政□京城内外□□供养大德毗尼藏主,阐扬三教大法师,赐紫沙门洪□,一心供养"⑤;第323窟左壁旁有题记为"前汉中宗既获金人,莫知名号,乃使博望侯张骞往西域□□讨问名号时"和"汉武帝将其部众讨匈奴,并获二金人,长丈余,列之于甘泉宫,奉以为天神,常行拜谒时"⑥。这些题记都是对壁画历史背景的解读,可帮助了解该壁画的创作背景和人物身份等内容信息。

总之,王子云团队的敦煌考察研究无论是艺术本体阐释还是

---

①王子云《从长安到雅典——中外美术考古游记》上册,岳麓书社,2005年8月,第101页。
②同上,第105页。
③同上,第106页。
④同上,第114页。
⑤同上,第117页。
⑥同上,第108页。

艺术背景考证，目的都是在于对石窟艺术的年代与风格进行价值判断和审美研究，这既是艺术家的历史考古学研究，也是艺术史家的"无名艺术史"研究。

3.关于敦煌莫高窟外景写生图的学术价值

关于敦煌千佛洞全景写生图则是众多敦煌写生图中学术价值和历史价值最高的一幅。这幅《敦煌千佛崖全景》(图 38)是王子云与其团队成员仔细测量每个洞窟的方位、比例、高低、大小后，按一定比例缩小的实景写生图。要完成这幅严谨而又不失艺术表现力的外景图长卷，他"为此跑东跑西的跳上跳下"[1]，反复修改，用他所长的绘画手段，更用他所不长于的测量手法，费尽心血才最终完成[2]。

此卷长 5.5 米，宽 0.233 米，是科学性、艺术性与文物价值兼备的研究成果。该图下方王子云准确标注出各窟的距离与比例，完整而客观地呈现了 20 世纪 40 年代敦煌莫高窟的原貌。至于绘制该图的具体测量方法，则是按照考古学实测图的科学方法进行，且每个洞窟具体位置与大小都在图上进行编号，具有较强的史料意义，应该说该图是中国艺术文物考古事业中较为少见的考古实测图，其珍贵的价值除了客观考证性外，主要还在于该画以西北黄土地的色彩作为整个石窟的主基调，既凸现了佛教艺术宝库的历史沧桑与古朴凝炼之感，又恰到好处地展示了敦煌石窟的体貌与层次，非常生动地勾勒出河西走廊上那绚丽而深沉的石窟遗迹的厚朴之美。

"这样大的窟外全景在当时的摄影条件下是绝然不可能完成

---

[1]何正璜《深切的怀念》，《西北美术》1991 年第 3 期，第 20 页。
[2]此图在 20 世纪 80 年代被王子云捐赠给敦煌研究院收藏。

的,哪怕今天能达到,但当时的面貌也今非昔比了"①,这是其历史价值之所在。加上它本身就具有一定文物价值,使之成为 20 世纪 40 年代初中国学者研究敦煌学的重要见证之一。可以说该图是集历史价值、文物价值、艺术价值于一体的王子云艺术史研究成果中的经典之作,同时也是艺术家式的考古研究特色的又一显著体现。

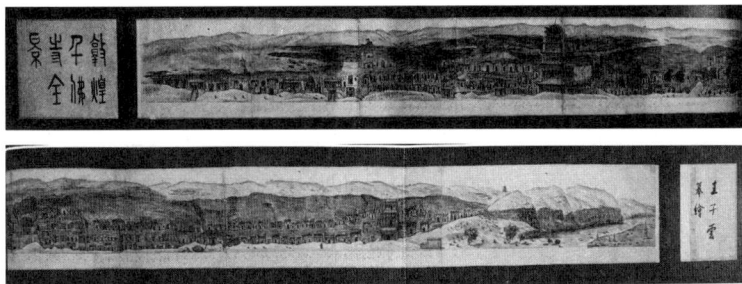

图 38　王子云绘《敦煌千佛崖全景》(1942 年),敦煌研究院藏

由此可见,王子云团队在一年多的敦煌考察之后,所得成果丰厚,观点鲜明,且有相当的学术价值与贡献。归纳起来有以下几点:一、考察团重视敦煌石窟艺术的整体文化价值及其在东方文化史上的地位。认为敦煌石窟艺术内容包括很广,中国古代之建筑、音乐、服饰、习俗以及西域风尚都可以在敦煌石窟中找到印证,它是东方文化史研究的绝好资料。二、考察团把敦煌石窟里的北魏、隋、唐、五代、两宋、西夏、元、明、清的壁画与雕塑,看成一种自成系统的绘画和雕塑,可称为一种区别于传统文人画史的新的绘画史和雕塑史。三、王子云团队的敦煌壁画临摹原则是站在

---

① 上述言论为王子云逝世一周年后,何正璜在《深切的怀念》一文中对绘制该写生图时的回忆和评价。

考古学的立场,进行客观再现式的临摹,与张大千的恢复壁画本来面目的临法截然不同,具有更多的考古研究价值。四、该团队对石窟艺术风格的分期和品评是一种客观实证结合主观审美的方式,临摹也是从图案的装饰性与艺术性出发,力求梳理出图案的形式演变规律,兼具考古类型学与艺术风格学的研究思路,为艺术考古学提供了方法论经验。

第二节　霍去病墓前石雕群的研究成果

考察团团长王子云从第一次带团到陕西考察时就迫不及待地去考察霍去病墓前石雕艺术。用他自己的话说:"一连去了三次,一次比一次印象深刻,愈看愈觉得这批杰作的伟大,后来因为要想模制,索性搬到那里的小学校住下。"[1]因此,王子云对霍去病墓前石刻艺术的研究是分阶段进行的。第一次考察汉代茂陵及霍去病墓前石刻是在 1941 年 3 月 16 日,之后在他往返甘肃与陕西的过程中也有过对该石刻的考察。从他多次考察霍墓石刻艺术可以说明这是考察团对汉代帝陵石迹考察的最重要内容之一。

之所以考察团这么重视霍去病墓石刻,是因为该石雕群既是汉代纪念性大型雕刻的代表作,同时也是汉代陵墓前置雕刻中之卓越典范。因为两汉时期除了极少数功臣将相和地方官宦会在陵墓前放置石人或石兽外,帝王陵墓前绝无石刻遗迹,因此,对汉代陵墓的田野调查中,霍去病墓前石雕群自然成为了王子云在陕西汉代帝陵艺术考察中的重点研究对象。而这十余件人兽石雕

---

[1]王子云《从长安到雅典——中外美术考古游记》上册,岳麓书社,2005 年 8月,第 26 页。

作品,造型洗练、雕刻手法古朴、主题耐人寻味,在审美风格与创作构思上都值得艺术史学界和美术考古学界进行深入探讨。

目前关于该石雕群的研究主要分为三个阶段:第一阶段是20世纪初到30、40年代;第二阶段是20世纪50、60年代;第三阶段是80年代以后至今。其中王子云西北考察时期对霍去病墓前石雕群的研究处于第一阶段,此后在他的《中国雕塑艺术史》和《中国古代雕塑百图》等著作中再次谈到该石雕群时,属于第二阶段。可以说,王子云对该石雕群的关注持续了三四十年,也充分说明了他对该石雕群的钟爱。

王子云在40年代初对霍墓石雕群进行实地考察之前,关于该石雕群的研究主要是以西方和日本学者为主,其中有代表性的西方学者有色伽兰(Victor Segalen)、喜龙仁(Osvald Siren)、皮孝伯(C. W. Bishop)、拉狄格(Jean Lartigue)、格留克(H. Gluck),日本学者有足立喜六、水野清一等。

而国内学者早期对此石雕群的考察大约是在20世纪30年代以后。在马子云题为《西汉霍去病墓石刻记》①的文章中谈到,他于1933年秋与西安文物工作者夏君(西京筹备委员会的夏子欣)相约前往霍去病墓前拓印石雕。这应该是国内学者第一次深入田野考察与研究该石雕群。之后,1935年1月滕固在《霍去病墓上石迹及汉代雕刻之试察》一文中又提到他曾在1934年12月21日前往茂陵考察了该石雕。

对比这两篇早期关于该石雕群的研究文章,可以看到此二人的研究集中在对石雕陈列位置、石雕定名、内容概述、汉代石刻艺术的历史演变等问题的讨论与分析。并且他们的观点多受到汉

---

① 该文发表于《文物》1964年第1期。

代石刻艺术风格"西来说"的影响,这无疑是西方学者早期研究该石雕群的主要立场。例如,马子云文中提到他因为日本学者水野清一对该石雕的年代判定而得知它们是属于汉代,但他本人并未考证,而是直接沿用日人的观点。滕固文章也参考了法、德学者色伽兰和皮孝伯的观点,认为立马(马踏匈奴)石雕之马腹下方的人物并非中国人,而是夷狄或斯鸠提(塞种)人。并在分析墓顶上其他石雕题材时,认为该石雕群的风格不是突然产生的,也不是来自中国自身的雕刻风格,而是"明显具有外来的影响";在他看来马和水牛的形体来自中亚细亚或西亚细亚,尤其是跪着和伏着的野兽形象是属于西伯利亚风格,此观点是缘于皮孝伯的认识;同时他还认同亨采的观点,即石马的造型是起源于巴比伦。可以说,30年代国人对霍墓石雕群虽进行过实地调查,但研究立场与观点还处于主要沿用西方和日本学者研究的阶段。

王子云在前人的研究基础上多次踏查该石雕群,他对此史迹的研究贡献主要体现在以下几方面:

1.对石雕群的首次立体影拓与模制

1941年3月,王子云第一次率团与西京筹委会的夏子欣一道前往茂陵考察,在对霍去病墓进行测绘、摄影、写生、临摹之后,王子云又和西安拓印名家李松如、李炳章(考察团招募的工役)一起完成对霍去病墓前石雕群的立体影拓。首先将宣纸包裹石雕,然后用类似于拓印青铜器的方法实施立体影拓。同时采用石膏模制的方式,对该石雕群进行模制,这些拓印和模制都是原大尺寸,真实保留了当时石雕的面貌。从工艺难度上讲,据长期从事碑拓的西安碑林工作者所讲,哪怕在今天看来,这些立体影拓的难度也是很高的。可惜的是,这些石膏模铸品大多已被毁坏。

从全面考察马踏匈奴石雕群的位置、大小、造型以及分析雕塑技法风格和艺术价值的角度看，王子云团队的这次田野调查，是第一次由国内学者完成的一次系统性和客观性的深入调查。他们也是第一次立体影拓和模制该石雕的考察团体。在此之前，滕固的考察只是进行了摄影和简单的尺寸量度而已。因此，他们的此项工作成果具有历史意义与价值，是梳理霍墓石雕研究的学术史所不能忽略的标志性成果。

2. 对"卧马"艺术价值的强调

以往关于霍去病前石雕的艺术评价，一般是认为"立马"的艺术性最大，也是整个石雕群的代表之作，又名"马踏匈奴"。普遍认为"立马"是最能体现霍去病征战匈奴的丰功伟业，是霍去病一生功业的最好象征，也体现了汉代石雕的洗练、雄强、古拙的美学品格。

滕固在30年代中期曾写过一篇《霍去病墓上石迹及汉代雕刻之试察》的文章，他评价该石刻艺术是"在简略浑朴中存有不可抵抗的一种郁勃的力量"，"其雕刻的特质充满着强烈的意志，而其形式粗砺无华，为素朴的写实"①。至于石马之中，谁的艺术价值更高，滕固并没有特意去阐释它，他把更多的研究精力放在对石雕内容的描述和风格的来源问题上。

但王子云率团考察该石雕群之后，却特别关注到"卧马"石雕。他曾这样说过："（卧马）不类跃马那样过多的利用原石，而是进行较细的加工，只有在马的臀部可以看出是利用了原石块的断面。……对于马的头部也是特别加工，可见古代雕刻匠师对于传

---

① 沈宁编《滕固艺术文集》，上海人民美术出版社，2003年1月，第279页。

神写照的创作原则是特别注意的。"①他的这段论述，显然是基于他作为雕塑艺术家的技巧分析，而非考古学的价值判定，带有明显的主观审美意味。

何正璜也认为："'卧马'以艺术观点而论，此马当为全体中之最优好者，作风浑厚朴实，技巧生动熟练，气魄雄伟，意趣复活泼，足称寄寓汉代精神之代表作品。"②

当然，重视"卧马"的艺术性价值也是基于与"立马"和"跃马"进行对比之后的审美判断。王子云这样论述"卧马"与"跃马"的区别：

> 跃马和卧马，显然是两种不同的，即动与静的马的形象表现。前者利用一块顽石有重点地把头部的跳动神态加以刻画，其他躯体由于正在跃动，仅仅画出四肢的轮廓线以示意，就把一匹生龙活虎般的野性马如实地雕出。而对于后者，却是运用另一种较为写实的手法雕为一匹卧地欲起，静中有动的形象。因为马的习性静卧者绝少见，偶然卧地也立即曲腿欲起，这是两种典型性的马的雕刻手法。具有才智的雕工们也正是这样处理的。对于卧马首先是使马的前腿微屈，表现为要起的姿态，并使马头向右偏斜，以助长要起的动势，显示出由静而动的瞬间形象。在雕刻手法上，也不类跃马那样过多的利用原石，而是进行较细的加工，只有在马的臀部可以看出是利用了原石块的断面。但那大而平的原石面，恰足以表现出肥壮的马的坚实肌体。对于马的头部也是

---

① 观点参见王子云《从长安到雅典——中外美术考古游记》上册，岳麓书社，2005 年 8 月，第 27 页。
② 何正璜《茂陵夜话》，原载《旅行杂志》1945 年 2 月。

特别加工,可见古代雕刻匠师对于传神写照的创作原则,是特别注意的。在汉代雕刻运用写实的创作手法和一般的圆雕所应追求的完整的体积感,从卧马雕刻上都可以体现出来,尤其是整体上大平面的处理,使观赏者感到体面分明,加强了马的劲健体质,但这是运用了概括的表现手法所取得的。①

这段话中,王子云在解读"卧马"时所用的几个词值得关注。即:写实、动势、瞬间形象、传神写照、体积感、概括的表现手法。这些词都属于艺术家从创作角度对一件雕塑作品的创作手法分析,能看到"卧马"的"静中有动"的瞬间动势表达,能以"传神写照"的古典绘画品评标准来审视该石雕的技术水平,能归纳出"卧马"表现手法中所包含的"概括性"与"体积感",这些都是王子云对"卧马"艺术性高度认可的体现。这在当时的学界是不多见之观点,因为大家普遍都更看重对"马踏匈奴"(即"立马")的视觉分析。

因此,何正璜能提出"卧马"才是整个石雕群中"最优者"的观点,是基于王子云的艺术创作技法分析。这也是艺术家第一次为"卧马"的艺术价值正名,充分体现出考察团独到的审美眼光。

3.对石雕群的技艺与审美解析

(1)技艺解析

前文提到王子云对该石雕群历来喜爱,其原因除了与他在法国改习雕塑,对祖国雕塑艺术的创作手法感兴趣外,还因为他很推崇汉代艺术古拙而洗练的造型方式与语言。例如他在分析"跃马"的雕刻技艺时这样说道:

---

① 王子云《从长安到雅典——中外美术考古游记》上册,岳麓书社,2005 年版,第 27—28 页。

　　(该雕刻)长达 2.5 米,主题是一匹休憩卧地而正在即将跃起的一瞬间的马的形象。雕刻作者具有敏锐的观察力,不但熟悉马的造形,更能观察利用巨形原石的自然形态,筹划马的图形于开动刀斧之先。然后,又发挥其精湛的表现能力,按计划中拟就的大轮廓,在关键处施以斧凿,结合圆雕、浮雕、线刻等手法,去粗取精,删繁求简,终于使一匹汉代骏马借石质而永生。①

　　在分析"野人噬熊"石雕时他这样解析其技法"雕刻匠师很巧妙地利用了起伏不平的大型'鹅卵'石块,外轮廓几乎未加斧凿,仅运用浅浮雕的形式,随着石块的高低凹凸,雕刻出一个野人的上半身"②。

　　另外,在对"怪兽吞羊"浮雕进行技法分析时认为,这是雕刻作者运用早期雕刻手法中的阴线刻技法,配合原石块自然起伏的质感,而形成浮雕屈曲奇诡的线刻语言。这种线刻时而实时而虚的深浅错落的技法,恰到好处地生动描绘了怪兽和羊的肌肉质感。

　　上述三段关于该石雕群的技法解析,是具有相当的专业深度和实践经验的雕刻艺术家才能进行的评断,正是基于他自身技艺的体会和个人审美喜好,才使得该石雕群的研究成果成为王子云西北考察研究的一个亮点。同时,由于他以专业眼光审视雕刻技艺为前提,才形成了他对石雕艺术的审美品格的鉴赏与价值判断。因此,技艺解析是审美判断的前提和基础,没有艺术技艺的研判,就没有审美价值的甄别。

----

①王子云《中国古代雕塑百图》,人民美术出版社,1981 年 3 月,第 15 图文字叙述。
②王子云《中国雕塑艺术史》上册,人民美术出版社,1988 年 10 月,第 39 页。

（2）审美判断

在《中国美术遗产中的汉唐雕刻》一文中，王子云在评价汉代立体圆雕时认为最能代表汉代艺术气质的是茂陵的霍去病墓石雕。"离开现在虽已两千多年，而这些石刻都神气奕奕，磅礴逼人；其中以石马石虎为最优异。马伏卧地上，首稍偏，一足微屈，作起立状，态度自然而活力充沛。虎也是伏卧地上，两眼注视前方，作攫食状，尾蜷于背，全身斑纹柔美有力。如此含蓄生命活力，充分代表着汉代美术的雕刻制作，竟一直没有被列入中国美术史中，不能不说是很遗憾的。"①

这段话一方面他肯定了伏虎和卧马这两件代表作品的艺术价值，另一方面又对其进行审美判断，比如"神气奕奕"、"磅礴逼人"、"活力充沛"、"柔美有力"等等。同时他还特别提到这样的汉代大型石雕在以往的美术史中被忽视的问题，因此我们不能忽略几个细节。一是该文是发表在当时艺术界最权威的专业刊物《美术》杂志上，本身就能体现出该文的重要性和学术性。二是1950年发表此文，距离考察团结束工作已经有五年时间了，而王子云作为本次考察的核心成员对于考察的重点内容"雕刻"艺术的研究仍在不断推进。并且从他所谓遗憾中可看出他的研究用意很明显，就是希望民间雕刻能被美术史学者重视，从而进入美术史的研究序列②。因此，他想借他的田野调查和审美分析，使学术界重视对霍去病墓石雕的研究。

他曾在论述"立马"时这样评价道：

---

① 王子云《中国美术遗产中的汉唐雕刻》，《美术》1950年第5期，第79页。
② 以往的民间雕塑艺术研究多倾向于宗教雕刻研究，对陵墓雕刻研究和关注的成果在50年代初并不算多。

汉墓前之石刻造像,亦即中国现存雕刻艺术之最早作品。尤以霍去病墓前之造像,其制作之优异,风格之完美,气魄之雄厚,实为中国石刻中之瑰宝。……此马踏匈奴像造型古拙,充分表现汉初艺术淳厚坚实之风格,而其含义深长,尤为雕刻品增色不少。所刻系一耸立之马,腹下践一匈奴,手持弓矢,仰地作乞降伏,而马则昂首屹立,不予理会,大汉声威,表现无余。①

在这段简短的审美赏析中,王子云用了"造型古拙"、"气魄雄厚"、"淳厚坚实"等词藻进行评价,这也是他对汉代纪念性大型石雕的整体审美印象,因为他对审美的解读往往带有时代精神的比附性。他认为一时代之艺术风格在审美品格上是一时代民族精神的象征,而解读审美品格背后的象征性意涵则是他学术价值判断的核心之所在。

据王子云观点,马踏匈奴石雕群所具有的大气磅礴的艺术生命力正是汉代国力强盛的体现,无论是动物的造型动态还是质感神韵,其具有的内在精神与汉代浑雄厚朴的时代品格是暗合的。

基于上述立场,考察团才会将"卧马"看成是所有石雕中之"最优好者",因为它足以代表汉代整体民族精神之气魄与生命力。这也是王子云强调汉唐艺术精神在中国传统艺术精神中的地位的重要理由之一。

与王子云同时代的滕固,在评价该石雕群的整体精神时认为:"霍去病墓上的雕刻,在简略浑朴中存有不可抵抗的一种郁勃的力量,随处流露着一种蛮性的倨傲,这正是反映着当时代汉民

①王子云《汉代陵墓图考》,太白文艺出版社,2007年6月,第87页。

族向外发展的精神。"①在这里,滕固的认识是,马踏匈奴石雕群展示的是一种蛮性的力量,而这种力量来自于汉代向外发展的精神,即一种对外扩张的尚武精神,体现的是一种悲壮而高贵的审美。所以他接着说:"积无数健儿生离、死别、行旅、战争、掠夺之悲壮的经验而构成了当代一般神圣高贵的信念。"②

显然,滕固的审美判断与王子云有着明显的差异,前者认为是一种具有蛮性的悲壮美,而后者认为是一种具有活力与气魄的古拙美。上世纪八九十年代的美学著作中,在谈到对汉唐艺术精神与价值的反思时,李泽厚将汉代艺术的美学品格界定为气势、运动与古拙。他的观点与王子云40年代描述为"大气磅礴的活力"、"造型古拙"、"气魄雄厚"的审美判断完全一致。虽然不能据此认为滕固的价值取向不正确,但至少说明王子云的审美判断得到了学界后来的支持,是一种被更多研究者认可的结论。

总之,本次西北考察对于霍去病墓前石雕的技艺分析从石雕的材质、手法、形象的动态表达和写实性上进行具体探究,并结合石雕群的整体美感进行了传神、写实、洗练、体积感等方面的美感分析,认为石雕群是汉代美学品格和时代精神的绝佳代表作。从而形成该石雕群具有古拙浑厚、雄健遒劲、气势磅礴之生命力的整体审美判断。

4.对石雕群的创作主题解析

关于民间雕刻家创作这组大型的纪念性陵墓石雕的主题思想或创作构思问题,学界的观点很多。如前文所述,在王子云之

①沈宁编《滕固艺术文集》之《霍去病墓上石迹及汉代雕刻之试察》,上海人民美术出版社,2003年1月,第279页。
②同上。

前,对该石雕群进行田野考察研究的学者有马子云和滕固。而滕固的研究更为全面,在他的研究中认为,此雕塑群不仅反映了汉代文化特点,还通过石雕中所体现的外来风尚来反映汉代向外发展的精神。显然根据滕固的立场,该石雕的创作主题是一种开放的汉民族时代精神的体现,是一种中外文化交流的见证,因此该石雕采用一种素朴的写实方式。

笔者认为,滕固的此观点是他作为后世者,在反思艺术作品的时代精神或艺术思想时的主观看法。因为,所谓的汉民族的外求精神,或者说对外武力征服的欲望是后人站在历史的角度回望过去的总结。如果我们客观地从当时的创作条件、技术能力、陈列方式等角度出发,进行分析来得出结论,则会对该石雕群的创作主题思想有不同的解读。

从创作条件来讲,考察团认为霍去病墓外形很像祁连山,而祁连山又是霍去病抗击匈奴并获胜的地方,因此,似祁连山外形的墓形就是霍去病功业的象征。所以当时雕刻者就在墓上选择一些祁连山原石进行石兽的雕刻,而石兽造型选择祁连山上常见的野兽[1],并将此石雕堆叠成祁连山上的石块。当然这种推想更适合于解释石雕群中的浮雕作品,例如:野牛、野猪、石鱼、石蛙、人与熊、怪兽食羊(野人齿猪)等浮雕。

从技术能力来看,王子云本人学雕塑出身,他在研究石雕艺术的时候,前文也提到其技术分析较仔细。他认为:立体圆雕(立

---

[1]对于石兽像祁连山上常见的野兽,滕固也持相同观点,但这无法解释石鱼石蛙的存在,所以后来学者在研究的时候认为,石鱼乃石鲸,是祥瑞之物,同属于海上神山系统。此观点参见:林通雁《西汉霍去病墓石刻群的三个问题》,《美术观察》2009年第3期,第104页。

马、卧马、跃马）主要采用利用原石断面质地的整体感来表达肥壮的马的肌体，手法单纯而洗练，或者局部进行较细的加工，比如马的头部，将其面部主要特征用浅浮雕结合线刻的方式加以表现。手法上既有写实的一面，又有整体概括的一面。这些技术细节流露出，在塑造该纪念性石雕群的整体思路中，雕刻者是以歌颂霍去病生前的征战伟业为基本出发点，其洗练浑厚的技巧非常符合对作为武将的霍去病形象特点的塑造。

并且从石雕的材料选择与技术能力结合来看，王子云认为："两千多年前的历史时代，在雕刻工具还不锐利的局限下，更加上是雕刻硬度很强的岩石，如不能相形度势地利用原有的石块或天然鹅卵石作简单的加工，想雕成一件完整的作品，那将是极其艰难的。"[①]这段话说明在创作构思上，据当时的技术水平，利用自然形作简单加工是一个可行的方式，这就导致很多石雕作品的题材与造型在很大程度上依靠原石形态，从而造成审美上的独特视觉效果。

从石雕的陈列方式来看，霍去病墓石雕群分散在墓地、墓顶和封土斜坡上。从马子云1933年冬对霍去病墓的考察来看，石雕位置从明代以后就移动过多次。关于石雕位置的考证，他曾这样说道：

> 霍墓与各石雕，自汉至明初，大约完整无损。以后至嘉靖年地震，墓上竖立之薄而高者，即倾倒墓下，厚而大者则仍在原处。如石马、初期马、卧牛、蝙蝠等均为原置之处所；卧虎、卧马、残野人、野人抱熊、卧豕等均由原处倾倒于墓下；异

---

①王子云《从长安到雅典——中外美术考古游记》上册，岳麓书社，2005年8月，第29页。

兽食羊在原处倒置。霍墓石刻由此损坏过甚,乡人亦不重
视,故随意破坏。后至万历年,在墓顶与墓之东北脚下,建立
二小庙。庙前之二石鱼,可能是建筑好庙以后移去。卧豕被
乡人搬移使用,可能亦是此时之事。从此霍墓已非原状,故
乡人在此多年间,称其墓为石岭子,却将北边小丘,当作霍去
病之墓。在清乾隆四十二年修兴平县志时,知县顾声雷请巡
抚毕沅题碑改正。然乡人始终未改,还称有石刻之墓为石
岭子。①

从上述考证中分析,后人对霍去病墓石刻进行田野调查时的
位置已经不是最初的位置,因此关于石雕仪卫的用意以及是否与
创作主题思想有关,暂时没有直接研究。但值得一提的是,王子
云在考察石雕后,在具体石雕作品分析中还是流露出其对存放方
式、环境与创作构思、主题的关系问题思考。

在分析"人与熊"石雕的时候,王子云经过考察,为该石雕定
名为"野人食熊"②,并阐述道:"霍墓石刻群虽以牛马等牧区动物
为主,但雕刻设计者按照匈奴住地祁连山这一主题,强调了山深
林密、人迹罕至的荒僻环境,也没有忘记对于游牧地区具有原始
习性的人的表现。因此,在这组石雕群中,还雕刻了一件'茹毛饮
血'、生吞猪羊的原始'野人'。"③而此石雕当时置于封土斜坡上,
与外形像祁连山的墓地巧妙地结合在一起,从而与"为冢象祁连

---

① 马子云《西汉霍去病墓石刻记》,《文物》1964 年第 1 期,第 46 页。该文作
　　于 1933 年冬。
② 王子云《从长安到雅典——中外美术考古游记》上册,岳麓书社,2005 年 8
　　月,第 26 页。
③ 王子云《中国雕塑艺术史》上册,人民美术出版社,1988 年 10 月,第 39 页。

山"的创作主题吻合。

　　总之,无论从技术角度还是存放环境来看,考察团更倾向于认可该大型雕刻群是围绕体现霍去病生前征战匈奴的伟大功绩而展开的具有象征性和纪念性的创作主题构思。他的观点后来也得到了考古研究者顾铁符的赞同①。近年来关于"去自然化"地理解"为冢象祁连山"的含义及多重性主题的观点开始出现,有的认为该石雕群是彰显汉武帝的政治抱负,具有希冀国家强盛和社会安定的象征意图;有的认为是汉代大一统思想的体现;有的认为可能和中国早期的神话传说和宗教思想有关等等。这些观点虽然五花八门,但都可看作是在汉代的文化与时代精神这一框架之内的探讨,把汉代艺术与历史文化相关联,使艺术与思想、文化、考古、历史进行互证的意图很明显,而绝少从石雕技艺与构思关系的角度加以讨论。所以,尽管考察团当年关于创作构思的判断不见得最全面最深刻,但体现出艺术家从创作构思出发的研究角度是值得学界重视的。

　　由此可见,王子云西北艺术文物考察(1940—1944)期间,有关汉茂陵霍去病墓石雕艺术考察的研究观点与价值主要体现在以下几点:一、王子云团队对霍去病墓前石雕进行了测量、模铸、拓印、摄影等,记录了 40 年代初霍墓石雕的原始数据和技法形态,尤其是对石雕的模铸,堪称国内艺术文物界研究的首例。二、之前学者的研究主要集中在对"立马"的关注和鉴赏肯定,而王子云却格外关注"卧马"的美学价值,从而对石雕的艺术性进行更为全面的鉴赏。三、王子云从自己的雕塑创作实践出发,对马踏匈

---

① 顾铁符《西安附近所见的西汉石雕艺术》,《文物参考资料》1955 年第 11 期,第 3—11 页。

奴石雕群的雕塑表现语言进行了传神、写实、概括与体积感等雕刻手法研究,这是此前该石雕研究中所未见的。四、对马踏匈奴石雕群的创作主题思想分析中,王子云从当时的现实条件、雕刻技术和石雕存放方式等角度,提出将霍墓与石雕进行整体观照,石雕被安置在外形像祁连山脉的霍墓上,有象征霍去病功业的民族精神的用意。该观点在新中国成立后的霍墓石雕艺术研究中得到普遍肯定。

第三节　汉唐帝陵的研究成果

王子云团队除了将敦煌石窟艺术调查作为工作重点外,另一个重点就是陕西关中汉唐帝陵的考察研究。在他看来,对汉唐帝陵的研究,就是在发扬我国固有之文化精神,即汉唐精神。对汉唐帝陵的踏查一方面是收集田野调查相关基础性数据资料,另一方面是研究帝陵建制与石雕仪卫规律,并对陵墓石雕进行系统的艺术史研究。从上述两个目的出发,王子云对关中汉唐陵墓的考察依旧沿袭了敦煌石窟考察的考古与艺术史结合研究的思路,对涉及田野考察数据的收集、陵墓归属与方位,以及仪卫与建陵制度的史实考证,采用田野考古与文献研究的方法;对涉及陵墓石雕的艺术性阐释,则采用写生、摄影、临摹、风格鉴赏、技艺审美等艺术史研究的方法。

陵墓踏查具体工作分为三个阶段:第一阶段是 1941 年 3 月王子云第一次专程考察汉武帝茂陵及其陪冢,以及同年 10 月率团考察唐十八帝陵中的太宗昭陵、高宗乾陵和肃宗建陵。第二阶段是 1943 年 8 月 17 日至 11 月 7 日,考察咸阳原上的汉代帝陵以及唐十八陵中的高祖献陵、中宗定陵、睿宗桥陵、玄宗泰陵、代宗

元陵、德宗崇陵、顺宗丰陵、宪宗景陵、穆宗光陵、敬宗庄陵、文宗
章陵、武宗端陵、懿宗简陵和太祖永康陵。第三阶段是1944年春
夏至同年深秋，由于缺乏此阶段的研究成果佐证，无法确定该阶
段的准确考察时间和考察内容。上述三个工作阶段所收获的汉
唐陵墓考察研究成果主要有《汉代陵墓图考》、《汉唐陵墓考察报
告》、《唐陵考察日记》、《谈唐陵石雕刻》，以及后期研究整理的专
著《唐代雕塑选集》、《中国古代雕塑百图》、《中国雕塑艺术史》中
关于唐代陵墓雕塑部分。

一、汉代帝陵研究

对汉代帝陵的研究主要以陵墓方位与归属考订，陵墓营造规
模和制度归纳，帝陵陪冢的寻访、辨伪和考证这三方面为主。由
于汉代帝陵前没有石雕仪卫，因此，对汉代帝陵石雕的研究主要
集中在帝陵陪冢霍去病墓前石雕的研究，该部分由于前一节已经
单独详述，故该章节主要分析王子云对汉代帝王陵墓的考证
研究。

1. 帝陵方位与归属的考证

在《汉代陵墓图考》一书中，第一章王子云便探讨了"两汉帝
陵之形势及分布"，即通过实地勘测，确定帝陵的位置分布和距离
长安城的远近与方位。他根据《咸阳县志》和日本学者足立喜六
《长安史迹考》，并结合自己实地踏查的各陵实存情形，绘制了两
汉帝陵方位图并将梳理出的两汉各帝陵所在地和具体方位编制
成表（图39）。

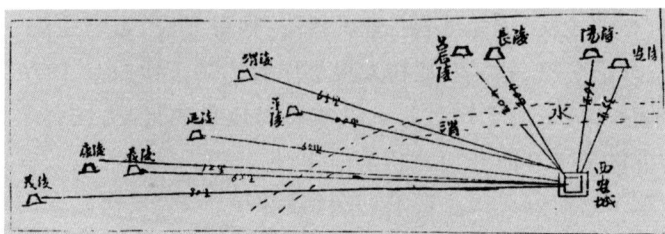

图 39　西汉帝陵方位图(王子云绘)

图片来源:《汉代陵墓图考》第 8 页

以西汉为例,王子云根据帝王顺序,对方位情况进行如下列表:

方位	顺序	帝号	陵名	所在地
1	高祖	长陵	渭水北岸咸阳原上	西安西北四十里咸阳东北四十里
2	惠帝	安陵	同上	西安北三十里高陵县东南
3	文帝	霸陵	灞水西岸白鹿原之东北坡	西安城东二十里
4	景帝	阳陵	咸阳原上	西安城北三十六里
5	武帝	茂陵	同上	咸阳西北二十八里距西安八十里
6	昭帝	平陵	同上	咸阳东北十五里西安西北六十里
7	宣帝	杜陵	杜陵原上	西安东南二十里
8	元帝	渭陵	咸阳原上	咸阳北十三里西安西北六十五里
9	成帝	延陵	同上	咸阳西北十二里西安西北六十五里
10	哀帝	义陵	同上	咸阳西北十八里西安西北六十里
11	平帝	康陵	同上	咸阳西北二十里西安西北七十二里

注:此图表摘录于《汉代陵墓图考》第 8 页

　　在考证东汉帝陵方位问题时,王子云除了参阅《洛阳县志》还查阅了《汉书》中的记载,对东汉帝陵的方位问题进行了辨伪考证。他在该书中提到:

东汉各陵以明帝显节陵最宏伟,而以冲帝怀陵及质帝静陵为最小。其方位各书记载亦颇有谬误。如光武原陵,据《后汉书·注》引皇甫谧《帝王世纪》均谓在洛阳西北十五里,但实际位于今洛阳东北四十五里,已属孟津县境。记明帝显节陵谓在洛阳东南三十七里,章帝敬陵在洛阳西北三十九里,实际此二陵固同在洛阳之东北。又谓桓帝宣陵在洛阳东南,而实在洛阳之东北。①

上述文字阐明了王子云依据史书记载和自己的实地踏查,找出东汉帝陵的方位问题,并进行更正。同样,根据他的实地勘测,也对东汉帝陵进行了方位距离的图表梳理。

顺序	帝号	陵名	所在地	备考
1	光武帝	原陵	洛阳东北四十五里孟津县境之北邙山	
2	明帝	显节陵	北邙山距洛阳东北三十五里	
3	章帝	敬陵	北邙山距洛阳东北三十八里	
4	和帝	慎陵	北邙山距洛阳东北四十里	
5	殇帝	康陵	北邙山距洛阳东六十里处	陵丘湮没
6	安帝	恭陵	北邙山距洛阳东北二十五里	
7	顺帝	宪陵	北邙山距洛阳西北十五里	
8	冲帝	怀陵	北邙山距洛阳西北十五里	
9	质帝	静陵	北邙山距洛阳东三十里	
10	桓帝	宣陵	北邙山距洛阳东北三十里	
11	灵帝	文陵	北邙山距洛阳西北二十里	

————————

① 王子云《汉代陵墓图考》,太白文艺出版社,2007 年 6 月,第 10 页。

顺序	帝号	陵名	所在地	备考
12	献帝	禅陵	修武县城北二十五里	陵丘湮没

注：此图表摘录于《汉代陵墓图考》第 11 页

　　上述多张图表表明，考察团在考证汉代帝陵方位问题时，不仅进行田野测绘记录，而且与文献记载相印证，对史书方位与实地考察方位不相符者进行逐一辨明，体现了研究的客观性，其数据资料也具有一定的参考价值。当然，在田野考察中所收集的数据还远远不止方位距离的测量数据，应该说每一项考察研究内容，考察团的结论都是建立在对数据信息进行收集整理基础上的判断，在对汉代陵墓营建制度的归纳中，就涉及到各陵的规模和尺寸问题。

　　关于帝陵归属问题的考证，王子云在《汉代陵墓图考》一书中说，通常大家对西汉帝陵的归属问题主要以毕沅所立墓碑为准，但据他实地踏查后认为除了汉武帝茂陵和成帝延陵确为其原墓外，其他地处咸阳原上的七陵墓碑均互相错植。也就是说，不能单凭毕沅所立石碑来判定帝陵归属。

　　以考证延陵区内平陵与渭陵的归属问题为例，王子云联系到之前考证茂陵区的康陵位置之误，于是将康陵、平陵与渭陵结合起来考证。他依据《水经注》所记载："故渠又东径成帝延陵南，陵东北五里，即平帝康陵也。故渠又东径渭陵南……又东径哀帝义陵南。"以延陵为中心，判断延陵之东北渭陵实际上应该是平帝康陵，元帝渭陵应该在延陵正东，即毕沅所立平陵碑处，哀帝义陵则应在渭陵之东。并且他参阅《汉书》后，最终判定由西向东，依次是延陵、康陵、渭陵、义陵。（图 40）

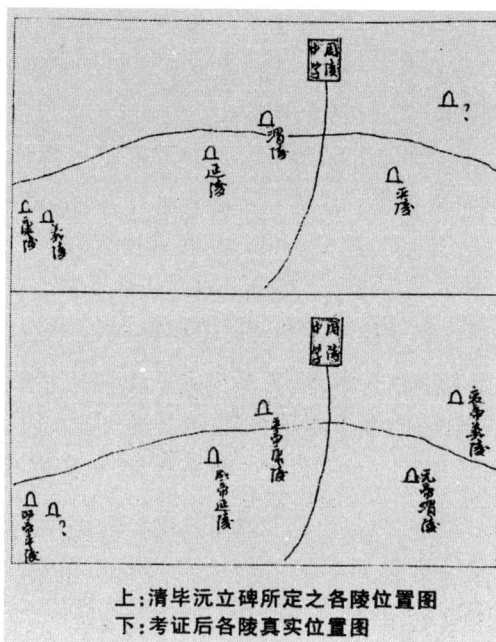

图40　王子云陵墓方位考证绘图

图片来源:《汉代陵墓图考》第81页

2.帝陵的营建规模与制度归纳

王子云通过对《汉书》、《后汉书》、《长安志》、《三辅黄图》、《三辅旧事》、《文献通考》、《关中记》等文献史料的梳理和考证,归纳出十四条汉代帝陵的营建规模与制度:

> (1)陵园方七顷,陵山方中(陵基)一顷,或方百步至百四十步。(2)陵高十二丈以至二十丈。(3)玄宫深十三丈,明中高丈七尺,周二丈,堂坛高三丈。(4)明中置梓棺,四周固以柏心,由此通东西南北四门,称四羡,门内藏大车六马,金宝米谷,鸟兽及祭器明器等。(5)棺椁皆以石制,生前所有珠玉

玩好,皆得殉葬。(6)玄宫深五丈,前堂方丈八尺,后堂方丈五尺,角广六尺。(7)四羡门皆置剑户,设伏弩伏火,以防盗掘。(8)陵之四周,筑垣四出,为司马门。垣内建石室寝殿,置钟虡,垣外堤封田若干顷。(9)便殿掖诸官寺,皆在陵垣内,更间有果园鹿苑鹤苑之设置。(10)坟丘之外余地为西园后陵,余地为后宫嫔妃。(11)于陵侧另起陵邑,徙天下高赀富人及豪杰兼并之家以实之,其户口有多至二十七万人者。(12)徙将车尉侯及诸功臣之家于陵园,以资保卫。(13)设奉常太常官以管理陵园,以宫女及后宫贵幸者守陵。(14)陵丘之上,设置寝殿,供帝起居衣服,以象生人之具。①

此外,考察团通过对汉帝陵的面积测量(包括陵域边长、陵基边长、陵高的测量计算),发现陵域面积与陵山高度不协调或与史书记载不一致的原因是:

一、汉初之营陵固有定制,但实际自武帝以后即流于奢侈,故汉制天子坟高十二丈,而武帝茂陵竟高达二十丈。如此则陵域之面积亦比例加大。

二、汉陵最早者迄今已历两千余年,经两千余年来之风雨剥蚀,其坟丘之高度自当逐渐减少,且汉末黄巾赤眉起义,及唐代安史黄巢之乱,对各陵发掘至惨,此亦当为高度减少之一大原因。②

除了根据以上对汉代陵墓营建制度和规模的历史考证与实地测量所总结的陵墓制度特点,王子云还结合墓葬材质种类的区域特点,对汉墓构造进行了系统梳理。

---

① 王子云《汉代陵墓图考》,太白文艺出版社,2007 年 6 月,第 17 页。
② 同上。

他将汉墓分为陕西砖墓、河南石墓和四川崖墓三类进行墓葬构造分析。例如,在考察汉武帝茂陵过程中,他对茂陵前约五里处的一处汉代砖墓进行了测量,并对墓葬中的明器进行了统计;对河南石墓进行分析则参考文献记载,对南阳一带的石墓进行了构造和明器种类的梳理;对四川崖墓则结合近人杨枝高氏的调查报告进行崖墓尺寸和棺室构造的总结。总之,考察团将汉代帝陵营建制度与规模的研究,结合当时所了解和调查的汉代其他墓葬情况进行对比分析,试图更全面深入地归纳出帝陵营建规模的制度。通过多年后的反复踏查和文献梳理,王子云还发现除了极少数功臣将相墓前有石人石兽外,"两汉之帝王陵前绝无石刻遗迹可见,当为汉陵陵园之制度如此"①。

3. 帝陵陪冢的寻访、考证与辨伪

在帝陵陪冢的寻访中,考察团首先是依据《汉书》等文献记载,在实地踏查过程中,以帝陵为中心进行寻访,这种寻访有时能有结果,有时则寻迹而无果。例如,在考察汉文帝霸陵过程中,据《汉书·外戚传》注文帝窦皇后与文帝合葬霸陵,但实地考察中考察团没有发现霸陵附近有帝后陪冢。但在考察汉宣帝杜陵时,考察团发现其陪冢甚多,其中距离杜陵东南方向二百公尺处,最高大者为王皇后墓。在东南不远处,还有东西并列之大小陪冢二十余处,据王子云考证,其中稍大的为淮阳宪王张婕好等人之墓,而小型墓为王子及其他贵人,因为功臣将相的墓葬不能与陵山同列。

其他陪冢的考证,考察团主要依据清代陕西巡抚毕沅所立墓

---

① 王子云《汉代陵墓图考》,太白文艺出版社,2007年6月,第26页。

碑来判断陪冢的身份问题。以茂陵区为例，在茂陵西北约半里处，王子云发现了毕沅所立"汉孝武皇后李夫人墓"①，据此判断是武帝宠妃之李夫人墓。在茂陵东行一里处，墓前有毕沅立"汉大司马骠骑将军冠军侯霍去病墓"，据此认定为霍去病墓；在霍墓十数公尺处，另有一矩形巨墓，有毕沅所立之"汉大司马大将军长平侯卫青之墓"石碑；在霍墓东南三里处有毕沅所立"汉大司马博陆侯霍光之墓"石碑，据此考证其二冢分别为卫青和霍光之墓。

关于陪冢身份的辨伪问题，在考察汉成帝延陵时，东南方有三座佚名的陪冢，西南方有一座巨大陪冢，相传为成帝之母王太后之墓。对于此大冢为王太后之墓的说法，考察团存有疑问。王子云考证《汉书》后发现，王太后墓与其夫元帝合葬渭陵，而《水经注》又言延陵西南处有大将军窦婴冢，因此，考察团怀疑此大冢是窦婴的可能性更大，从而否定了此大冢为王太后之墓的说法。此外，在考证汉高祖陪冢之戚夫人墓时，以往将萧何墓东南方向七冢，贯若联珠，俗称"七妃冢"，但实地考察陵前却无碑，王子云团队怀疑是因"七"与"戚"读音相同而产生的误传。因此他认为俗称此墓为戚夫人墓，则实不可信。

总之，考察团通过对汉代帝陵的田野考证、辨伪和少量雕刻的形式分析，归纳出他研究两汉帝陵之价值与意图有三：其一，"今日吾人所得寓目之两汉文物遗制，非坟墓建筑雕刻之遗留，即为墓内出土之各种明器。故吾人今日如不欲研究汉代文化则已，否则两汉帝王陵墓实为研究汉代文物之惟一对象和绝好资

---

①李夫人死后被追谥为孝武皇后。

料"①。其二,要发扬中国汉代之优美文化,则可以在汉代帝陵遗制中体会汉文化之精神与气质。其三,希望通过对帝陵的研究能使国家在安定之后(当时还未解放),建立汉陵博物馆,使得西北地区之汉文化得到宣传和发扬。

二、唐代帝陵研究

关于唐代帝陵的研究,这是王子云毕生从事雕塑艺术史研究的一个重要起点,而其雕塑艺术史中的陵墓雕刻则是他研究唐代帝陵的重要组成部分。在 20 世纪 40 年代的西北考察中,关于陕西关中一带的唐陵考察研究不仅是王子云团队此次西北考察的重点工作之一,也是王子云本人日后研究中国雕塑艺术史的重要学术积淀。而中国雕塑艺术史恰好属于"无名艺术史"范畴中的一个大类,因此,他对"无名艺术史"研究的学术贡献也主要体现于此。

1. 对唐陵田野调查数据的系统性收集

王子云团队对唐陵的田野考察深入细致,规模最大的一次是在 1943 年 8 月至 11 月,该次田野考察的数据收集最为系统全面,据何正璜《唐陵考察日记》和王子云《谈唐陵石雕刻》、《教育部艺术文物考察团西北摄影集选》第三辑《汉唐陵墓雕刻集》的叙述和图片资料看,考察团对唐陵田野考察的数据收集分为测量性数据、绘制性数据和图物采集数据三大类。

(1)测量性数据收集

测量性数据主要是指唐陵陵域面积、门阙、石基以及雕刻遗

---

① 王子云《汉代陵墓图考》,太白文艺出版社,2007 年 6 月,第 1 页。

迹的尺寸、雕刻间距等实测数据。例如:1943 年 8 月 19 日考察团与西京筹备委员会的夏子欣一道考察富平县唐懿宗简陵,测绘数据有:"西门门阙土基及石狮一对均尚存在。石狮位于门阙内约 19 米处,两狮相距 14 米,外向蹲踞于双层石座上,唯石座已半没地下。高约 2 米,长亦如之。胸下前足部宽约 1 米,雕工颇粗劣,且全体比例不相称,显示唐代艺术之末期风格。二阙门土基每边约 27 米,高仅及半,下方上圆,成钝圆锥形,两基相距约 62 米。"①

又如 1943 年 9 月 29 日考察唐高祖献陵时,测绘了以下数据:"华表每边 2.3 米,柱八棱,高约 4.5 米,底端两边宽 4.5 米;石兽座长 3 米,宽 1.6 米;石虎身长约 3 米,高 2 米;在石虎与毕沅碑之间有门枕石一对,石长 1.4 米,高 0.5 米,厚 0.4 米。另外,陵之北门离陵 280 米处有石虎一对,陵之东门离陵 230 米处有石虎一对。"②

这些数据为下一步分析和归纳唐陵的山陵制度和石雕仪卫制度提供了客观的依据,也为绘制性数据的整理打下了基础。测绘工作是枯燥而艰巨的,很多陵墓石雕都处于半塌陷状态,甚至被掩埋,需要通过一些必要的发掘手段才能进行测量。例如对顺宗丰陵的华表测量(图 41),考察团就对其进行了必要的发掘,虽然只是局部的,但也是为了数据收集的完整性和系统性,体现出其工作的细致与严谨。

---

① 何正璜《唐陵考察日记》,《何正璜考古游记》,人民美术出版社,2010 年 3 月,第 161 页。
② 根据《唐陵考察日记》记录整理。

图 41　考察团对丰陵华表掩埋部分进行发掘式测量

（2）绘制性数据收集

绘制性数据主要指依据测量数据而整理的陵墓平面图以及陵墓全景图和部分石雕写生图等（如图 42、图 43）。其中，陵墓平面图主要是直观呈现各陵的石雕仪卫分布和陵墓方位问题。陵墓全景图则是王子云田野考察的一大特色，他喜欢用绘画的手段，带有写生的艺术情怀，对考察地进行远景绘画。例如他绘制的《唐十八帝陵全景图》长卷、《唐太宗昭陵及其陪冢图》和《唐五陵全景图》这样内容层级不同的长卷（如图 44、图 45）。其中，《唐十八帝陵图》应属于经过想象、综合、取舍的艺术加工而成。因为各陵所处地区不同，而要把它们融合在一张画面里，肯定需要取舍和加工,但王子云对山陵外观的远眺之景的整体面貌还是客观保留了下来。

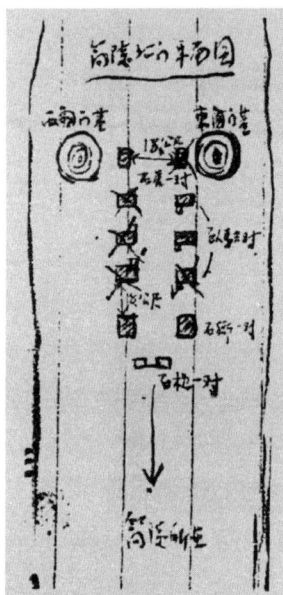

图 42　唐简陵北门平面图　　　　图 43　唐献陵平面图

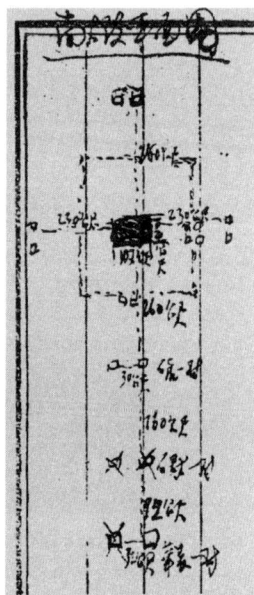

图 44　王子云绘制《唐太宗昭陵及其陪冢图》(1942 年)

图45　王子云绘制陕西富平县《唐五陵全景图》局部(1943年)

绘制陵墓远景图从某种程度上说，既是田野考察绘制图的必要手段之一，同时也是艺术家抒发考察情怀的机会。王子云曾在献陵前绘制过一幅远景写生图，他在唐陵考察日记中说："一路阳光普照，秋色宜人，三原泾惠渠所灌溉之白杨到处行列整齐。行八里，过清水河，由此遥望白鹿原上之高祖献陵成平顶尖锥形之坟墓与秋郊麦野互相映照，被夕阳反照成绯红色，倍极美观，乃乘兴作献陵远景图一幅。"此段话是艺术家的田野采风情怀的自然流露，这种艺术采风与田野考证相结合，更加凸现了王子云诗意的考古方式，这也是前文多次所强调的治学特色。

（3）图物数据收集

图物数据主要指陵墓附近的花砖、瓦当等文物采集和墓前石雕的拓印、模铸、摄影所得图像资料。

例如，1943年8月27日，王子云团队考察唐文宗章陵时，在门址附近发现花砖甚多，于是拾得两块较完整的作为纪念，并在第二天对花砖进行拓印留存①。9月9日,在考察唐宪宗景陵时,发现在陵前五里处有一宋庙,在一处庙碑附近发现遗留在殿宇基址的砖瓦片极多,于是择优采集。

除了随机性质的田野文物采集外,考察团还对唐太祖永康陵附近的村民家进行走访,以调查唐墓葬明器之踪迹。因为永康陵前的陪冢多数被湮没,往往碑仍屹立,而墓已被毁,因此他们想通过当地村民打听墓葬被盗的情况。据打听,果然在三四年前,西三村外臧公碑附近有一唐墓被发现,里面有骑马人俑、动物俑等明器不下二百件,可惜大多被毁坏和倒卖,只在一村民家发现两件明器,一是牛头人身俑像,二是陶猪,经辨认确为唐物。

至于拓印、模铸和摄影,王子云团队对唐高宗乾陵飞马和坐狮、太宗昭陵四骏、睿宗桥陵鸵鸟、武后顺陵立狮逐一进行石膏模制各一件;对具有较高艺术性的昭陵四骏浮雕、泰陵简陵飞马、丰陵华表分别拓印两份;并对十八帝陵石刻进行逐一摄影。将摄影照片精选五十张收录于《教育部艺术文物考察团西北摄影集选》第三辑中。

每一类数据的收集都体现出考察团的研究方法与目的。例如:对唐高宗乾陵墓前石雕的拓印和摄影,目的在于梳理唐代陵墓石雕造型风格的特点和演变规律;对唐中宗定陵的阙门数据测量,对东阙门基之下层的石板尺寸的测量,目的是以此来判断石柱直径尺寸。该数据既体现调研方法,也反映研究路径,是唐陵研究中不可忽视的。

2.对唐代建陵与石雕仪卫制度的归纳

(1)山陵制度的考证与归纳

---

① 据何正璜《唐陵考察日记》1943年8月28日记载。

　　在分析唐代的建陵制度之前,王子云同样沿用了对汉代陵墓的考证方式,对各陵的准确位置进行辨别,同时参考《长安志》以及清代光绪年间日本人足立喜六实地调查数据,判断陵墓倾倒的门阙基址等位置信息,以便确立陵域面积。

　　在对唐陵建制的考察研究中,王子云关注到高祖献陵由平原而起,与依山起冢的山陵制度有所不同,依据《通鉴纲目》考证了献陵大小为五丈之制的来历。

　　　　贞观九年,自高祖崩,太宗诏山陵依汉长陵故事,秘书监虞世南上疏,劝谏"愿依白虎□所陈周制为三仞之坟,方中制度事:减少事竟之日刻石,陵侧明丘封大小高下之式,明器所须皆以瓦木,合于礼文,不得用金银铜铸,使万代子孙并皆尊奉,藏之宗庙岂不美乎,且臣下□服三十六日,已依灞陵今为坟垄,又以长陵为法,恐非所宜,伏愿深览古今为长久之虑",疏上诏所司禅议,司空房玄龄等以为汉高祖长陵高九丈,光武原陵高六丈,今九丈则太崇,三仞则太卑。光武为中兴明王,遵为成式,实谓便宜,请依原陵六丈之制从之,按汉代尺度较唐尺为大,汉尺六丈约合唐尺五丈,故献陵今日之高度约到五十尺。①

　　并参见《新唐书·文德长孙皇后传》考证了唐代的平地起冢和因山为垄的不同建陵制度的由来,认为唐十八帝陵(在陕西关中者)除了高祖献陵、敬宗庄陵、武宗端陵以及太祖永康陵是于平地起冢外,其余各陵均遵照太宗昭陵建制"因山为垄"的山陵制度。

---

①何正璜《唐陵考察日记》,收录于《何正璜考古游记》,人民美术出版社,
　2010 年 3 月,第 187—189 页。

　　另外，从王子云绘制的陵墓平面图可看出陵墓形制上的一些规律特点。比如陵垣与东西南北四门的阙门、门基、石枕的关系与位置，陵墓尺寸与高度等，陵墓陪冢的具体位置等，这些都属于是陵墓建制的范畴。

　　(2)石雕仪卫制度的归纳

　　石雕仪卫制度文献记载较少，从王子云等人实地考察高宗乾陵开始(图46)，才出现规模庞大的石雕仪卫行列，在此之前，陵前仅有石兽石狮等守护。从唐肃宗建陵以后的十一代陵地的石雕都依照乾陵石雕仪卫制度，除了数量有所减少外，没有大的变化。

　　在经过对比之后，考察团形成了石雕仪卫排列顺序的规律认识：华表、飞马、朱雀(或瑞兽、鸵鸟)、石马、石翁仲、石狮，它们从陵前一公里外的外阙门

图46　王子云在乾陵前临摹鸵鸟石雕像(1942年)

沿着陵道向内，左右依次对称排列。而数量则与唐代的盛衰有关，高宗乾陵起开始有了规模庞大的石雕仪卫，尤其体现在石马和翁仲的数量上。在武宗端陵之后，石雕仪卫数量开始明显减少，从原来的五对石马、十对翁仲减少到三对石马、六对翁仲。

　　在考察各陵仪卫制度的差异时，此次唐陵考察发现一些细节问题，对日后的考古发掘和研究提出了新的思考。比如在考察代宗元陵时，何正璜认为：与简陵北门的石马在阙门之内的情形刚

好相反,元陵北门石马行列是在阙门之外。而文宗章陵的北门石雕仪卫与元陵相同。中宗定陵的北外阙门少了一对鸵鸟,这一点与其他陵墓不同,因为"其他陵墓都有一对鸵鸟位于石兽之次",且飞马改为石兽。而睿宗桥陵石刻则比其他唐陵要多。

综合各陵石雕的位置现状,王子云最终总结到:"唐十八帝陵依山起冢,即以山为陵,中凿玄宫,四周绕以陵园,置南北东西四门,并分置石狮、石马,其陵正面(即南门)率多布置长达里许之石刻两列,其顺序为华表□对,天马或石兽一对,朱雀一对,石人马四对,石翁仲八对或十对,各刻均形体巨大,其作风每随时代而异。"①

3.对唐陵石雕的审美与分期

考察团对唐陵石雕的审美与分期是相辅相成的。在对石雕进行雕刻技法、造型方式和审美风格的品鉴中,归纳唐代不同时期的陵墓雕刻风格;同时,对陵墓石雕的初盛唐、中晚唐的历史分期,又直接影响了王子云对不同时期的风格审美判断。因为他对唐代陵墓雕刻艺术的风格分期认识受到了现实主义创作模式和社会进化论思想的影响,这也是那个时代艺术史家在史观上的时代共性。

对比各陵的雕刻技法与造型特点之后,他认为唐十八帝陵中,雕刻最精美的当属高祖献陵、太宗昭陵、高宗乾陵和中宗定陵。这一论断显然是在肯定初盛唐的雕刻艺术的价值。从技法上讲,初唐雕刻具有刀凿锋利、棱角分明的新鲜朝气和生气,手法洗练而写实,较之西汉的霍墓石雕群有明显的时代特征。唐代早

---

①西北大学文化遗产学院编《西北大学藏民国时期教育部艺术文物考察团西北摄影集选》第三辑,西北大学出版社,2016年8月,第5页。

期陵墓石雕的形象古拙,造型风格类似北周或隋代的洗练风格。而昭陵六骏在形体造型与雕刻的厚薄深浅上极为恰当,整体结构和谐而写实;高宗乾陵石雕则造型刚健雄强,特别富有生气,雕刻技巧刀锋锐利洗练,属于形体完美的典范。到了唐玄宗泰陵以后的雕刻造型则平淡无奇。盛唐过后陵墓石雕造型风格在王子云看来,发生了明显的转变。乾陵时期威猛可畏的石狮,到了建陵时成为仅具有装饰性的艺术品,威猛性被取而代之,即盛唐时代的雄强壮美之感被纤巧琐碎之态取代。

基于上述立场,王子云团队将唐代陵墓石雕艺术的风格分为四个阶段:"早唐以古朴雄厚胜,作风接近汉魏六朝,盛唐以雄伟丰盛胜,作风于壮丽中具有现实精神,及唐代艺术之顶点,中唐作品渐觉失于纤巧琐碎而缺少生命力,晚唐则风格全失,仅具形体而已。"①

上述观点的立场明显是属于历史进化论的历时性发展观。经过考察团的田野调查和研究后,王子云认为唐代是古代中国社会国力鼎盛时代,之后的雕塑艺术逐渐由盛转衰,五代以后的雕塑艺术在他看来已经逐渐失去汉唐盛世所传递出的浑厚雄强之势和华丽灿烂之美。他在《中国历代应用艺术图纲》一书的"装饰雕塑"章节中论到:"中国石刻之发展以盛唐为极峰,唐以后即呈现衰微之势,由五代以迄北宋均系继承唐风,无独特建树。"他在对乾陵翼马进行审美评价时说:"翼马现已半陷地下,大逾真马,此马雕刻精美,写实正确,作风采亚述式,为中国固有艺术与外来

①西北大学文化遗产学院编《西北大学藏民国时期教育部艺术文物考察团西北摄影集选》第三辑,西北大学出版社,2016年8月,第6页。

艺术最和谐之结晶,亦盛唐作品中最珍贵之佳构。"①并在多处强调乾陵翼马是盛唐雕刻之优美典范②。同时他认为,泰陵之后的翼马在造型上几乎没有变化,只是随着时代发展,唐代由盛转衰,雕刻技艺多随时代而变化,难以超越时代的限制。对盛唐雕刻艺术价值的认同与他一以贯之所秉持汉唐文化中蕴含的中国传统艺术精神是一脉相承的,这也是他四年西北考察的艺术观之灵魂所在。

　　当然,关于十八帝陵的具体风格时段划分,王子云随着研究的深入也有所调整。40 年代考察之初他认为:"唐陵雕塑,可分为四个时代:初唐、盛唐、中唐、晚唐,作风各有不同。初唐浑厚,带六朝风味,即离汉代艺术尚近;以唐太祖永康陵、高祖献陵为例。盛唐作品,气魄雄伟;以太宗昭陵、高宗乾陵、武氏顺陵、中宗定陵、睿宗桥陵、玄宗泰陵、肃宗建陵为例。中唐气韵缓和;以代宗元陵、顺宗丰陵、宪宗景陵、穆宗光陵、敬宗庄陵、文宗章陵为例。晚唐各部比例不协调;以武宗端陵、懿宗简陵为例。"③但在王子云后来撰写《中国雕塑艺术史》时,又对陵墓分期的归属问题作了微调,他将昭陵、乾陵、定陵、桥陵四陵划入初唐风格,把元陵从中唐划为盛唐风格,章陵从中唐划为晚唐风格。这种微调虽然在今天看来不见得完全精确,但从中可知王子云坚持唐代风格"四期论"的艺术审美立场,并体现出他对唐代雕刻的整体艺术史观。

---

① 西北大学文化遗产学院编《西北大学民国时期:教育部艺术文物考察团西北摄影集选》第三辑,西北大学出版社,2016 年 8 月,第 30 页。
② 他还评价说,翼马的双翅,从图案结构的精美和谐,到雕刻技巧的纯熟洗练,刀锋犀利,给人以绚丽挺秀的美感,是盛唐典型性造型的代表之作。
③ 张继《张溥泉先生回忆录·日记》,1944 年 4 月 22 日记,沈云龙主编《近代中国史料丛刊》第三编第三辑第 24 册,文海出版社,1985 年 7 月,第 157 页。

4.唐陵保护措施建议

考察团在田野考察中，针对各陵石雕的现存情况提出保护措施建议。例如，在陕西富平县考察唐五陵后就针对现场情况提出了中宗定陵、代宗元陵、顺宗丰陵、文宗章陵、懿宗简陵的具体保护建议。有的是已倾倒，需要发掘；有的是将要倾倒，需要扶正；有的陵上被开成很多石塘，破坏了园陵，需要政府加强管理，严禁再次开凿。并且，他还提出了一些具有建设性的保护措施。比如：各陵区内应禁止农耕，尤应禁止筑掘乱挖；各陵凡已倒之石刻应扶立，已残碎者应收集统一管理；各陵石刻行列两侧和内阙门以外应广植树木；各陵前外阙门筑一道通达之公路，以便拜谒；各陵地应划出专门护陵学校，所有陵之保存整理事宜均责成护陵学校进行，学校师生应加特别训练和选择。

这些保护措施通过与考察团在西安的合作团队"西京筹备委员会"的沟通，逐步得到了相关部门的重视，也算是为我国文物保护事业尽了一份责任。

总之，王子云团队对陕西关中唐陵的考古与艺术史研究，既是民国时期"无名艺术史"研究中田野考证学派的典型案例，也是王子云本人学术成就的重要体现之所在，更是教育部艺术文物考察团四年工作的重中之重，它与敦煌石窟艺术研究并称为本次西北艺术考察的两大核心工作。

由此观之，教育部艺术文物考察团对汉唐帝陵的研究价值主要体现在以下几方面：一、收集整理了汉唐帝陵的测量性数据、实物采集数据和绘制性数据，这在当时是较为全面而系统的。二、通过文献史料的梳理，考证了陵寝的方位问题，归纳出十四条汉代帝王陵寝建制内容与要求，以及唐陵建制规律。并结合田野调查和地方志的数据,确定了陵寝陪冢的归属问题。三、考察了陵墓石雕仪卫制度,记录了石雕在 40 年代初的原始存放位置,并提出陵墓保护和管理的具体措施。四、对陵墓石雕艺术进行雕刻手法分析,并进行审美鉴赏和时代阶段划分,从而归纳出汉唐陵墓雕刻的时代特征。

第四节　其他"无名艺术"杂项的研究成果

在整个西北艺术文物考察的全过程中,除了上述关于敦煌与陕西等地的石窟与陵墓雕刻艺术研究是其主要工作内容外,王子云团队在西安、兰州等地的宗教建筑、桥梁、碑石、墓俑及其他小型雕刻艺术的采集与调研中也有不少收获,从雕塑艺术史的角度而言,这些散布在民间的小艺术杂项也是不能忽视的调查内容。

一、建筑及附属装饰艺术的个案研究

在兰州和西安考察期间,考察团对西安古城的建筑结构作了调研和考证,对城隍庙的建筑结构,尤其是戏台的结构进行详细分析,绘制了建筑图。对西安东岳庙和清真寺的砖刻纹饰以及寺庙壁画进行了技艺与风格分析断代。对大雁塔门楣的石刻画,分析其线描与书法的特点和价值。对西安碑林的碑石装饰雕刻的图案风格和碑头形式的演变进行了梳理和阐释。对兰州金天观的明代壁画也进行了分析和价值判断。对兰州渥桥的建筑结构进行了考察,并提出保护意见。

对西安古城的考察,王子云有这样一段关于长安城的认识:"西安是明代建城的名称,在明代以前早从公元前十一世纪的西周时代起,延绵不断的秦、汉、隋、唐都是以西安附近地区为京城。

西周都沣镐,在西安城西南的沣河边;秦都咸阳,在今咸阳县城西北渭河北岸的咸阳原上;隋都大兴,唐都长安就是今天的西安城所在地;隋代时间短暂,城的规模已无可考。而唐京长安,要比现在的西安城垣大五六倍。城分宫城、皇城、外城三个部分,城垣南北长八千四百多米,东西宽三千五百多米。外城的居民区分为一百一十坊(或称里),有南北十四条、东西十一条大街纵横贯穿,每坊街都有专名。所有的佛寺、道观、官僚贵族的住宅也都围在坊内,是非常整齐的布局。"[1]

在对西安东岳庙殿内的山墙壁画进行分析后,他认为:"山墙上的人物故事画风与画法颇有学习参考价值,并就其风格来看,至迟应是属于明代,但这必须结合殿宇建筑的时代来考察。"[2]

考察团在西安清真寺摹绘了很多砖刻纹饰图案(如图47),并很细致地摹绘了礼拜大殿中平棋式的天花和前殿中的故事人物画局部。

在西安大雁塔的门楣上有丰富的线刻画,考察团认为其

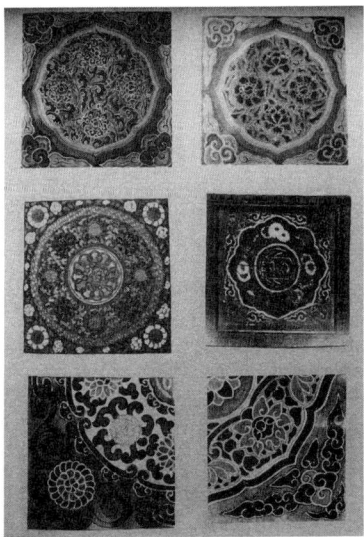

图47　王子云临摹西安清真寺明代天花图案

[1]王子云《从长安到雅典——中外美术考古游记》上册,岳麓书社,2005年8月,第92页。
[2]同上,第78页。

线条异常劲健有力,仿佛唐代大画家阎立本笔法,而且保存较好,认为"除敦煌千佛洞的唐画外,从线描艺术上说,西安大雁塔南门楣的佛说法图,可以称得上硕果仅存的一例"①。

　　同时认为,大雁塔西门楣刻的是佛殿中的说法图,成为唐代殿宇建筑中唯一的典范,在建筑艺术史上有极大的历史和艺术价值。总之,王子云非常注重大雁塔门楣石刻中线条的艺术价值。

　　此外,作为建筑附属装饰雕刻的瓦当,也是在考察西安期间他尤为关注和研究的内容之一。王子云在西安考察期间,接触了十几家古董铺,在一年多的时间内陆续收集了一百二十多种文字与云纹瓦当,其中较为少见的纹饰瓦当有二十多种。后来,在考察团工作结束后编成《秦汉瓦当艺术》上下两册②,他对瓦当纹饰的研究主要将结构、图案与瓦外形结合进行审美鉴赏与分析。归纳出秦代主要是鸟兽纹与云纹,风格简洁朴素;汉代文字瓦当出现,字体与结构图案配合完美,且文字有一字、二字、六字、八字、十二字、十六字等不同组合纹,手法较秦代复杂多变。

　　在对西安碑林的考察研究中,考察团首先注意到唐代的书法也和雕刻绘画一样,有初、盛、中、晚的时代区别。而且特别关注到前人少有注意的碑石装饰雕刻。

　　　　这类碑石多是上雕蛟龙碑头,下雕龟趺碑座,在碑的两侧面,甚至龟座基石的两侧,都满刻各式装饰花纹或线刻狮子、飞兽以至人物等等。唐碑侧纹饰最杰出者为"大智禅师

①王子云《从长安到雅典——中外美术考古游记》上册,岳麓书社,2005 年 8月,第 78 页。
②据王子云女儿王蕾女士介绍,《秦汉瓦当艺术》大约成书于 1946—1948 年间,但很多内容遗失,未能出版。

碑"，所刻为唐代花纹图案中最多见的西蕃莲（或称宝相花）。……（图案）全部用细线刻出，显得轻柔流畅，充满着装饰美，可称得上盛唐装饰艺术中的典范制作。

在西安碑林唐碑中，有一单独建亭陈列的"石孝台经"巨碑，是盛唐皇帝唐玄宗为宣扬封建孝道而书的。碑为高约五米，宽一点五米之方柱形，四面刻字，上冠以蛟龙方额，最主要者是碑下的三层阶梯式台座，每层四周满刻狮子、瑞兽奔跑在西番莲枝叶花朵的空隙间，非常生动而和谐，比之大智碑侧，则另是一种流动的形象。由于台座的图案艺术与碑的书法艺术同等重要，所以才称为"石孝台经"。①

上述两段话可看到，王子云对碑林的装饰雕刻的艺术性评价很高，主要是从图案形式及线条刻画等方面加以审美，并把图案的美与书法的美放到同等重要的位置来对待，这在当时的研究中是没有的。

同时，他还就碑林的碑头形式的演变进行了梳理，认为唐代以前碑头主要是雕刻模糊的蛟龙，到了唐代发展成有头尾鳞爪的螭龙，之后的宋、元、明三朝，蛟龙结构松软无力，直至清代只剩下龙形的线刻，而蛟龙已经消失②。

在考察兰州渥桥时，王子云绘制了渥桥的写生图和拍摄了照片，认为该桥"可称为西北地区著名的木建桥梁之冠"。并考察了距离渥桥西边不远处的明藩王道观建筑"金天观"。对殿内明代

①王子云《从长安到雅典——中外美术考古游记》上册，岳麓书社，2005 年 8 月，第 80 页。
②此观点笔者依据王子云《从长安到雅典——中外美术考古游记》上册第 82 页内容整理归纳。

壁画尤其感兴趣，认为其内容是太上老君应化图，出自明代画师的手笔，运用了连环画的形式，连续画出太上老君八十一化的庞大故事场面。从壁画场面的规模来看，考察团认为"不论是永乐宫或是泰岳庙，所能见的古代壁画都不及兰州金天观的规模"，"（金天观）壁画的保存情况大致完好，部分题名虽已有剥落，而整个壁画中的人物穿插结构多有变化，色彩纯正，线条匀整有力，可以说是明代初年中国工笔重彩人物画中有代表性的绘画遗产"①。

　　总之，上述关于西安和兰州的建筑及附属的壁画、雕刻等的艺术考察，体现出王子云团队对于建筑结构的历史与现状相结合的考证思路，文献梳理与艺术记录（绘图、临摹、写生）相结合的研究方式，考古文化价值与艺术史价值相结合的价值诉求。虽然属于考察沿途中的零散个案分析，但对于梳理西北地区的民间艺术，特别是装饰性艺术而言，无疑是充实了新的内容。

二、民间小型墓葬艺术举要

　　考察期间，王子云率团在民间走访调研，意外收获了一些珍贵的艺术文物。例如 1941 年王子云在巡视街巷建筑中，偶然在西安南门内大湘子庙街一座旧建筑门前发现台阶石上有线刻，当即用水刷洗去泥土，果然看出宫廷装的仕女人物线画②。此次发现共有十块石板，经过拼合研究并考证后，发现是一组唐中宗韦皇后家族韦顼夫妇合葬的石椁。于是，王子云对石椁线刻画的内容及墓志进行分析，得知韦顼曾任唐宫廷仓库管理小吏，内容是

①王子云《从长安到雅典——中外美术考古游记》上册，岳麓书社，2005 年 8
　月，第 94 页。
②同上，第 83 页。

展示他和妻子的生活情景。并与大雁塔的门楣线刻画进行比较后认为"石板线刻的线纹细而流利(仿佛头发丝一样的细匀而劲利),真像中国绘画线描中的'游丝描'那样的精美,与上述大雁塔门楣的盘丝线有所不同,是中国线画中的另一种形式,而这种形式显然是最适合于描写女性人物的"①。

从石椁线刻画出发,王子云进而分析了墓志盖及墓志的形制特点,以及墓志石四侧面的满刻纹饰。并认为"整个墓志就是代表一个时代文化艺术的水平。所以这种墓志既具有文学的、又有书法的、更有装饰艺术的内容与形式,可以称得上中国古代石刻艺术中的一宝"②。

关于墓俑,他在西安的古董铺寻到一些西汉时期的小型墓俑陶器,并将其中优秀者购买后细细研究。并且梳理出一条墓俑的发展史,从战国秦汉开始,到西汉流行,再到隋唐变得精美,尤其是唐三彩俑,随后宋明衰退,清代几乎绝迹的整个发展脉络。指出墓俑的发展史体现了厚葬风气及宋代后纸糊俑替代陶俑殉葬的新变化。考察团尤其关注到西安古玩市场及出土发现的唐代墓俑,认为"唐代的女俑,身段、穿戴、仪容都是美人型,唐代的人物画存者不多,俑人可称为人物画的补充"③。并且除了人形俑以外,马、骆驼等动物俑也体现出一种雄强不羁的性格和工艺的夸张手法,同样具有艺术研究价值。

其中关于唐三彩,王子云将长安出土的与洛阳的进行比较,

---

①王子云《从长安到雅典——中外美术考古游记》上册,岳麓书社,2005 年 8
　月,第 83 页。
②同上,第 84 页。
③同上,第 92 页。

认为长安不及洛阳唐三彩精美，"长安出土的绝大多数是四腿着地，极少有抬腿马，更没有奔跑的马。洛阳就不同了，抬腿的、走动的、奔跑的、跳跃的，无所不有，而且造型完美，三彩釉也特别鲜明，不论是在艺术上还是技术上均臻上乘"①。关于唐三彩的釉色工艺，他有这样一段论述：

> 特别是盛行于唐代的"唐三彩"（即汉代的琉璃工艺的发展），以鲜艳对比的黄（以绛红为多，纯黄者次之）、绿（包括淡蓝）、白三色表现出唐代兴盛的时代氛围。这种三彩的着色技术也是非凡的，常常是把釉色洒在器物（唐三彩制品也包括器皿）上，让它随便地往下流，流出极其自然的花纹来，这可说是工艺美术中的一种绝技，有时远远高出于人工画出的纹饰图案。②

总之，以上内容可以看出，在墓葬出土的小型艺术文物中，考察团从中国人物画创作角度、色彩工艺的自然灵动以及形体的丰富与活泼等审美角度，对墓俑、石椁线刻画进行了线条、图案、造型、色彩等艺术本体的审美研究，充分发掘民间小型墓葬艺术的审美价值和艺术史价值。

三、西安地区小型实用工艺雕刻概述

在西安古玩市场中，王子云还关注到一些秦汉和唐代的小型工艺雕刻，比如铜镜、印钮、带钩、金银器等，其中他对铜镜的研究尤为仔细。

---

① 王子云《从长安到雅典——中外美术考古游记》上册，岳麓书社，2005 年 8 月，第 84 页。
② 同上，第 91 页。

　　秦汉两代的艺术品还有铜镜、带钩、印钮、佩玉等属于工艺美术的小型珍奇,其中以铜镜的艺术性最突出。镜面是照人的,纹饰雕铸在镜背,其结构和瓦当相近,都是在圆面上施展匠师们的艺术才能,而镜的纹饰远比瓦当细致而繁复,一般多以四神为主。所谓四神,是属于道教性质的古代神话中的星宿神,即东方青龙、西方白虎、南方朱雀、北方玄武。在西汉瓦当纹中也有应用,铜镜纹饰中更为多见。……中国的铜镜在秦代已多见,一般以螭龙为主,这显然是与前代青铜器的纹饰有继承关系的。

　　唐代的铜镜,还有金碗、金杯一类的金银器,却制作特精,花纹加工的工艺也高。①

　　唐代国势扩展,文物灿烂,社会生活日趋奢靡,而工艺美术因受西域文化之影响更见发达。在金工方面,因陶瓷制器之普遍应用,以致铜制工艺品渐趋退步,仅铜镜尚多精美之遗作。但其纹饰因与外来文化交融,一变汉及六朝之繁复而另创富有中亚色彩之写生花鸟图案,外形亦由圆而变为六棱八棱矣。②

　　上述几段文字表明,秦、汉、唐铜镜的研究主要集中在纹饰的分析上,这充分体现出他对工艺图案风格演变的关注。经过研究,考察团归纳出汉唐时期铜镜的纹饰类型:汉代有四神、十二时辰题字纹、东王公与西王母画像、瑞兽葡萄纹、龙凤葡萄纹;唐代

---

①王子云《从长安到雅典——中外美术考古游记》上册,岳麓书社,2005年8月,第88、90页。
②王子云《中国历代应用艺术图纲》,太白文艺出版社,2007年5月,第262—263页。

有四神、十二生肖纹、鸾凤瑞鸟纹、双鱼纹、凤马瑞草、宝相花纹、鸾凤天马纹、鸳鸯宝相花纹等①。

另外，考察团还注意到工艺性极强的带钩，虽然形体小，但满饰花纹，镶嵌工艺复杂。并且，由于汉代文风兴盛，私人名章的印钮上雕刻也是有研究价值的。这些都是文人学士或官宦之家所用之物，可看出一时代之文化气象。

通观王子云团队在西安、兰州等地对建筑、附属装饰艺术、民间小型墓葬艺术及实用雕刻等"无名艺术"杂项的收集、购买、归类、研究，虽然涉及内容繁多、个案分析仅停留在概述或风格流变的梳理，但还是为美术考古研究提供了很多有价值的参考。比如：一、对装饰雕刻的种类及纹饰特点（瓦当、石椁线刻画、碑石碑头形式）的归纳。二、对寺观壁画、线刻画和墓俑所体现的中国画构图、造型、线描的审美意蕴鉴赏。三、对实用工艺雕刻艺术的图案及工艺形制与文化的关系问题的思考。这些研究既体现出艺术史本体研究的特点，也反映出考察团在研究思路上的跨学科性，比如与考古类型学、文化史甚至是宗教学的交叉研究。

综上所述，1940—1944年教育部西北艺术文物考察的核心学术价值主要集中在对敦煌莫高窟和陕西汉唐帝王陵墓及石雕艺术的考古与艺术史研究。除了收集的第一手田野调查数据值得学界重视外，在敦煌莫高窟艺术价值的定位、壁画临摹的方法、霍去病墓石雕价值的阐释和创作主题的分析、汉唐帝陵建制规律的总结、石雕艺术的风格分期、建筑及附属装饰细节的全面考察、民

①王子云《中国历代应用艺术图纲》，太白文艺出版社，2007年5月，第306—
　313页。

间小型雕刻的风格流变梳理等方面都具有不可回避的学术创见与贡献。该考察是研究中国古代"无名艺术史"及民国时期美术考古史学史的重要历史事件。

第五章 王子云"无名艺术史研究"的方法论体系

谈到本次考察的方法论问题,在前几章虽有涉及,前人也进行过一定程度的思考。但从考察团的工作思路出发,还原当时的考察动机与现实情况来全面分析其方法论特色,前人研究中很少这样论及。要厘清本次考察的方法论体系,就需要重新审视民国时期"无名艺术史"的概念、内涵、特征及研究范式和价值取向,只有通过对民国艺术史学形态的分析,方能了解当时的史学理论背景与艺术考察理念。

第一节 民国中后期"无名艺术史"的多维度研究形态

所谓"多维度研究形态",主要是探讨民国中后期,由于抗日战争的爆发,艺术史学研究无论在内容上、方法上、价值取向上都与之前和之后有所不同。因此,基于受众的差异去探讨"无名艺术史"在当时的史学形态,有助于认识王子云本次西北艺术考察的工作思路与动机,有助于分析其方法论在当时的意义,有助于评价其对现代中国艺术史学的贡献。

一、关于"无名艺术史"的界定

中国传统的书画史学经过了上千年的发展，其研究的起点与对象一直都是所谓"有名的"甚或"著名的"艺术家作品及其理论，且一直延续着统一的学术价值路径进行归纳、陈述、品论、鉴藏、考辨、著录，其观照的视野也在文人士大夫的治史体例中保持着连贯性和统一性。而大量没有进入他们视野的民间的、"无名的"艺术史，除了在金石学家那里得到了些许关注外，真正成为作为学科的中国艺术史的重要组成部分，是在 20 世纪上半叶，尤其是30、40 年代(即民国中后期)。

一般来讲，本研究所指的"无名艺术史"语境，是与经典的传统书画史相对应的一个现代学科意义下的专属研究领域，而并非一个门类史的概念所能完整包涵。在民国中后期渐进成型的"无名艺术史"所包含的门类涉及相当丰富。从后来通行的学科归属来看，它涉及工艺美术(设计学)、民俗艺术(民俗学)、边疆民族艺术(民族学)、史前人类艺术(人类学、宗教学)、考古艺术(考古学、社会学)。从研究对象来看，它涉及建筑史、雕塑史、绘画史、宗教美术史、民间艺术史等门类。

经典艺术史都是围绕"有名的"或者是"著名的"并且被历代所推崇的艺术典型作品而展开的研究；"无名艺术史"则是关注那些被忽视的、鲜见于史书记载的、非中心化的、通俗性的、生活化的民间工匠或艺人完成的边界模糊的艺术。之所以说其边界模糊是因为，"无名艺术史"研究是一个开放的交叉学科领域，涉及的对象与问题可以从多角度多学科的层面进行研究。同时，"无名艺术史"的研究对象也并非全部是涉及审美问题的"美的"艺术品。所以，民国中后期的"无名艺术史"也不只是纯粹的艺术性研究。围绕着"无名艺术史"展开的研究问题既有考古学问题、人类学问题、社会学问题、宗教学问题、民俗学问题、文字学问题，还有艺术本体问题、艺术观念问题、艺术文化问题、艺术创作问题。总体来说，内容庞杂，研究分散，不成严格体系。以至于新中国成立以后"无名艺术史"并没有成为一个明确的学科概念，而是分散进入了各个人文学科研究领域。

因此，关注民国中后期的"无名艺术史"研究，既是对新艺术史学的启迪，也是厘清艺术史与艺术考古学、民俗艺术学、艺术社会学等一些现代交叉学科关系的历史证词。

二、基于"分层思维"下"无名艺术史"的多维度研究形态

从过往经验看，中国艺术史研究，无论是经典书画史研究还是本书所论"无名艺术史"研究，其研究范式的讨论大都从学术资源的角度去进行文本范式的思考，对其研究目标与价值取向的定位也是处于纯学术史的角度。但民国中后期是一个特殊的历史时期，一方面，经历了清末民初学人对传统的抨击和对西学的引入借鉴之后，学界开始处于相对冷静审视传统文化的阶段；另一方面，从社会环境而言，又面临民族危机与国家存亡的忧患命运抉择。那么这一时期的艺术史学所面临的内外环境，无疑给艺术史学特点增添了除学术性之外的民族性、使命感或功利色彩。因此，重新探讨"无名艺术史"研究范式及价值取向，会从认识论的层面帮助学界重新梳理"无名艺术史"在该阶段的存在逻辑。

而这种存在逻辑里渗透着一种价值取向的分层，处于不同层面的价值取向与研究范式也就相应有所区别。笔者认为这一时期的"无名艺术史"至少包含着以下三层研究价值取向：

(一)作为纯粹史学研究的"无名艺术史"①

这个层面的"无名艺术史"研究是一般艺术史家都会涉及的层次。该层面的"无名艺术史"注重史学逻辑、学理分析以及艺术与历史的关联性,且多以文献研究和严谨的学科方法为基础,有一套完整的研究范式和明确的价值取向。

1.研究范式

民国时期,由于"无名艺术史"研究材料的零散性和分散性,很多材料处于动态变化(比如被盗劫、倒卖、损毁)和梳理归类的阶段,因此,这一时期的"无名艺术史"从学科发展的角度看,主要表现为下图所示的研究范式与逻辑层次。

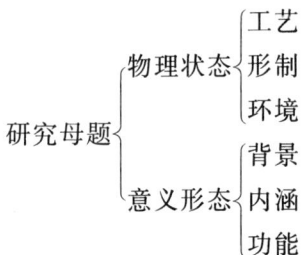

$$
研究母题
\begin{cases}
物理状态
\begin{cases}
工艺 \\
形制 \\
环境
\end{cases} \\
意义形态
\begin{cases}
背景 \\
内涵 \\
功能
\end{cases}
\end{cases}
$$

从这一图示中可看出,对于作为纯粹史学研究对象的"无名艺术史"母题,其研究范式围绕物理状态与意义形态分别展开。而物理状态的研究又离不开该母题的现存状态。无论是考古发掘的文物还是传世的民间工艺品、建筑、雕刻与绘画,描述并考证其形制、工艺与环境,目的都是尽可能还原该母题的原初时空状

————————

① 纯粹史学层面的"无名艺术史"从传统的书画史著述转变为现代学科意义上的美术史叙事规律探讨,这是一个思维方式和研究范式转型的过程,这个过程可以看成是建构完整的中国艺术史学科体系的发端。

态和本体视觉样态,在此基础上分析与鉴赏其意义形态。意义形态即是观念形态、文化形态,这也是视觉形态的本质。

　　而物理状态和意义形态总是你中有我,我中有你。工艺与功能、形制与内涵、环境与背景,这三对概念导致其研究范式的核心放在对母题本身以及外延的关注上。这样的研究逻辑直接影响了当代艺术史研究中内、外史方法论的建构。

　　2.价值取向

　　对意义形态的剖析依据其研究方法,一般由三类价值取向组成,分别是考古价值、文化价值和审美价值。其中考古价值主要是基于当时"无名艺术史"研究大都与新的考古材料有关,对无名艺术文物的研究本身就是考古研究的范畴之一。所以这些艺术文物本身就具有双重学科属性;文化价值则往往是受新史学的社会文化史观的影响,将艺术史母题看作文化史的一部分,从而将之置于文化反思与价值重构的研究逻辑之中;而审美价值则是作为艺术史研究不可回避的一个诉求,是围绕母题的视觉形态、文化观念而展开的艺术审美鉴赏研究。

价值取向 $\begin{cases} 考古 \\ 文化 \\ 审美 \end{cases}$

　　以冯贯一的《中国艺术史各论》①第三章"铜器"作为纯粹史学层面的"无名艺术史"研究案例。该章一共分为八个小节,分别从铸铜的史略、铜器的使用、铜器的形状、铜器的原料、铜器的花纹和款识、铜器的发现和考据、铜镜的奇迹、铜器的价值这八个方面进

————————

①冯贯一《中国艺术史各论》,上海书店,1990年12月,第49—68页。

行论述。以考证和叙事的方式梳理铜器的历史背景、史实发展沿革、铜器的工艺以及铜器的艺术形态。其后专门谈到了对于铜器的考订方法①和文化价值。文中有这样一段关于铜器价值的认识:

> 铜器并不是单为古董而存在,他在文化上实有极大的贡献。因为铜器的生命最为悠久,故虽至今依然可见三代古器。由上面的铭文可知籀文的结构,器数一多,则铭文字数亦自然比较完备,彼此参详,编订成册,对于文字学的研究上,当有很大的帮助。其次便是藉铭文的记载,可以考知古时中国社会的组织与当时所发生的事情。……再由器种类的繁多,用途的各异,可以考知古时周秦各代社会进化的情况。由花纹式样的变化多端,可以知道当时艺术匠心的发达程度。此外如宗教的发生,思想的线索亦莫不可由铜器铭文中得到甚大的帮助。

> 中国是世界文化发达极早的一个国家,而此种文化的代表物品,铜器实占最主要的地位,那么铜器的存在,也是有世界性的。②

从上述对铜器价值的归纳中可看出作者对铜器文化价值的重视,这里既包含文字考证、社会进化等历史与考古的价值,又包含从铜器的意义形态中发掘出的宗教的、社会的、思想的内涵,这些都是冯贯一对其文化价值的思考。在他看来,铜器是文化的载体,因此,研究铜器最终是研究中国古典文化的形态与意义。这样的研究范式与思路在同时代的"无名艺术史"研究中属于一个共性诉求。

---

① 冯贯一认为,铜器的考订方法主要依据颜色、款识、形状三个条件。
② 冯贯一《中国艺术史各论》,上海书店,1990 年 12 月,第 67—68 页。

　　王逊在一篇关于玉器的专论里也是从考古与文化价值角度进行艺术史研究。他在《玉在中国文化上的价值》一文的开篇中即提到:"玉在后代人看来是一种美术品,而在古代则不仅是有礼制的意义的服饰品,而且有神秘的信仰的付托。换言之,在古代人心目中,玉不仅是趣味的,而且是礼法的和宗教的。"①紧接着,他对作为礼器的玉从三个层面进行了文化意义的阐释,即宗教的、政治的、道德的。

　　当然,王逊还从审美价值的角度谈到玉的美感来自色泽和光润这两方面,并且在从玉的触觉到视觉的美学分析中推及书法、绘画、丝绸、漆器的类似美学品格,从而升华到"以玉比德"的儒家伦理道德价值观。可以说,该文从文化意义的阐释转向审美价值的挖掘,最终再次回到文化价值取向上来。

　　通过上述对"无名艺术史"研究范式的逻辑链条的简略分析,以及此时期学术价值取向的大致归纳,我们不难看出纯粹史学研究的"无名艺术史"是专家学者所关注的"无名艺术史",也是被看作文本资源的"无名艺术史",体现的是一般史学最基本的存在逻辑。这也是笔者提出的第一维度"无名艺术史"。

　　(二)作为艺术家视域的"无名艺术史"

　　这一维度的"无名艺术史"研究是艺术家们会特别关注的艺术史。它区别于西方作为现代学科的艺术史以及前文论及的第一维度的"无名艺术史",是在特定时期作为艺术家创作源泉和动力的艺术史,是艺术家渴望从中获取创作灵感和艺术语言的艺术史。因此笔者提出的第二维度的"无名艺术史"是指站在艺术家立场上思考的艺术史。

---

① 该文收录于滕固编《中国艺术论丛》,商务印书馆,1938 年 7 月,第 117 页。

1. 价值取向

我们已经在很长一段时间的新艺术史研究[1]中习惯于艺术史与艺术创作的分离,艺术史与艺术创作的关联已经日渐疏离。纯粹史学文本的艺术史仿佛越来越远离艺术本体的存在逻辑,而成为与审美无关的文化史研究的分支。但处于民国中后期的"无名艺术史"研究,却是一个与艺术创作息息相关的特殊时期的艺术史学。

随着战时国民政府文化重心迁往重庆,从 1937 年 7 月至 1946 年 6 月,在重庆举办的各类美术展览活动约 320 次,其中人数最多,规模最大的是 1942 年 12 月 25 日在中央图书馆举办的"第三届全国美术展览"。展览特邀北平故宫博物院、国立中央研究院历史语言研究所、国立中央博物馆筹备处、教育部艺术文物考察团、说文月刊社、中国营造学社等六家单位选送古代书画及艺术文物共 275 件参展[2]。其中的"艺术文物展"对战时艺术家群体的影响和触动很大,尤其是教育部艺术文物考察团展出的"西北五省考察"所收集的文物引起了艺术家的极大关注,在该展之后一个月又单独举办了"敦煌艺术展览",将考察团在 1942 年对敦煌石窟壁画、彩塑的摄影、临摹及写生作品呈现给公众,引发了40 年代艺术界的"审美西行"的创作风潮,吴作人、董希文、潘天寿、常书鸿、关山月等艺术家纷纷前往西北、西南等地,寻找创作语言与审美情感上的突破。

岑家梧曾在谈到民俗艺术和边疆艺术时提到"无名艺术史"

---

[1]这里所谓"新艺术史"主要是指改革开放之后涉及跨学科方法运用和以非审美关系为研究核心的艺术史。

[2]黄宗贤《抗日战争美术图史》,湖南美术出版社,2005 年 7 月,第 71 页。

研究对于艺术创造的意义。他在《中国民俗艺术概说》中指出："凡中国民众对于其固有之传统艺术，必为喜见而乐闻，反之必遭摒弃。由是又知今后新兴艺术之创造，民族元素，必不可少，此种民族元素，可于民俗艺术中，抽炼提取，集其精华，如此而新兴艺术始能代表吾全民族之血肉生命，始为广大民众所享有，则民俗艺术之研究，又有助于新兴艺术之建立者至明。"①他又在《中国边疆艺术之探究》一文中，再次提出："将来的中华艺术，就是除了现代化之外，还要吸收边疆各种艺术的精华。所以我们对于边疆艺术，最好分区调查研究，把边疆民族所有的身体装饰、图画、雕刻、刺绣、染织、金石细工、建筑、音乐、跳舞、唱歌、戏剧等等艺术特质，一一指点出来，并且详细品评其美学上的价值。如此，在未来中国新兴艺术的创造上，当有更重要的意义了。"②这些论断显然是试图将属于"无名艺术史"范畴的民俗艺术和边疆艺术作为启发新艺术创作的动力和源泉。

此外，关于陕西汉唐帝陵石雕的艺术史价值发现，所呈现出的古拙、洗练、沉雄、气势、力量的美学品格也为当时艺术家的创作增添了无限的想象空间。它打破了艺术家对传统审美即文人美学趣味的思维定式，为艺术家重新认识传统绘画价值和提炼艺术语言，增添了不少借鉴和启发的思路。

事实上，20世纪30、40年代"无名艺术史"研究者的图像资料的收集整理，对当时的艺术创作起到了促进和推动作用。在今天看来，这一时期"无名艺术史"研究成果应该包括：《教育部艺术文物考察团西北摄影集选（1940—1944）》、《秦汉瓦当艺术》、《唐代

---

① 该文收录于岑家梧《中国艺术论集》，上海书店，1991年3月，第115页。
② 见岑家梧《中国艺术论集》，上海书店，1991年3月，第139页。

雕塑选集》、《陕西古代石雕刻》、《中国古代雕塑百图》、《中国历代应用艺术图纲》等,而其著者正是王子云,说明在民国时期的"无名艺术史"研究中,王子云是一个不能忽视的艺术史家,他的研究经历与成果是重构民国无名艺术史学的关键性材料之一。

　　除了相关图像资料的收集对艺术创作有直接的素材借鉴意义外,"无名艺术史"研究对汉唐艺术价值的再发掘,也增强了艺术家在创作中去表达汉唐艺术精神的动力和信心。滕固早在30年代踏查汉代茂陵霍去病墓石雕时即撰文写道:"霍去病墓上的雕刻,在简略浑朴中存有不可抵抗的一种向外发展的精神。"又说:"其雕刻的特质充满着强烈的意志,而其形式粗砺无华,为素朴的写实。"①何正璜在随艺术文物考察团考察茂陵时,对茂陵石雕也有一番论述,她认为"卧马"以艺术观点而论,"此马当为全体中之最优好者,作风浑厚朴实,技巧生动熟练,气魄雄伟,意趣复活泼,足称寄寓汉代精神之代表作品"②。而王子云在对西北民间各类雕刻实地调研后认为,"唐代雕塑达到了精致完美和绚烂成熟的时代精神特点,属于古代雕塑史的成熟灿烂时期"③。

　　总之,作为以审美关系为核心的"无名艺术史",对处于抗战忧患时代的艺术家的创作信心而言,起到了潜在性的动力作用。艺术家会关注艺术史,尤其是与考古发现有关的"无名艺术史",这是增强他们对中国古代艺术形态的审美认识的机会。同时,艺术家也会因创作需求而自觉参与到相关整理与研究之中。

---

① 滕固《霍去病墓上石迹及汉代雕刻之试察》,1935年1月,转引自沈宁编《滕固艺术文集》,上海人民美术出版社,2003年1月,第279页。
② 何正璜《茂陵夜话》,原载《旅行杂志》1945年2月。
③ 王子云《中国古代雕塑百图》,人民美术出版社,1981年3月,第5页。

比如 1941 年张大千到敦煌莫高窟,对敦煌石窟进行编号、临摹、写生,研究敦煌壁画的色彩。另外,抗战期间在四川省艺术专科学校任教的庞薰琹、雷圭元、沈福文、洪毅然等艺术家,他们在教学中除了强调技法训练外,也要求学生参观和收集各种古代艺术资料,包括乐器、工艺器、建筑装饰以及民间工艺品。尤其是庞薰琹对传统图案有深厚的研究,他在大后方结识了梁思成、陈梦家、董作宾、傅斯年等艺术史家与考古学者,这些学者启发了他对原始陶器、青铜、汉画像石的造型和纹样的兴趣。并且他受中央博物院筹备处之托,去贵州考察少数民族民间美术,尤其是民间的图案艺术。沈福文也在其漆器工艺研究和创作中借鉴和学习西北敦煌石窟图案,将神佛、鸟兽、花草等图案仿照敦煌艺术之色彩,运用到他的漆器创作上①。

除了艺术的发展有其自律性动力外,如果艺术史学能为艺术创作提供养分和动力则应该被学术界关注和反思。因为我们当下已经习惯于从纯文本研究和知识系统的角度去观照艺术史,何曾想过在 20 世纪上半叶的那个特殊年代,"无名艺术史"与当时艺术创作界之间还发生过这次对话关系,其实这正可以作为回答"无名艺术史"乃至艺术史与艺术本体的关系、艺术史的受众、艺术史的价值目标、艺术史的研究范式等一系列问题的历史依据。艺术家离不开艺术史,也需要艺术史。这就是第二维度的"无名艺术史"研究的价值取向。

2.研究范式

从艺术家视域看"无名艺术史",他们关注的核心不是考古

---

① 吕斯百《介绍敦煌石窟图案漆艺》,原载于《京沪月刊》1948 年 1 月第二卷第三期。

价值、文化价值，而是审美与风格语言等问题。其研究范式是围绕艺术家及其创作逻辑所展开的关于艺术规律，尤其是艺术表现语言规律的相关历史研究。审美关系是该层面"无名艺术史"的核心探讨问题，与创作相关的美学思潮、风格流变、制作技艺是主要研究角度。因此，第二维度的"无名艺术史"的研究范式问题，笔者认为其叙史逻辑应该如下图所示：

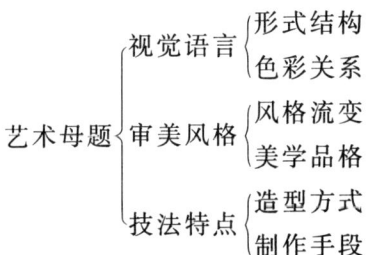

$$
\text{艺术母题}
\begin{cases}
\text{视觉语言} \begin{cases} \text{形式结构} \\ \text{色彩关系} \end{cases} \\
\text{审美风格} \begin{cases} \text{风格流变} \\ \text{美学品格} \end{cases} \\
\text{技法特点} \begin{cases} \text{造型方式} \\ \text{制作手段} \end{cases}
\end{cases}
$$

作为艺术家视域的"无名艺术史"，其研究母题应该是符合一定审美关系的"美的"艺术的对象，而非简单的具有视觉形象的人造物。这也是区别于一般美术考古学研究对象的一个显著特点。因此，艺术家通过踏查搜集并整理研究的"无名艺术史"作品，与考古学家、历史学家研究的"无名艺术史"材料，存在价值判断上的分层。在民国中后期的"无名艺术史"研究中，由于研究者身份的差异导致艺术史研究范式的分层是明显存在的。

我们可以从西北史地考察团与西北艺术文物考察团这两个学术团体，在20世纪40年代初对敦煌石窟艺术的研究中，找到这种价值取向和研究范式上的分化。1942年，由中央研究院历史语言研究所组建的西北史地考察团在去敦煌莫高窟考察时，正好与王子云的教育部艺术文物考察团同期工作，这两个考察团都依据张大千的石窟编号对莫高窟进行了测绘与研究。但是,由于考察团成员专业背景不同,以及他们在研究取向上的差异,导致其所呈现出的成果具有明显不同的特点。

西北史地考察团的石璋如出版了《莫高窟形》一书,全书分为三册:第一册为洞窟形制的文字记录,采用逐窟分项的方式,记录有关形制的尺寸和洞窟简要内容;第二册是窟图暨附录,每个洞窟均有平面图,并在图上标注重要尺寸;第三册为图版,是石璋如和劳干于 1942 年拍摄的 437 幅黑白图版[1]。这是一部迄今为止能够完整提供莫高窟洞窟测绘图和数据的资料性专著。其中第一册的洞窟文字记录,分为窟室、龛坛、画题、附洞、容积等几个部分,并从类型学的角度将窟顶分为十一种,佛龛分为九种,中心柱分为九种,塑像分为二十七种,又将窟形根据面积分为十五种,并归纳为特、甲、乙、丙、丁五级。该著作具有较强的考古学史料价值,也客观展示了西北史地考察团从考古学角度进行田野调查和客观数据整理的研究范式。

而教育部艺术文物考察团虽然也是根据张大千的洞窟编号进行研究,何正璜的《敦煌莫高窟现存佛窟概况之调查》[2]一文,也进行了洞窟的尺寸测量,绘制了魏、唐不同窟式的窟底平面图、窟顶平面图、剖面图,但该文的研究重心则是站在艺术家的角度进行审美鉴赏与品评,对魏、唐窟式进行风格归纳,对洞窟壁画进行艺术审美判断。何正璜认为,第 88 窟魏式塑像作风古拙生动,为这一时期雕塑之上选;第 190 窟壁画用笔豪放、色彩

---

① 罗二虎编《中国美术考古研究现状》,上海大学出版社,2008 年 12 月,第320 页。

② 何正璜《敦煌莫高窟现存佛窟概况之调查》,《说文月刊》1943 年第 3 卷第 10 期。

浓厚,富有西画趣味;第195窟天花为荷花及火焰纹样,有原始趣味;第213窟壁画作风颇似现代欧洲画派等等。这些均属艺术审美风格的判断,充分体现出该考察团研究敦煌艺术时的艺术家视野与立场。毕竟艺术文物考察团的成员大多是艺术家背景或艺专毕业的青年学子。他们的研究不仅有严谨的田野考古方法,而且其艺术史研究的核心并没离开对艺术本体的审美分析。

由上观之,第二维度的"无名艺术史"是基于与艺术创作实践相关联的另一种价值取向和研究范式,基于这样的分层认识,就不难看出民国中后期"无名艺术史"著述的差异和特点来。不同知识背景下的研究者,其研究的诉求和范式往往大相径庭。作为艺术家视域的"无名艺术史"更多情况下是站在艺术家立场上的关于"美的"叙事逻辑,而非第一维度的纯粹史学判断。

(三)作为化育大众的"无名艺术史"

这一维度的"无名艺术史"研究是站在社会大众立场的艺术史,这里的精神教化是指对大众的社会艺术教育,将"无名艺术史"的研究对象所承载的民族艺术精神和时代精神作为大众的社会艺术教育资源,即笔者所论第三维度的"无名艺术史"。通常我们将艺术史放在学术探究的知识框架下进行理论研究,很少将艺术史的概念与民族精神化育的功能性相关联。而在民国中后期的"无名艺术史"研究中却包含着社会教化功能。

1.价值取向

之所以把民国中后期"无名艺术史"研究与精神教化联系起来讨论,其实是针对抗战背景下民族文化自信和时代精神凝聚的现实需求而言。艺术史本属于文化史的一部分,而文化是时代精神的产物和载体,一时代有一时代的民众生活,其中学术、宗教、艺术,以至制度、风俗、道德,综合了复杂的民众生活,从而构成时代的文化。

　　在面临民族存亡危机的抗战时期,凝聚民族精神,传承民族文化,树立民族自信是国民政府当时所推行的民族文化复兴理念。1934年2月,所谓"新生活运动"口号的提出,号召全民"在抗击侵略过程中饯行军事化、生产化、艺术化的生活方式,提倡礼义廉耻等传统儒家道德文化"①。这里所指的"艺术化"的生活方式是规定"持躬接物,待人处事,能肃仪、循礼、整齐、清洁、活泼、谦和、迅速、确实",其实就是儒家礼仪文化的生活化,意图实现传统道德文化的重建。1936年在《国民党中央文化事业计划纲要》②中明确提出"振作我国民族自信性"、"发扬我国固有文化"等纲领。当然,抗战前这些国民政府的传统文化复兴政策与口号从时代性和阶级性来看,其实成效是有限的③。

　　尽管如此,滕固作为美术史家,在响应国家对于民族文化重建的爱国浪潮中进行了大量传统艺术史迹的考察,在谈到汉唐陵墓石刻艺术时,他指出:

　　　　汉代和唐代的石刻,最好大家亲身去看一看,用言语的

————————

① 杨全宇《抗战与新生活》,成都市政府周报,1939年第一期第1—2页。

② 参见行政院档案,国民政府抄发《关于确定文化建设原则与推进方针以复兴民族案》的训令(1936年1月10日),摘于《中华民国史档案资料汇编·第五辑·第一编·文化(一)》,江苏古籍出版社,1994年6月,第25—28页。

③ 宋庆龄曾说过:"我认为,新生活运动是不幸的。虽然倡导者把其说成是那么至尽善美,但他却没有认识到当前中国所亟需的是经济发展。"周恩来也认为国民党所推行的以礼义廉耻为核心的新生活运动其实在领导层就没得做到,更何况往下推进,效果可想而知。

传达，正像讲一只精美的小菜，而不给人家尝味，无论讲的怎样好，到底什么滋味，亲自尝过的人才能知道，记得颜习斋有几句话，"宋人苟安日久，闻北风而战栗"，又说，"宋人但见料理边疆，便指为多事"，因这样，宋朝所以亡国，倘使宋人到过茂陵和昭陵，看见匈奴人被马踏着，看见诸蕃酋列队在太宗的陵前，或者可以争口气而不亡，我希望大家到茂陵和昭陵去看一看，我们的祖先是怎样的，现在做子孙的应该怎样，那儿会给我们一个有力而明确的指示。①

显然，滕固此文对茂陵和昭陵的论述不是常规意义的艺术史研究思路，而是从一个普通考察者的民族情结出发，谈爱国、爱传统文化的民族自信问题。而且，他专门提到了边疆艺术②的重要意义，这更是以艺术之名进行民众爱国教育而非以学术之名进行艺术价值判断。

在当时的艺术史学界，不只是滕固有这样的大众艺术教育的社会责任意识，王子云组团考察西北艺术文物的初衷也是为了保存我国固有之文化、发掘汉唐传统之价值，以此代替清末民初以来对传统艺术价值的否定（这里的传统主要指明清以来的文人艺术传统），从而找到民族文化自信的根源和依据。

同时，王子云在其西北艺术考察与研究期间非常重视这些"无名艺术史"成果与民众的沟通与互动，力求通过他们的调查研究，使祖国西北未被发掘的无名艺术作品得以与大众见面，他认为将艺术品呈现在大众面前是一种最直接的艺术教育方式，不仅

---

① 滕固《茂陵和昭陵的伟大史迹》，《西北导报》1936年第2卷第8期，第16页。
② 滕固这里所指的边疆艺术主要是宋代都城文化圈之外的西南西北各地，
　　远离中央文化圈的边疆，而非地域的边疆。

可以增强民众对祖国优秀艺术遗产的了解,增强民族自信,而且这更是一次普及性的艺术审美教育。在王子云撰写的《教育部艺术文物考察团工作概况》①中,首先就总结了三年来在四省(陕西、河南、甘肃、青海)所举办的各类社会艺术教育活动。考察团所到之地,随时联合地方政府和社会团体举行具有艺术性质的演讲集会和作品展览,或者与教育机关合办美术师资讲习会等,直接或间接地协助了社会教育的推行。

　　因此,作为化育大众的"无名艺术史"在其叙事逻辑上就围绕无名艺术文物所蕴含的传统文化精神和民族自信的文化根源来展开。尤其是大量的民间艺术文物与大众的亲和力、接受度和认可度较一般经典艺术作品更高,很容易引起社会普通人群的关注(而不仅仅是知识界)。因此它们对于精神化育与民族自信的重建是有其先天优势的,从而具备了成为民众艺术教育资源的可行性。换言之,第三维度的"无名艺术史"是基于大众的艺术史。

2.研究范式

　　作为化育大众的"无名艺术史"研究范式和价值取向往往被学界忽视而极少论及。以作为民族精神文化载体的艺术文物为研究对象的"无名艺术史",在当时背景下承载着社会艺术教育的功能。因此,通观上述具有社会普遍教育意义的"无名艺术史"价值取向的分析,其研究范式的逻辑链条如下图:

---

① 王子云《教育部艺术文物考察团工作概况》,载《社会教育季刊》1943 年第1 卷第 4 期,第 65—69 页。

```
                                      ┌ 讲座(地方文艺
                                      │ 座谈、美育、写
                           ┌ 动态方式 ┤ 生经验交流)
                           │          │ 研讨会(对传统文
作为民族精神文               │          └ 化与民族自信的
化载体的无名的 ┤                         反思)
艺术文物                    │          ┌ 展览(艺术文物
                           └ 静态方式 ┤ 与风俗礼仪)
                                      │ 通俗读本(报刊
                                      └ 文章与图册)
```

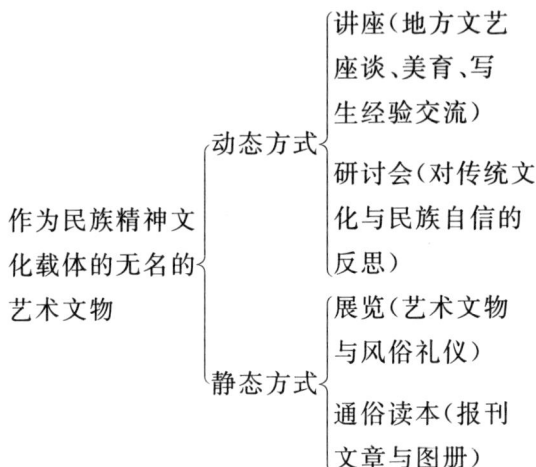

　　作为对大众进行普识教育的"无名艺术史"研究范式中,很重要的一点是生活化与通俗化。如果还是停留在第一维度"无名艺术史"的学理探究,那么与大众总是存在隔膜。因此,此维度"无名艺术史"研究一定会包含大量的社会风俗调查等民间民俗活动内容,比如婚俗、饮食、娱乐等大众所熟悉的话题。换言之,"无名艺术史"研究范畴中的民俗艺术是不可忽视的组成部分,透过民俗调查成果的展示,不仅可以丰富民众的精神生活,更可以让他们对自己的传统习俗有一份坚定的信仰和认可。王子云在西北旅行写生中就绘制了大量反映少数民族风情的作品,其中包括民族运动会、服饰介绍、蒙藏联姻等民俗内容①。这正是西北艺术文物考察中所体现的作为精神化育的"无名艺术史"研究形态。

　　在该研究范式中的另一个特点是突出研究的区域色彩。与大众形成互动的艺术教育,要贴近他们的生活,其研究内容就要

---

① 参见王子云《王子云西北写生选 1940—1945》,岳麓书社,2005 年 8 月。

具有区域性。"无名艺术史"研究所涉及的对象往往是具有区域特色的地方文化。因此,相关研究的展开在最初都是从区域文化入手的,比如西南地区、西北地区、边疆地区、少数民族地区就经常出现在"无名艺术史"研究中。突出研究对象的地方性,其实也就是丰富艺术史的全面性和多样性,多元化的价值取向才会包容多样态的无名艺术史的存在方式。因为长期以来,在以精英艺术为主导的书画史研究格局下,中国艺术史的面貌是局限的,涉及的研究视域和价值取向较为单一。而"无名艺术史"研究作为一种有效的补充,恰好打开了中国艺术史学的研究格局。外加时代背景所赋予"无名艺术史"以大众艺术化育的功能,使得这种地方性更加凸现其重要意义。比如,庞薰琹在云、贵、川一带考察了大量的古代陶器、铜器和石器工艺,并收集了许多少数民族服饰图案和民间工艺。1940年他将中国古代纹样与西方现代设计相结合,设计了四本《中国图案集》。1943—1944年司徒乔在新疆写生时表现各类少数民族生活与审美的绘画作品,他的《新疆猎画记》收录于《司徒乔:未完成的画》①。何正璜于40年代在《旅行杂志》上发表的具有游记性质的陕西艺术考古文章等等。这些图案集、艺术创作随笔、考古杂谈都具有通俗性和区域性,其研究体例也具有多样性。

因此,第三维度的"无名艺术史"从研究范式、价值取向、受众群体和呈现形式上都与前两个层面有所不同。这一方面体现出民国中后期时代背景的特殊性对"无名艺术史"叙事的影响,另一方面也是"无名艺术史"研究对象的特殊性(涵盖面广、门类杂、涉及的艺术形态丰富)所决定的。

由此可见,综观"无名艺术史"滥觞期的研究成果,其间既有

---

① 冯伊湄《司徒乔:未完成的画》,人民文学出版社,1999年6月。

学术自身逻辑发展的推动,更有外部社会环境和大的学术思潮背景的助力。"无名艺术史"的存在在今天看来,已然融入艺术考古学、艺术史、民族学、社会学、文化史等各类人文学科领域,所以并没有所谓"无名艺术史学"的专门概念。但究其发生与发展的内因与外因,不能仅仅从学术史一种角度进行解读和审视,上文建构的三种维度价值取向与研究范式的分层理论形态,正是希望打破一种常规的史学形态论,力求从"无名艺术史"的存在逻辑与发展方向中,梳理出特定时期艺术史的特定观看方式和认识方式。同时,将教育部西北艺术考察在这一时期的"无名艺术史"调查研究与上述三种维度的形态论进行对照,有助于建构考察团研究思路的方法论模型。因为,艺术史可以是学者的艺术史,也可以是艺术家的艺术史,还可以是大众的艺术史,受众不同的艺术史其方法论自然会有所区别。

第二节　工作思路的模型化体系

正是由于抗战时期"无名艺术史"研究体现了受众群体的多样化需求,教育部艺术文物考察团在抗日战争中后期的西北艺术文物考察,基于现实情况的需要而采取了不同于以往学术研究团体的工作思路模型。当然,工作思路的立体模型使得他们的研究对象——西北地区艺术文物——呈现出多元价值,艺术文物的价值得到了充分的挖掘和重构。

一、王子云团队的工作诉求

此次教育部西北艺术考察的工作是以西北各省古代艺术文物的搜集梳理和文物的史学研究两大板块为主体。从上文已知这次学术考察活动是在中国艺术史的现代转型过程中发生的。因此，为了体现此次考察的学术意义的空前性，他们不再把对古代艺术史的研究放在经典书画研究上，不把主要工作方案放在纯粹文献的梳理与考证上，而是从田野调研出发，从容易被大家忽视且一直缺乏深入研究的民间艺术文物的搜集整理开始，扩大传统艺术史的研究对象、研究思路和审美价值取向。将研究的核心关注对象放在"无名艺术"、"小艺术"、"民俗文化"方面。

首先，所谓"无名艺术"是指非精英艺术家创作且在以往艺术史中没有留下作者姓名的、民间的、宗教的艺术，即工匠的艺术。在西北各省的调研中，王子云团队调研的对象几乎都属于"无名艺术"范畴。以敦煌壁画及塑像、西北各地宗教寺庙建筑、汉唐帝陵石雕为主体的考察内容，都是中国古典建筑、绘画、雕刻的无名艺术中的优秀代表。这些由民间工匠完成的艺术在以往的价值取向里是不被经典艺术史所接受的。但随着考古学、民俗学、社会学等现代学科理念和方法的引入，将这些长期被忽视的埋藏于民间的"无名艺术"纳入学术研究的范畴，这也是学术发展的必然趋势。

其次，在关注"无名艺术"的同时，考察团不只关注大型的宗教建筑、石窟壁画和陵墓石雕，尤其注意附属于建筑装饰的小型雕刻、瓦当、门楣与棺椁石刻线画、西安唐代碑林的碑石纹饰，以及民间采集的工艺品（如秦汉时期的铜镜、带钩、印钮、佩玉和唐三彩）。这些种类繁多的"小艺术"既不同于那些大型建筑雕刻绘画的规模化，更不同于经典传世的书画名作的影响力，但"小艺术"能从侧面反映艺术史的衍变和文化思想的更迭。而且，"小艺术"所蕴含的符合现代设计理念的图案装饰演变更是纷繁绚丽，研究它们不仅使学术研究范畴得以扩充，更是符合本次官方团队工作的另一个特色诉求——对传统应用型艺术的价值挖掘。

　　当然,除了以上具有审美艺术价值的"无名艺术"与"小艺术"是王子云团队的主要考察对象外,对西北各地的"民俗文化"的采集和研究也体现了官方团队的性质。对民俗文化的关注,将之纳入艺术史的研究范畴,不是作为官方团队的被动选择,早在考察团长王子云刚从法国留学回来之时就已有此意图。

　　在第二章第四节中提到他1937年5月发表过一篇题为《对于国家美术博物馆设施之建议》的文章,从该文中他对美术博物馆的陈列物品的分类方法①可以看出,他把反映社会风俗的用具归入"平民艺术",说明民俗文物已然在他心中归属艺术史研究的范畴,这在考察团的工作内容中得到了充分体现。

　　因此,以上三个学术诉求②不论从思维方式上还是学术史观上都是对传统画史研究的颠覆和扩容,它们使学界面临"经典与通俗"、"中心与边缘"、"艺术与非艺术"的价值体系的重新审视与反思。工匠艺术、应用型艺术、民俗艺术这些概念的介入,在一定程度上消解了传统艺术史学的英雄史观、精英意识和非工具理性的价值观,这自然导致我们重新定位艺术史研究的对象、方法、思路与价值判断标准。

　　此外,第一章里已提及的艺术创作界的"审美西行"与"文化寻根"思潮,国民政府关于西北大开发的战略计划以及王子云关于艺术可服务于都市建设的社会理想等因素,与前面三个学术诉

---

①该文中他把博物馆陈列物品分为:1.纯艺术(绘画、雕刻)2.装饰艺术(工艺装饰用品及家具)3.平民艺术(社会风俗等用具)4.史料(一切古物及历史材料)5.钱币及奖章(一切小品浮雕)6.版画(一切版刻及拓片)。
②三个学术诉求指的是王子云团队将工作的研究对象主要锁定在"无名艺术"、"小艺术"和"民俗文化"这三方面。

求共同构成本次西北考察的工作诉求。

从前文中,我们不难发现西北艺术文物考察的发起者王子云,不只是一个沉浸在自己艺术理想之中的艺术家,或者只专注于美术考古的学术情境的文化学者,他还有着用艺术来化育大众和为城市建设服务的入世意识和实用考量。他曾作为参加巴黎世博会中国组的宣传委员,在 1937 年 4 月 25 日的国民政府教育部市政演讲上①说:

> 讲到都市建设,第一所需要者是工程技术人材,不过此等人材,至少应经过艺术的陶冶,才可以产生代表民族精神的作品。其次是各项职业技师,甚至木匠、泥水、油漆工人,也都需要具有美术的常识,始可得到完善的作业成绩,再如极小的一张邮票,一枚钱币,在图样上更应富有艺术气质的表现,方足以流露国家民族的特性。由此看来,现代的物质文明,完全是建设在美的条件之下的。因为科学知识极端发达以后,人类享受的程度亦逐渐增高,单单是物质的便利,绝不能安慰精神的需要,于是艺术的领域便由此产生。所以艺术可以说是成就现代物质文明的主要成分,在目前积极进行文化建设的中国,便是十二分的需要着。②

从上文演讲内容来看,王子云把艺术教育的重要性与社会经济和文化建设相关联来谈,而不只是局限在艺术界,对全社会进行普识性的艺术教育在他看来是非常必要的。当然,如何进行普识性的艺术教育——用当时学界流行的西方艺术或者是古代经

---

①王子云《艺术与艺术教育》,《播音教育月刊》1937 年第 1 卷第 8 期,第 111—114 页。
②同上,第 111—112 页。

典艺术作品来进行大众宣传,其效果和被接受度肯定是要受到质疑的。因此,王子云团队所选择的研究对象非一般经典艺术史所关注的对象,而是选择具有通俗性、普遍性、可读性且又不失文化性、审美性的民间艺术文物与风俗,这是该团队在工作诉求上的专门考虑。

总之,本次教育部组织西北艺术文物考察的工作诉求既有官方要求,即关注和保护西北艺术文物,宣传西北地区的优秀传统艺术遗产,调研边疆地区及少数民族地区的文化事业;又有作为艺术家群体的研究者对西北素材的创作热情和对西北汉唐艺术美学的追求所激发的审美诉求;还有作为美术考古学者对"无名艺术史"研究的学术诉求;以及考察团团长王子云的个人社会责任意识等多方面组成。因此,对该考察的工作思路的分析不能单纯从学术研究的单一维度出发,而要结合多层面的工作诉求并将之置于民国中后期"无名艺术史"的多维度史学形态来综合考量。

二、西北考察工作思路的模型化体系

此次调研结合了田野资料考古、历史文献考证、艺术技法审美、民俗社会研究等多种思维角度与方法。尤其值得一提的是,作为一个以艺术家群体为主的学术考察团除了运用他们擅长的临摹、写生等绘画手段来收集整理文物以外,他们尤其注重运用田野测绘、拓印、模铸、摄影、文字记录等田野考古的工作方法,并结合当地的考古文献资料进行客观实证研究。

同时,由于抗战爆发以后,民族存亡和国家危难成为了全社会的共同问题。在这种情况下,艺术创作界也在反思如何用艺术的方式对抗民族自信的缺失,面向西北的文化寻根,实质是试图在艺术创作上挖掘民族文化的养料,为艺术创作展示民族自尊自信寻找新的灵感和生机。因此,王子云团队在考察沿途对西北少数民族风情进行采风写生,对敦煌壁画进行临摹。1943年1月,在重庆的全国美展上该写生与临摹作品产生了极大的影响,可以说为尚未走向西北的艺术家指引了一条创作突破的道路。

另外,本次考察发生在抗战进入相持阶段,西北文物面临战争灾难的背景下,其性质属于官方组织的调研与保护。因此,此次工作的目的是对国家历史文化的传承与保护,同时为国家的社会艺术教育和商业建设提供服务,以期得到官方、学界和民间的多方重视。

因此,王子云团队建构的一种工作理念是:从"理论研究"和"实践体验"两个维度出发,依据其工作路径、方法和目的,各自向纵深发展,形成以"史学探究"与"创作反思"相结合的工作路径,以"客观实证"与"主观审美"相结合的工作方法,以"文化传承"与"社会化育"相结合的诉求目标所构成的一个立体且动态的模型。

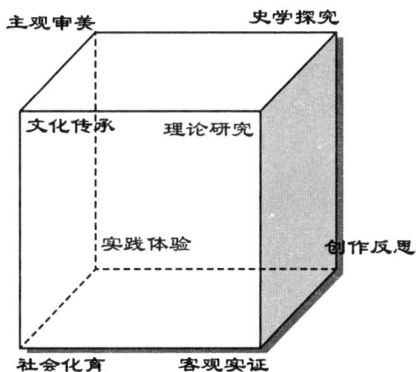

工作思路的立体模型

之所以将之称为动态的工作模型,其张力正源于"理论研究"与"实践体验"这两极。从"理论研究"维度出发,考察团以"客观实证"的态度收集文本与实物，进行"无名艺术史"领域的相关史学探究，同时其价值取向又围绕西北地区所蕴藏的汉唐文化传统展开。当"史学探究"的路径走得越深入，对汉唐文化的发掘就越全面，"文化传承"的步伐就越坚实。

同时，从"实践体验"维度出发，考察团以"主观审美"的眼光审视文物的艺术性，进行符合时代需求的艺术实践创新的审美反思。当"创作反思"的力度越大，传播度越广，其"社会化育"的功能就容易实现。

并且，"理论研究"与"实践体验"这两个维度也是相互影响、相互牵制的。"理论研究"越全面，"实践体验"中的各环节就能践行得越充分，反思、审美、化育的体验就越有效；反之，"实践体验"的影响范围越广泛，"理论研究"的特色就越明显，王子云团队区别于其他西行团体的意义和价值也就越突出。由此可见，这个立体模型中的每一个点相互之间都是环环相扣、相互制约的。而该团队成员所具有的社会文化传播者与实践者的双重身份，正是该立体模型得以成立的必要条件。

在这个立体模型上的每一个面(四个点)都能体现出王子云团队工作静态与动态、过去与现在、理性与感性、传承与发展的学理交叉性和思维开放性；同时也能反映出两个维度的动态变化所导致的整个立体模型的相互依存关系。处于一个平面上的四个点构成了一种工作思路，相互支持，交叉相融。而不同平面所造成的不同工作思路又与其研究对象的变化相适应。例如：该立体模型的"底面"是由"实践体验"、"社会化育"、"创作反思"、"客观实证"组成。据此，我们可以在考察团对西北石窟雕塑艺术的研究中印证这样的工作思路。王子云本身有学习雕塑创作的基础，因此他的研究从田野调查("客观实证")出发，把对雕塑语言的分

析结合到自身的"实践体验"上,以此既为后继者的雕塑创作实践
提供"创作反思"的参考,又为大众普及古代石窟的相关雕塑艺术
知识,举办各种摄影展、写生展,达到"社会化育"的目的。在对洛
阳龙门石窟雕塑的研究中,王子云有这样一段论述极具有"实践
体验"和"创作反思"的意味:

> (观奉先寺卢舍那佛坐像)武则天据说是河南籍人,奉先
> 寺大佛像不像武则天?难以得知。可是这大佛含情脉脉,颇
> 具媚态的脸型确实像个河南少妇。……从这里至少可以说
> 明唐代的雕刻家们,必然是从现实中取得形象,并且是概括
> 了许多人的美的形象,才创作出这样一个美妇女的典型美。
> 使人愈看愈感到她那含蓄多情的眼神和口眉以至鼻部的形
> 态,都是令人百看不厌的。

> 龙门奉先寺的九尊像,不仅是中央大佛无与伦比,其他
> 的八尊也是刚柔并济,配合默契。如恭敬顺从的佛弟子,温
> 柔娴静的胁侍菩萨,威武雄强的天王和凶神恶煞的武士,雕
> 刻者都能按其不同身份和职责而给以恰如其分的典型刻画,
> 这无疑是一种艺术创造,是很值得学习的。①

上述文字反映出王子云在对龙门石窟进行实测、绘图、写生、
模铸等田野考古之后,在雕塑艺术的鉴赏与研究方面所流露出的
艺术家本色,这是其他学术考察团体所不具有的。文中他谈到的
"典型美"、"刚柔并济"就是艺术创作中的一些基本法则,他能透
过分析古代石雕来审视雕塑创作的审美与表现方式,这是非一般
考古学者或者纯粹史论研究者所能涉及的研究范畴。

---

① 王子云《从长安到雅典——中外美术考古游记》上册,岳麓书社,2005 年 8
　月,第 47 页。

当然,除了创作反思等从实践体验维度出发的工作理念外,他在"客观实证"和"社会化育"两点上也是一贯坚持的。王子云团队在龙门石窟进行客观实证的田野调查,模制佛雕 9 件,摄影照片 120 张,文字记录 1 册,龙门测绘图 12 张,龙门全景写生卷 1 幅,古阳洞窟内题铭拓片 30 张①。这些图像与文字资料就为"客观实证"研究提供第一手的真实材料,从而使其研究以严谨的数据为基础,为充分而准确的考证提供客观依据。同时,在"社会化育"方面,由于王子云团队作为一个教育部的官方团队,在各地考察都受到教育厅、民众教育馆和文物单位的支持和接待。因此,展示其工作成果,起到化育大众的社会效应是其必要的工作内容。例如 1941 年 12 月,考察团举办的"龙门雕刻及南阳汉画艺术展览会",就起到了宣传汉唐艺术价值与精神的社会效果。

此外,"理论研究"与"实践体验"是这个立体模型的两个核心点,一个代表对过去的回顾,一个代表对当下的反思。反思是基于回顾,回顾不是仅仅仰望或赞叹,而是为当下提供反思的参照和动力。有意思的是,这两个核心点的研究客体——古代艺术文物,成为了历时性理论梳理和共时性艺术反思双链条架构上的逻辑起点。换言之,此时的艺术文物作为艺术史叙述框架的研究对象,已颠覆了以往艺术史对研究对象只在单一时空场域下进行话语阐释的经验模式。

例如:考察汉代霍去病墓石雕,在"理论研究"的逻辑起点上,对霍墓石雕的史实背景、墓葬制度中石雕仪卫的呈现方式,石雕的含义等等历史文化研究是理性思辨维度的考量范围;而从"实

---

①王子云《从长安到雅典——中外美术考古游记》上册,岳麓书社,2005 年 8 月,第 48—49 页。

践体验"的逻辑出发,石雕所反映的汉代整体性的气势、古拙、洗练、沉雄的造型技巧与美学品格,打破了民国以来画坛对于传统艺术即文人艺术,传统审美即明清文人审美的思维模式,对于画坛当时创作的审美启示和文化自信是明显的。

同理,敦煌艺术研究除了史料的考证、内容的描述、窟形的测绘、壁画的临摹、风格的归纳等"理论研究"与归纳外,研究石窟图案的造型与色彩对于现代工艺设计、商业平面设计的启发则是直接反映了"实践体验"的纵深诉求——社会服务、创作反思。将艺术文物的文化与实用价值作用于社会,这也是本次考察团能够得到官方支持的重要因素之一。

总之,王子云团队这种立体动态的工作思路模型,一方面体现出与民国时期"无名艺术史"多维度研究形态的吻合,另一方面也与自身的考察动机和现实环境等主客观条件相符。另外,可从模型中反映出本次考察区别于其他西北学术考察团体的方法论特色。该立体的思路模型建构,清晰地呈现出本次考察工作的方方面面,换句话说,可以从方法论角度把这四年来的考察工作内容囊括在这个立体模型之中来解读。

第三节　研究方法的结构体系

前人关于教育部艺术文物考察团的研究方法论述,主要依据王子云对考察团作业组的分工①,以分工来论研究方法。笔者试

----

① 王子云曾谈到当时考察团分为模制、拓印、摹绘、测绘、摄影、文字记录六个作业组。参见《从长安到雅典——中外美术考古游记》上册,岳麓书社,2005年8月,第21页。

图从王子云团队的整体方法思路到具体研究角度去归纳其研究方法的结构体系,将工作方式与研究方法作区分,从而对方法论的结构体系作细化解析。

一、整体的方法论思路

前面章节中多次提到王子云艺术史学具有"诗意的考古"的研究特色,作为现代中国艺术史学的第一代田野考证学派研究者,他的田野考古是艺术家式的审美体验与客观实证研究,即用艺术家眼光进行风格分期、技艺解析、审美判断的艺术史本体研究结合考古学家科学理性的类型划分与年代判定。因此,他所带领的考察团在整体的方法论思路上,客观"论物"与主观"谈艺"两条线索同时推进,运用考证、对比与归纳等理性思维结合艺术创作的形象思维,对艺术史进行内史与外史融合研究,从而形成对艺术文物研究的文献与实物互证、理论与实践互涉、主观与客观互补的方法论特色。

(一)客观"论物"

1.考证

王子云的田野考证以现场勘查、测绘、拓印、摄影、临摹等手段为基础,以实物的数据收集结合文献史料进行考证,考证的内容包含:艺术文物的年代、艺术遗迹的历史背景与文物制度、文物的现存状态辨伪等。

(1)艺术文物的年代考证

关于文物的年代判定有很多方法,有的是通过题记、碑记等田野现场所获信息即可判定,有的需要结合文物的艺术风格进行时代划分比对,有的甚至需要参考当地的地方志与古文献进行综合分析。

　　在对敦煌石窟的年代考证中,考察团主要是将有明确题记的佛窟风格作为"标型",以标型风格为年代划分的重要依据,在没有题记的佛窟年代判定中,主要就依据标型来断代。这种设置"标型"的年代考证法,是直接借用考古类型学的研究方法,属于文字与图像结合的考证方法。

　　例如,千佛洞中隋代有明确纪年的洞窟第 94 和 96 窟①,就是王子云判断隋代风格的重要标型依据。他通过仔细分析此二窟后认为,隋代是魏、唐二代风格的过渡类型,具有承上启下的特点。隋前期可以看到在前朝秀骨清像的基础上发展而形成的丰满洗练的特点,而隋后期则逐步出现唐代艺术刚劲健的造型方式和充沛饱满的风格特点,在佛像形体上越发博大浑厚。基于上述认识,在年代判定中,其实还隐藏着风格细分因素的影响,即隋早期与晚期的细微差别,这需要审美经验,同时这也带有些许主观性。而审美经验中,艺术家们对视觉形象的艺术语言的敏感性则发挥出重要作用,美感鉴赏成为年代判定的辅助方式。

　　美感鉴赏看似主观,其实也有客观依据,也是"论物"的一部分,王子云通常以艺术文物的造型、雕刻技巧为依据,进行视觉形式分析,从而形成具有风格学与类型学相结合的年代考证方法。

　　(2)艺术遗迹的历史背景与文物制度考证

　　关于历史背景与文物制度的考证,这需要结合文献史料进行梳理和研究,以此作为田野调查的背景材料,从而有助于更好地审视田野中的文物。例如:在咸阳原上考察两汉陵墓时,王子云首先就对咸阳原的定义进行了文献考证,他参阅《尔雅》、《西都

①此二窟内正面佛龛下分别有隋代开皇四年和五年的题记。

赋》，对"原"在古代的定义进行考释，从而形成对陵墓环境的基本认识。在考察敦煌千佛崖佛教艺术时，他对敦煌莫高窟的得名进行了考证，将现场调查情况结合唐人写本《敦煌录》进行比对后认为，文献与实地情况完全相符。在考证敦煌石窟的开凿年代问题时，一是依据现场所见武周圣历元年重修莫高窟的佛龛碑上的年代证明，二是结合前人对敦煌石窟的开凿年代判定结论，比如 1931 年贺昌群《敦煌佛教艺术的系统》①和 20 年代陈万里《西行日记》②等前人研究经验。前者与向达所率领的西北史地考察团的考证依据相同，应该说同时期的不同学术考察团队之间的相互影响与交流也是存在的。作为艺术家出身的王子云在考证问题上与历史学家的史学经验结合，可以使其研究更具全面性与严谨性。

在文物制度的考证方面，第四章分析汉唐帝陵研究成果中所论及的王子云在陵墓考察中梳理和总结的汉唐陵墓建制规律，则属于文物制度的考证。王子云参阅《史记》、《汉书·贡禹传》、《关中记》、《汉书·霍光传》、《后汉书·明帝纪》、《后汉书·礼仪志》、《后汉书·顺帝纪》、《后汉书·祭祀志》、《三辅黄图》、《三辅旧事》、《文献通考》、《新唐书》、《通鉴纲目》、《长安志》等与汉唐陵墓建制相关的史料记载，结合现场测量的陵域面积和地理方位，从而考证汉唐陵墓营建制度。

例如，他在《汉代陵墓图考》一书第二章"汉代陵墓营建制度"中列举了文献中关于汉代帝陵制度的注疏，"宋敏求《长安志》引

---

①原文收录于《东方杂志》1931 年第 28 卷第 17 号，第 69—90 页。

②原文收录于陈万里《陈万里陶瓷考古文集》，紫禁城出版社，1997 年 9 月，第 319—389 页。

《关中记》：'汉诸陵皆高十二丈,方一百二十步,惟茂陵十四丈,方百四十步。'""《后汉书·礼仪志》注引《帝王世纪》：'献帝禅陵不起坟,深五丈,前堂方一丈八尺,后堂方一丈五尺,角度六尺。'""《文献通考》：'汉兴,立都长安,徙齐田楚昭景及诸功臣家于长陵。后世徙二千石高赀富人及豪杰兼并之家于诸陵,长陵邑万户。'"①在考察当时未能发掘证实的情况下,以当日所见之陵墓外形结合文献记载来考证。因此,王子云对汉陵的考察更多地从外形面积和体积的测量比对入手,分析归纳帝陵及周边布局和基本的管理情况。

（3）文物现状的辨伪考证

以考证汉武帝茂陵为例,王子云首先是根据陵前十二公尺处有毕沅所立"汉孝武帝茂陵"巨碑,并依据文献记载结合实际测量,和外形上四方形之上有一小平原而与《后汉书·祭祀志》中"陵上称寝殿"的说法吻合,认为此平原应为当日寝殿之建筑所在。同时,根据《西京杂记》中描述茂陵县的繁华富庶,结合茂陵出土之巨型花砖的制作与图案,确认为汉代遗物,并认为此乃考证茂陵邑之最佳佐证,从而最终确定茂陵归属。

在考察东汉明帝显节陵时,发现洛阳县城东北三十五里之显节陵与《帝王世纪》所载"西北去洛阳三十七里"不符,且《后汉书·王符传》中讲"文帝葬芷阳,明帝葬洛南,皆不藏珠玉,不起山陵"。王子云觉得,汉明帝如此节俭,反对厚葬,而他所见之显节陵陵山高达十六公尺,反而大于其他诸陵,于理不合。因此他怀疑此陵并非明帝显节陵。于是他推测"岂明帝果心仪文帝山陵俭约

---

① 王子云《汉代陵墓图考》,太白文艺出版社,2007 年 6 月,第 15—16 页。

之美，而亦自营寿陵于伊水岸崖，仅依山水而封其石椁"①。总之，在陵墓实地辨伪考证中，王子云将实地所察与文献互证推理，据此对文物遗址进行辨伪，同时对未决问题，提出自己的思考与推断。

（4）考证的具体思路

王子云的考证思路与方法主要有以下三种：一、碑刻与文献结合考证；二、风格与文献结合考证；三、绘画与建筑结合考证。

碑刻与文献结合考证是一种田野考证的基本方式与思路，凡是考察现场有明确可考的碑刻文字，这便是最直接最重要的考证依据。王子云团队中，何正璜主要负责田野碑刻中的文字记录和所到之处相关文献资料的收集与摘录。根据考察难度与时间和条件等多因素考虑，王子云团队的考察方法也是不尽相同。例如在考察时间有限的情况下，王子云对北周文帝成陵只进行了简略考证，主要从《富平县志》入手，结合《南通志》《周书·文帝本纪》记载，以及陵前的清代陕西巡抚毕沅所立巨碑和旁边宋太祖时立之碑文，考证了成陵的埋葬时间、合葬情况、建庙情况等基本情况，以此作为考察唐陵的附带性研究成果。

风格与文献结合考证，主要是在时代判定中常用此法。考察团判定风格的角度较多，有制作手法的风格，有造型语言的风格，还有材质感的风格等。在敦煌莫高窟的断代研究中，此法运用最为常见，且此法往往还结合敦煌与河西走廊上的其他石窟进行对比分析，从而形成风格鉴定与对比分析相结合的考证思路。

关于绘画与建筑互证的考证方法是作为艺术家出身的王子云治学研究之特长。他能敏锐地捕捉到绘画与建筑在视觉形式

①王子云《汉代陵墓图考》，太白文艺出版社，2007年6月，第70页。

上的相关性,并将建筑本身的视觉形式与建筑附属之绘画语言进行融合研究,此法在他关于建筑装饰研究部分运用较明显。以研究西安东岳庙为例,首先他对东岳庙前殿的壁画很重视,对壁画内容进行布局构思、题材内容和绘画风格的辨析,认为该壁画应是清代所作。同时他结合后殿的壁画,发现后殿壁画年代最晚应属明代。因此,在面临壁画年代判定矛盾时,他认为应该结合殿宇建筑的时代来考察,并结合建筑附属的砖刻雕饰研究,最终得出东岳庙为明清两代壁画结合的论断。该观点也得到了后来研究的证实,主殿壁画是在明代壁画的基础上重新绘制,时间在清朝初期。

当然,在考证过程中存在疑问和需要将来继续田野发掘才能解决的问题,考察团也在研究过程中表明自己的立场。例如:在咸阳原考察周陵时,关于周陵的真伪问题,由于考察团没有开展现场发掘,于是只能以文献为依据,期待后世发掘后再行定论。此类需要进一步发掘的未决问题还有不少,包括刘邦墓葬的陪冢身份认定问题,唐代桥陵陪冢郭爱墓、李思训墓等的认定问题,以及定陵无鸵鸟石兽问题的原因等等。在研究酒泉、张掖的佛教洞窟形制时考察团还发现,50 个洞窟中仅有 14 个可以确定属于北朝及以前的十六国时代,其余洞窟目前尚无定论,需要后继研究者寻找更多的考证依据。因此,对于佛教洞窟中出现的北魏不曾见到的造像样式,王子云认为这也有待后人继续深入研究。

2. 对比与归纳

在考察团的"客观论物"的研究思路中,对比与归纳是相伴相生的。对比主要是指中西审美对比、艺术语言对比和建筑形制对比等。通过对比,归纳出艺术文物的技法风格、审美特点、文物制度、流变规律等艺术史需要解答的问题。

(1)对比

"对比"是艺术家的惯常思维习惯,尤其是审美习惯中,对比也是必备的观察与鉴赏方式。因此,作为艺术家出身的王子云在进行史学研究中,对比的思维习惯和方法思路运用较为普遍。

首先是中西审美对比。由于团长王子云曾留学法国,且对油画有一定的创作经验,加上他去留学时正值西方现代艺术的勃兴,于是他在进行艺术文物的价值判断时会时常流露出中西审美比较的思维。有时是西方古典与中国古代的对比,有时是西方现代与中国古代的对比,对比的角度多,涉及的文物多样化,产生出一些很有特色的评述观点。

在评价敦煌壁画时,王子云常常将敦煌壁画的色彩与造型和西方现代艺术的表现性语言进行对比,得出一些有意思的看法。例如,在描述第14窟(张大千编号)"前壁左右有东方乐师,西面净土变像图二巨幅,其所画风景人物,皆依光线深浅而设色,颇有西欧印象派之特点,为千佛洞故事画中风格独具者"①。仔细想来,千佛洞之壁画在设色上所谓依光线深浅进行是指西域佛画的"凹凸画法"。此法西来,与西方现代派之"印象派"虽然时间跨度近两千年,表面看来没有任何联系,但这一描述体现的是王子云对敦煌壁画中域外因素的敏感,这种在中西审美互动下的艺术价值评述,既是审美判断的角度,也是他的研究方法体现。

又如,他评价第95窟的魏式《释迦说法图》认为风格稚拙奇趣,在色彩和作风上与欧洲新派绘画颇为类似。这里所指的欧洲

---

① 王子云《从长安到雅典——中外美术考古游记》上册,岳麓书社,2005年8月,第102页。

新派绘画主要是印象派、立体派、未来派和野兽派等重表现性语言的现代艺术。而之所以王子云拿中国古代绘画与西洋现代绘画进行对比审美,主要是从色彩与造型语言分析,认为敦煌壁画的视觉语言方式与中原汉文化艺术传统的用色和造型观念有差异,渗透着一种异域情调。因此,他总是试图用西方绘画眼光进行解读,从而在中西文化交流与对比的思维中印证他对西域宗教绘画的独特审美体悟。

第二是艺术语言对比。在分析初唐敦煌壁画的造型方式时,王子云将其与魏晋人物造型进行对比后认为,第270窟中的《维摩诘经变图》不再是东晋顾恺之人物画风里的"清羸示病之容",取而代之的是具有唐代气象的"形神健壮"的造型风采。这种将不同时代的艺术语言进行对比的目的在于,找出艺术史风格流变的规律,在辨明时代风格的同时,利于文物断代。即便是在同一个朝代,也要仔细推敲其语言特点的变化,在壁画线条的表现力判断中分析初盛唐壁画与中晚唐的差异。

在考察唐十八帝陵时,对比的方法论思路更是被明确提出。何正璜曾在《唐陵考察日记》中提出对各陵需要进行对比研究。

一、陵前石刻尤以独角兽及飞马等其造型体式变化之比较。二、陵前石翁仲服饰形态异同之比较。三、各陵石刻数量及排列顺序距离之比较。四、各陵全部山势地形及布局之比较。五、各陵阙门基址现存情形及其他石刻并砖瓦等花纹之比较。①

上述五条对比研究的方法与角度,阐明了考察团对唐陵在石雕造型体式、服饰形态、花纹图案等艺术语言方面的比较研究思

①何正璜《何正璜考古游记》,人民美术出版社,2010年3月,第168页。

路。通过对比，找出各陵石雕艺术之特色，从而便于归纳唐陵石雕艺术的流变规律和唐代石雕的整体艺术风格。

第三是建筑形制对比。建筑考察不是本次西北考察的一个重点，考察建筑更多情况下是考察建筑上的附属装饰，比如建筑门楣线刻画、建筑附属雕刻等。但在考察敦煌石窟艺术时，考察团格外留意石窟形制的区别，通过绘制窟形平面图与剖面图，对比总结出魏、唐两大时代的石窟形制特点，并以此风格特点来作为判断石窟年代的主要依据之一。同时根据魏、唐两大窟形体制的基本特征，进行石窟内部布局的细致比较，包括雕塑与壁画的内容与布局，天花凿井图案的结构形式，从而综合上述因素进行石窟建筑特征的总体把握。

在考察河西走廊上的张掖马蹄寺石窟群时，考察团发现此处已不再是单个佛窟的建筑形制，而是由十几个窟室组成一组窟群。除了形制上看有别于敦煌千佛洞石窟，龛楣左右的飞天装饰浮雕也与敦煌不同，是另一种高浮雕形式。同时王子云还提出，张掖马蹄寺附近的千佛洞和金塔寺里的造像样式也与北魏时期造像风格不同，值得对比研究。因此，在比较石窟形制的过程中，通过窟形与窟内装饰雕塑等的结合比对，祁连山石窟群中的很多细节被考察团作为问题提出，以待后世进一步深入探讨。

(2)归纳

如前所述，归纳与对比是一个思路的两个步骤，在对比基础上的归纳是一类；另外还有一类是通过系统性数据的收集整理来进行归纳，包括利用田野考察数据、文物资料采集和相关文献史料的梳理等，从而归纳出艺术文物的语言特点、审美品格和演变规律等。

在语言特点的归纳方面，由于考察团关注的重点是无名的雕塑艺术居多,因此他们在分析雕塑语言特点和鉴赏方面尤为突出。比如说,雕塑的雕刻手法中线刻、浮雕、高浮雕、立雕的不同形式语言的特点在文物上的体现;雕刻造型与手法技巧的关系;结构与神韵的表达等等。他们对佛教造像、陵墓石雕、墓葬工艺雕刻以及建筑装饰浮雕、线刻画等的研究较为深入。

　　佛教造像的雕刻语言归纳,对比与归纳相结合的整体研究思路运用较为常见。例如在分析敦煌千佛洞第251窟胁持菩萨和435窟的护法天王像时,王子云就是在对比中进行雕刻手法特点的归纳。他认为:

　　　　在塑造艺术手法上,其主要优点是一柔一刚,前者(胁持菩萨)应用纤密的曲线,表现出绮丽秀美的体躯,后者(护法天王像)则用硬直疏略的粗线,显示出雄强健劲的气质。这种根据不同性格、主题而决定采用不同的表现手法,说明当时雕工们在塑造佛教造像上所运用的现实主义技巧,已明显地体现在创作实践中。①

　　这段话不仅体现出王子云对雕塑语言归纳与对比的结合,还反映出考察团当时对雕塑语言的"现实主义技巧"的肯定。这既是在审美判断上的一个标准,也是具有时代烙印的艺术创作观②。

　　对于墓葬碑石墓志的装饰雕刻语言的归纳,他也是采用先对比后归纳的方式,并分析不同时代的墓志艺术手法与特点。

---

① 王子云《中国雕塑艺术史》上册,人民美术出版社,1988年10月,第102页。
② 该现实主义创作观念在中国现代艺术史上是一股重要的艺术思潮,在毛主席延安文艺座谈会后,关于艺术创作要反映老百姓喜闻乐见的现实主义创作题材的创作观,成为深刻影响20世纪50—80年代的艺术观念。王子云在"文革"期间完成的雕塑艺术史也正体现了这一具有时代性的艺术思潮。

隋代和唐代的墓志石相比,在志盖的字体、纹饰上,其区别是很明显的。前者的纹饰简洁疏朗,题材仍是北朝纹饰中最多见的忍冬草,枝叶劲壮。从造型上看,仍带有北朝后期、北齐、北周的一些风格特点。再就题字看,也显示出古朴敦厚、刀锋锐利,表现出一种清新的生气。而与此相并比的唐墓志盖,先从题字的字体看,使人感到的是纯熟精致,纹饰也已不是忍冬,而是唐代最常见的宝相花和缠枝西番莲,并在花叶中配以奔腾的狮子和瑞兽,显现出灿丽飞动的生气。①

这里的雕刻语言主要是从字体造型、纹饰题材、刀法特点三方面分析,体现出考察团对墓志装饰雕刻特点分析的全面性。像这样关于艺术文物的语言特点归纳在王子云整理的著述中还有很多,多数是对比性归纳,当然也有梳理分析基础上的总结性归纳。例如,初到西安考察时便爱上了汉代瓦当艺术的王子云,在古董店选购佳品,前后收集上百件,拓印成册,即《秦汉瓦当艺术》一书,可惜该书未能出版("文革"期间书稿遗失)。但他关于瓦当雕刻的语言特点归纳收录于《中国雕塑艺术史》中,该书中有这样一段叙述,体现出他在梳理分析云纹瓦当后的总结性归纳:

以上所有的异趣,可能是由塑工基于熟中生巧而随手定型,但其艺术效果却表现出惊人的丰盛。尤其在"多样变化"的装饰艺术构成规律以及线条的晶莹圆润等方面,对今天的装饰雕塑应有所启发。②

显然,考察团在通观各类汉代云纹瓦当后,对纹饰的结构与

---

①王子云《中国雕塑艺术史》上册,人民美术出版社,1988年10月,第306页。
②同上,第50页。

线条的表现有深刻体会,从而才总结出其意趣值得今天的装饰雕塑受用。

在审美品格的归纳方面,考察团对唐陵石雕在初、盛唐时期进行了审美细分比较,认为初唐初期在风格上具有北朝末期和隋代的劲健而淳朴的气质;初唐前期具有唐代初期写实精炼的特点;初唐中期具有坚实有力以及初步显出的绚烂风格;初唐后期具有宏伟雄强的气魄和淳厚的写实余韵;盛唐前期则是精致写实而富有生气,盛唐后期则是华美洗练的品格。这既是审美特点的归纳也是对唐陵石雕艺术风格流变规律的归纳。

此外,还有一些是客观描述性的审美评价归纳,例如陕西邠州大佛寺的菩萨塑像头部的审美,王子云针对其照片进行这样的审美评价:"此菩萨亦高有十公尺,全身有彩色立于光线深暗之巨厦内,华贵端丽,为各地所罕见。"又如,西安大雁塔唐褚遂良书"圣教序"碑刻下端的浮雕,他评价说:"二乐女及一舞女,人高仅四分之一公尺,而姿态神情均甚优美,为该名碑增色不少。"①

总之,王子云分析阐释过程中所体现的归纳方法,可分为对比性归纳、总结性归纳、描述性归纳;归纳的内容主要是艺术语言、审美品格和流变规律等艺术本体性问题。

(二)主观"谈艺"

主观"谈艺"的重点是艺术语言的阐释和审美标准的建构。前文在分析对比与归纳的思路方法中已经谈到考察团对艺术语言的分析与归纳,这些分析与归纳主要基于对象的视觉特征进行评价。

---

① 以上两段评价引自西北大学文化遗产学院编《西北大学藏民国时期教育部艺术文物考察团西北摄影集选》第五辑《豫陕甘各地雕刻集》图 21、22 文字描述,西北大学出版社,2016 年 8 月,第 32、33 页。

1. 艺术语言的主观阐释

在进行雕塑语言特点的归纳中,考察成员的个人审美好尚流露其中,体现其谈艺的主观性。在分析马蹄寺千佛洞窟群中南部第二窟中心塔柱上的高浮雕手法时王子云认为,"高浮雕手法以表现轻盈飘舞的飞天,虽然形式特别,但总显得有些臃肿不灵,这也许是早期造像中的一种原始的样式。"①显然,他对于高浮雕手法运用在飞天的刻画上不是太认可,也间接流露出他对于北朝佛教造像的价值判断。

在谈到龙门石窟一尊唐代佛像时,他评价说此石刻"为唐代珍贵之遗物,比例准确、姿态婀娜、优美之衣饰,柔润之肌肤,细腻华贵,尤为中国佛教艺术黄金时代之珍品";在评价洛阳渑池石窟中之一北魏浮雕如是说:"风格尤为俊逸,颇与欧洲中古时期之宗教雕刻相类似,其优点兼有古代古朴之作风与近代构图之手法,生趣充沛而毫不俗陋,允称佳构。"而敦煌千佛洞一唐代塑像他则评价为:"菩萨肌肉之表现至为优美忠实,而温柔敦厚之表情,尤能表达佛之性格与法力。"②

上述三段对佛窟雕刻的艺术语言阐释带有较明显的主观性,尤其是关于艺术文物的姿态、质地、构图、趣味、表情、性格等要素的描述。最有典型性的一段主观审美表达是王子云对龙门石窟中卢舍那佛的造型印象。他曾说,"1941 年初访龙门时,一

---

① 王子云《中国雕塑艺术史》上册,人民美术出版社,1988 年 10 月,第106 页。

② 以上三段评价引自西北大学文化遗产学院编《西北大学藏民国时期教育部艺术文物考察团西北摄影集选》第四辑《佛窟雕刻集》图 14、19、30 的文字描述,西北大学出版社,2016 年 8 月,第 81、86、98 页。

看到奉先寺大佛,立即忆起了杨妈"。杨妈是他异母弟的乳母,
河南洛阳人。而之所以回忆起杨妈,是因王子云推断卢舍那佛
的形象应该具有地区性,是当地雕塑匠师根据河南人的形象进
行雕刻的,换句话说他认为卢舍那佛的形象是中原地区人物的
典型形象。这种对佛像形象特征的判断一方面体现了他写实性
雕塑创作手法的艺术创作观,另一方面也反映了他鉴赏中存在
主观偶然性。这种联想恐怕很难在其他艺术考古研究文章中见
到,这也是他写作过程中所形成的主观论物的叙事性表达特色。

2. 审美标准的主观建构

同时,主观"论物"还表现在审美标准的建构上。王子云带领
艺术文物考察团对无名艺术文
物进行研究,流露出他自身的
艺术价值判断尺度,写实性、装
饰性、民族性是他论物的三大
审美判断标准。

首先是写实性。他曾这样
评价过龙门石窟的一尊唐代力
士塑像:"全体充分表现肌肉与
力量,与希腊罗马雕刻名作甚
相类似,其纯熟写实之程度可
谓我国雕刻艺术最高点之表
现,自中唐以迄今日,似此充沛
生命力之作品,实为罕见,固不
仅为龙门佛刻中之佳构也,像

图48　龙门石窟之唐代力士像

在西岸最南端之最上层。"①(图48)显然,在王子云对佛像审美和艺术价值判读中,写实性是其非常看重的要素。他将龙门石窟雕塑与希腊罗马雕刻名作进行类比,其肌肉的表达所体现的生命力是他认为写实的真正价值之所在。写实性不仅是他评价艺术性的标准之一,也是他判断无名艺术工匠们的创作手法的基本观点。例如,他在研究龙门石窟的佛雕创作手法时这样说过:

> 试想,一两千年前的古代雕塑匠师们在像龙门这样的远离城市的山崖中,创作能以供千万人瞻仰崇敬的大慈大悲的佛像时,即使对于佛教经典和造像规范有所理解,也不可能全凭想象臆造,还必须从现实接触的人物中去寻找探索能以体现所要雕出的对象的典型,这应是无疑议的。②

因此,基于他认为龙门石窟雕塑的写实性审美价值判断,认定其人物形象来自洛阳一带农民的健美形象,从而才有了上文所述之力士的写实性与生命力的描述。

由于推崇写实性的审美表现方式,他对于石雕艺术的现实主义创作手法自然是推崇备至。在整体评价霍去病墓前石雕群时,他曾这样评价:值得敬佩的是我国古代匠师们的艺术创造才能,由于他们卓越的创作手法才制作出这样一批万古不朽的杰作,而且是现实主义的伟大杰作。显然王子云将伟大杰作的理由归功于现实主义的创作手法,具体表现为雕刻技艺的写实性。

---

① 参见西北大学文化遗产学院编《西北大学藏民国时期教育部艺术文物考察团西北摄影集选》第四辑《佛窟雕刻集》第13图的文字描述,西北大学出版社,2016处8月,第80页。
② 王子云《中国雕塑艺术史》上册,人民美术出版社,1988年10月,第215页。

　　这种写实性的审美评价标准也成为考察团一种主要的评价尺度。王子云的个人审美判断对团队的影响还是较为明显的。关于写实性的论述还有很多,例如对唐睿宗桥陵前的鸵鸟石雕的审美判断时,认为"此鸵鸟亦为半圆雕,雕工较乾陵所有为复杂,为写实之上等作品,尤以颈部作回曲状,更为优美生动"①。

　　第二是装饰性。装饰雕塑是考察团对西北无名艺术文物研究的重要组成部分。考察团不但对装饰雕塑感兴趣,还对绘画中的装饰性图案进行过研究。例如敦煌天花藻井图案、装饰花纹砖、佛像中的服饰图案以及唐代碑石线刻装饰纹样等。因此,后来王子云整理出《秦汉瓦当艺术》、《中国古代石刻线画选集》、《中国历代应用艺术图纲》等书籍。

　　其中《中国历代应用艺术图纲》是他们对装饰纹样研究的最重要代表性成果。但凡考察团认为重要的具有较高艺术价值的装饰图案,他们都进行摄影、拓印、摹绘等多种方式的记录,并梳理其种类或演变规律,以直观呈现的方式加以比对,并进行审美判断。例如在该书第一章《建筑装饰》的开篇第一节"砖饰"部分,对汉代砖饰进行了拓本图案解析,将长安故城出土的汉代虎纹、四神纹、朱雀纹、吉羊纹、文字纹、几何纹、云纹等各类纹饰一一鉴赏,鉴赏的核心都是围绕纹饰造型结构的装饰性趣味展开。其中一件汉代四神砖,王子云这样描述其纹饰(图49):

　　　　砖出土于长安故城,形方,长宽各〇.三四公尺。饰青龙白虎朱雀玄武四神,各以不同之形体及方位,使合于四方形

①参见西北大学文化遗产学院编《西北大学藏民国时期教育部艺术文物考察团西北摄影集选》第三辑《汉唐陵墓雕刻集》第36图的文字叙述,西北大学出版社,2016年8月,第43页。

之组织。其空隙部分则填以"千秋万岁长乐未央"篆书及稀疏之云纹。边缘饰有菱形连续,全部匀称和谐,富有装饰图案之意趣。①

另一件朱雀砖拓片则这样描述(图50):

　　砖面刻一朱雀鸟,喙珠作起飞之状。造型自然,刻线生动,俨然一幅汉代花鸟画,同时亦为极具有韵律之和谐图案。②

图49　汉砖四神纹拓片　　　　图50　汉砖朱雀纹拓片

这两则关于纹饰图案的分析,除了图案内容的描述外,都强调"匀称和谐"或"韵律和谐"的装饰意趣,说明王子云在装饰性审美标准中看中图案组织结构的和谐统一与韵律的表达。此外,对于装饰性的审美表达,他还重视图案的构图取材所传递的意趣。例如,花卉图案与云纹的组合、故事情节的连环画式的构图布局等。这些题材组合所形成的构图变化与装饰意趣也是其判定装

①王子云《历代应用艺术图纲》,太白文艺出版社,2007年5月,第21页。
②同上。

饰审美价值的一个重要理由。

第三是民族性。这里所论之"民族性"主要指两个方面，一是艺术文物所传递出的区别于域外审美的本土审美精神；二是艺术文物所体现的时代精神与现实情怀。

在谈到佛教造像的艺术特征的本土化问题时，王子云研究认为："印度的佛教造像最早传来我国，从现存实物说，应早于两晋、南北朝时代并且造像中的'犍陀罗样式'特别流行。……其造型特征是薄衣贴体，褶纹稠密，风格趋向于优美纤巧。这种样式传来中国后，很快就为中国有才能的雕塑工匠所吸收融化，成为具有中国民族风格的造像。……说明中国的佛教造像模式虽然传自西方犍陀罗国，但毕竟已经过中国匠人的再创造，成为中国民族形式的佛像，并在中国雕塑艺术史上占有辉煌的地位。"①也正是基于这一本土化的民族形式的造像演变规律，他对唐代佛教造像的审美评价较高，认为唐代是中国佛教雕刻艺术的鼎盛时期。

就艺术的时代精神中所传递的民族性审美而言，王子云首当其冲地推崇汉唐艺术精神的时代性与民族性，这也是他的团队在西北考察中的主要艺术观点。在评价唐高宗乾陵石雕仪卫的审美时，他发挥想象说："如果我们把其中的一件移地而立，或者建置在公园广场上，必然要大大地增强其艺术形象，成为富有民族形式的唐代人像纪念碑。"②显然，他把石雕仪卫所反映的唐代富强的国力和蓬勃向上的时代精神看作唐代艺术的民族性体现，所

---

① 王子云《中国雕塑艺术史》上册，人民美术出版社，1988 年 10 月，第 95 页。
② 王子云《从长安到雅典——中外美术考古游记》上册，岳麓书社，2005 年 8 月，第 36 页。

以才认为该石雕具有纪念碑性。

细读王子云考察后整理的艺术史著述不难发现,他对于艺术所传递的时代精神和民族审美是其评价艺术价值的重要指标,这也是他推崇汉唐艺术的重要缘由。在抗战大背景下,王子云认为中国的民族精神可以从艺术传统中去反思,其中汉唐传统正是需要去挖掘和发扬的民族精神,汉唐精神是一种具有蓬勃生命力的积极向上的民族气魄,而抗战中的国人恰好需要这样的民族气魄与民族自信的鼓舞。所以,推崇汉唐艺术精神就是在强调汉唐艺术的民族性与时代性,从而弘扬并传承中华民族之固有精神。这既是他审美判断的标准之一,更是他呈报教育部组团考察西北的目的与初衷。

总之,透过分析王子云著述的艺术史观和考察团集体的"无名艺术史"研究成果,其呈现的整体方法论思路是客观"论物"与主观"谈艺"交织并行,在考证、对比与归纳的客观阐释同时,对艺术语言进行主观鉴赏。且审美判断的标准主要是写实性、装饰性和民族性,可谓是文物学与艺术史的综合研究方法的集中体现。

二、具体的研究角度

在文物学与艺术史的双重研究思路交织并进的整体思路布局下,王子云西北考察研究的具体角度具有三个特点:一、重艺术本体研究;二、与经典绘画史互动的"无名艺术史"研究;三、多学科交叉融合研究。

（一）重艺术本体研究

1. 艺术文物的形式分析

谈到艺术史的形式分析法自然会想到西方艺术史学家海因里希·沃尔夫林在《艺术风格学：美术史的基本概念》中的一种不以艺术家为主线的艺术史研究方法，即根据作品视觉形式的风格序列进行分析的艺术史研究方法。该书 1932 年第一次翻译成中文，滕固的《唐宋绘画史》及其相关美术史著述便借鉴了沃尔夫林的该研究方法。而王子云团队的"无名艺术史"研究，虽然没有直接表明是借用西方艺术史的形式分析法，但他在欧洲留学期间受其学术影响及回国研究经历，使其自觉接受此法进行艺术史研究的可能性不是不存在。从他的多种著述中可以推断出他在艺术本体研究时，有视觉语言的形式风格分析法的运用。

王子云团队对艺术文物的形式分析主要从两方面进行，一是装饰图案的视觉结构分析与鉴赏，二是文物造型语言与技艺手法评价。

首先，在对无名艺术文物中的装饰图案进行视觉结构分析与鉴赏时，针对纹饰题材及图案结构的形式变化进行广泛收集，然后梳理出其中的演变规律，在此基础上再进行图案形式美感鉴赏。以考察河南叶县民居的花纹砖饰图案为例，他们先后拓印并摹绘七八十种花纹砖，将几何纹饰、车马人物、鸟兽纹饰等多种题材纹饰进行分类排列说明，其中种类变化最多的是几何纹饰。并且归纳出几何纹饰的视觉结构演变序列为：从直线纹发展为直线配合点线弧的纹饰，然后再发展为弧线、圆璧、绳纹、五铢钱及连环纹，最后逐渐演变为回旋纹和∽纹（如图 51—56）。

图 51

图 52

图 53

图 54

图 55

图 56

按:以上均为河南叶县花纹砖图案,其中图 51—55 为"拓片",
图 56 为"拓片+手绘"。

这种演变规律的发现源于艺术史中的视觉形式分析法,即根据艺术本体的视觉结构的组织关系和图案之间的相似关系来判别形式风格序列的先后次序。在此基础上,他们总结了叶县花纹砖"图案多用极简单之线点交互组成,与近代图案法则相接近而变化极繁,除几何纹外,间以有车马人物鸟兽狩猎之像,均汉代装饰中最习用之纹样。为研究汉代文化之珍贵资料,亦为今日习图案者之良好参考"①。

在研究佛教石窟凿井装饰图案时,考察团对由多个纹饰组合而成的图案进行了整体与局部的形式风格分析。例如分析河南巩县石窟中魏窟的石刻凿井装饰图案(图 57):"每格之纹样均不相同,且方向亦异,故变化颇多。而每格之组合,不论其为自然形体如飞天佛像,或对称花纹如莲瓣宝相花等,均完全合于近代最新式图案组织之条件。"这段话表明考察团对图案形体组织的审美是带有当时对新式图案设计的审美眼光,即以现代之图案组织法则来评价古代图案形式美感,有一定主观性。

第二,在文物造型语言与技

图 57 巩县魏窟藻井图案(照片)

①王子云《历代应用艺术图纲》,太白文艺出版社,2007 年 5 月,第 32 页。

艺手法评价方面,王子云也是对艺术本体运用形式分析法进行审美评价。例如考察西安大雁塔门楣石刻线画时,认为这是一种接近绘画形式的线刻,他将南北门楣进行比较,对线刻技法的特点进行形式分析(线条的节奏、力度、刻法、疏密、描法等)后认为,该线刻画中的线条属于铁线描,且从人物造型来看,有理由推测是以初唐大画家阎立本的人物画为蓝本来进行的雕刻,其重要依据正是石刻线画中的人物造型特点和"铁线描"技法。

又如,在西安考察期间王子云收集购买了当地出土的汉唐铜镜,在研究唐代铜镜纹饰时,他对不同题材的图案进行技艺手法和造型语言的结合分析,认为唐代之所以铜镜纹饰繁复而发达,与制镜工艺的精巧分不开。当时已经出现了平脱、螺钿、鎏金银、捶金银等装饰手法,所以图案特有一种精丽明朗的风格。他这样评价一件鸳鸯镜的纹饰:

> 一对鸳鸯伴随着纤丽的花簇云朵而出现在左右两方,与花云相间,构成一个大圆环,其疏密组合是与菱花形的外周线相适称的。在中心镜纽周围,是一朵与外轮相呼应的宝相花,它与宝珠式圆环相联,构成为以弧内圆的和谐整体。如此,相互参差,既有变化,又有统一。①

以上描述足见唐代铜镜纹饰之富丽精致,结构变化复杂,主题突出,在形式感上"既有变化又有统一",从而传递出鸳鸯图案的诗情画意。这是一种典型的运用视觉形式分析法的审美评价。

2.从艺术实践到审美鉴赏的感悟性研究

这一特点主要是因考察团成员大多为艺术家,以丰富的艺术

---

① 王子云《中国雕塑艺术史》上册,人民美术出版社,1988年10月,第313页。

实践经验作为研究的基础。尤其是考察团团长王子云,他的艺术史研究是从其艺术创作实践过程中逐步转向的。因此,考察团的田野考察,尽管主要是建立在客观实证基础上的考古艺术史研究,但有着丰富艺术创作实践经验的考察者们的艺术价值判断和审美甄别能力,对其研究还是有极大的影响。这也是画家出身的艺术史家的优势与治学特点。他们对艺术文物的认识和阐释,尤其是在分析其艺术语言特点时,往往是从实践经验中主观谈艺的感悟性评价。

　　王子云曾多次在分析敦煌壁画时将壁画的色彩和造型比较,与西方现代艺术的表现性语言进行类比,提出一些突发奇想式的感悟性观点。例如前文已经提及过的,在评价第213窟的萨埵饲虎图时,此图分作上下三幅连环表现,在时间上有先有后,其绘画形式有欧洲新派绘画"未来派"的情景,颇为特殊。并且认为该洞壁画所用色彩特别浓重,画法上类似欧洲"印象派"或"表现派"的形式。这些认识都属于较为主观的感悟性评价,是基于自身绘画实践经验和认知好尚所得出的结论,是纯粹田野考证派史学家们所绝少运用的评价方式。

　　另一段关于龙门石窟卢舍那佛的审美阐发更带有抒情性的感悟评价:

　　　　法国印象派人物画家雷诺阿,最喜画扁圆面形显得特别年轻可爱的少女少妇,好像用的是一个模特儿,我也常为他画的这类妇女的可爱而陶醉。而奉先寺的卢舍那佛,不也正是这一可以令人陶醉的面形么。①

①王子云《从长安到雅典——中外美术考古游记》上册,岳麓书社,2005年8月,第47页。

　　显然,他在观察卢舍那佛的形象时已经陷入一种绘画人物的审美想象,且从中国古代雕塑人物联想到西方现代绘画人物,时空跨度大,形象思维的张力与情绪的弥散实在是艺术家而非考古学家所具有的审美判断。雷诺阿是王子云在法国学习雕塑艺术时很喜爱的印象派画家,由于他以前有从事油画创作的经历,因此,虽然在法国改习雕塑,但对西方现代油画创作的关注并未放弃,所以才会把自己对传统雕塑的艺术审美感悟迁想到西方油画上。这既是整体方法论思路中"主观谈艺"的表现,也是艺术本体研究角度中感悟性审美评价的明证。理性推理中兼有感性抒发,才吻合他"诗意中考古"的一贯学术形象。

　　"诗意中考古"既是他自身知识结构所决定的,又是他树立自己学术形象的一个重要表征。艺术家的敏感与文化溯源的责任使这位"寻找艺术田野"的考古学者,在田野中既能理性探究,又能抒写情怀。面对艺术史的田野,从创作实践中体悟古代艺术工匠们的巧独构思与精湛技艺,从而发现考古学家容易遗漏或忽略的审美细节。

　　在敦煌临摹壁画期间,考察成员邹道龙、卢善群、何正璜和王子云通过临摹实践,对壁画在技法风格和表现手段上的解读,毫无疑问会更为深刻。尤其是团长王子云,他是敦煌艺术研究的主导者,在研究敦煌莫高窟第250窟的覆斗斜坡上方壁画"阿修罗与帝释天对阵图"时,他这样叙述道:"其精彩部分,是衬景中的山林野兽,还夹杂着山中狩猎的各种描写,初看很像是一幅山林狩猎图。把各种东奔西跳的野牛、野羊、野鹿、野猪画得极其生动有神,笔锋也特别洒脱、生动,可以说是一幅借神话题材以描写现实景象的出色作品。由于我被这幅生动的壁画所吸引,自己在百忙中摹下了壁画的局部并题名为《百兽图》。"①

　　这段话形象地表达了王子云从绘画实践的角度体会壁画的题材表现和语言魅力。该壁画使得他深深被其吸引,并为自己的临摹作品更名。这是一种带有创作体验的临摹,也是典型的感悟性审美评价的体现。

(二)与经典绘画史互动的无名艺术史研究

　　所谓与经典绘画史互动,主要是指在辨析无名艺术文物的艺术史价值与地位的时候,将民间工匠之作与中国精英艺术家(古代宫廷画师与文人画家)之作或西方艺术史名家之作进行对比互动,尤其在涉及技法语言分析时,会将二者进行对照审美。在以往只强调精英艺术家之绘画史(即经典绘画史)的基础上,对中国古代艺术史研究领域进行扩容,从而使"无名艺术史"与"经典绘画史"互证互补,并且使中国艺术史研究可以在多个领域拓展与其他人文学科的交流,改变原来只从文人士大夫立场研究绘画史的传统学术局限。这一研究角度主要体现在王子云后期整理考察团研究的成果之中。

　　从与西方经典艺术史进行互动观照的角度看,王子云在看到龙门石窟中奉先寺的卢舍那大佛时,联想到法国印象派名家雷诺阿的人物画;在分析唐代佛窟雕塑形象时联想到希腊雕刻的写实性;在研究敦煌壁画色彩时联系西方色彩观之冷暖色原理与现代西方著名画派画风。有着西画实践和留学法国的双重背景,使得王子云在回国研究中国古文物时偏爱对中西艺术史进行比较互动,并且他本人在欧洲时就写过关于西方现代艺术的文章,对西

---

①王子云《从长安到雅典——中外美术考古游记》上册,岳麓书社,2005 年 8月,第 61 页。

方艺术史进行过研究。1935 年 10 月,他在国外就试图通过介绍
和研究西方现代画派来鼓励国人多关注本国固有的艺术与传统
精神,建立"学院主义的艺术学府",即通过发展本国艺术教育来
实现文化建设人才的养成,以此"奠定中国艺术复兴之基石"①。
1988 年,他还打算写《欧洲雕塑史》和《古埃及·美索不达米亚雕
塑选》,遗憾的是天不假年,未能完成夙愿。这些写作打算与长期
以来他在研究中国"无名艺术史"时,进行中西艺术史互动比较研
究有直接关系。

　　从与中国传统经典绘画史进行互动观照的角度看,王子云对
艺术语言的审美感悟如前所说,有较大的主观性,但这种主观有
时是建立在与经典绘画史的对照基础上的主观。当他看到昭陵
六骏的战马雕刻时,便由此马联想到唐代绘画史上的鞍马名家曹
霸和韩干笔下的马。认为曹、韩二人画中的马都是以写生宫廷的
马为基础进行创作的,用同一时代绘画中的马来对比雕塑中的
马,间接印证昭陵六骏中马的形象之写实程度;当他看到龙门石
窟北朝佛龛门楣上的浮雕,联想到浮雕上线刻的描法是在继承汉
代线描的基础上融合北朝人物画线描风格的一种语言;当他看到
敦煌西夏时期壁画《曹义金夫妇出行图》时,联想到西夏绘画继承
五代传统,并吸收了中原人物画笔墨技法;当他看到明代兰州金
天观中的道教壁画,联系到古代人物画风,评价壁画人物的造型、
结构、色彩、线条等语言手法应属于明初工笔人物重彩画中之代
表作;当他看到西安大雁塔门楣雕刻,想到其作为建筑装饰之优
越特性,盛赞其在建筑艺术史上的地位和价值。

---

① 王子云《欧洲现代艺术》,《艺风》1936 年第 4 卷第 7 期,第 37 页。原文完
　　成于 1935 年 10 月。

这些联想与对照，主要是从传统绘画史的人物画技法与风格以及雕塑史与绘画史或建筑史的对应关系上评价。涉及绘画或雕塑语言的艺术史地位与价值的评价，主要是从人物刻画方面进行互动观照，因为本次西北考察的重点是雕塑，而雕塑的题材主要是佛像、动物石雕和各类建筑图案装饰，其中佛像人物是重中之重。因此，涉及佛像人物雕塑的评述，尤其是人物造型、神韵、动态和线条表现力等视觉语言的解析，王子云常常会将民间雕刻人物与经典绘画人物进行互动分析，从而在民间艺术家与精英艺术家之中探求艺术规律的同一性和艺术风格的互补性。

从上述罗列二者的互动与联系来看，王子云认为，对民间工匠艺术（即无名艺术）的价值判断以是否能与传统经典绘画史进行印证或补充作为对该艺术文物进行价值鉴别的一项重要指标。作为新兴研究领域的"无名艺术史"，其研究对象是历史文化发展链条中与民众的生活、信仰、审美直接相关的视觉物证，除了分析阐释其与历史社会生活的相关性以外，"无名艺术史"如何进入艺术史的评价体系是当时所面临的问题。王子云在率团考察中，以"无名艺术史"与"经典绘画史"进行互证的思维为研究切入点，将二者同时作为现代学科意义的中国艺术史的组成部分，在更大的一个艺术叙事框架下重新布局中国艺术史研究的思维与方法，这既体现他在"无名艺术史"研究领域的方法论贡献，也反映出田野考证学派的艺术史研究在 20 世纪以后成为中国艺术史学科重要组成部分的客观现实。

这种互动，并非用雕塑史去印证绘画史，绘画史反过来也可以成为梳理雕塑史脉络的重要依据和参考。换句话说，这种互动是双向的，是一种平等语境下的话语阐释，可以避免传统学术与审美观念中推崇经典而贬低民间的旧习。这里暗含着一个学术立场是,学术研究领域没有优劣之分、主次之分,只有角度不同、方法不同。这是本次考察在艺术史学方法论上的一个突出贡献,而这一贡献缘于考察团成员大多是画家身份,以及团长王子云个人艺术史观的影响。

(三)多学科交叉综合研究

在王子云的"无名艺术史"调查研究中,多学科互渗思维与研究角度贯穿整个西北考察过程。传统中国艺术史研究属于文人士大夫著述中的赋闲研究,没有明确的学科思维,最多是绘画与书法、文学的交叉融合研究,其成因也是由于绘画史的话语权长期掌握在文人士大夫手里。因此,古代画史研究不存在真正意义上的多学科交叉研究。而伴随考古学兴起而诞生的现代中国艺术史学,由于把艺术史的研究对象大大拓展,艺术特性的多样化,阐释角度可以从多学科门类进行,这样便导致现代中国艺术史学逐渐向多学科交叉研究发展,而王子云对"无名艺术史"的研究正是这一学科趋势下的早期体现。

1. 现代学科背景下的造型艺术多门类综合研究

传统中国艺术史主要是书画史,而现代中国艺术史则在高等教育的分科体系下逐渐向多门类扩容。从造型艺术角度看,中国艺术史不仅仅有书画史,还包括建筑史、雕塑史、工艺美术史,而后者在中国基本属于无名艺术史的范畴。虽然没有"无名艺术史"这一学科,但这些门类都属于基于艺术文物田野考察的艺术史研究范畴。从前文可知,王子云团队的无名艺术史研究涉及绘画、雕刻、建筑、工艺美术等多个领域,属于一种综合性很强的艺术史研究。

(1)打通艺术多门类综合研究路径

在四年西北田野调查研究中,王子云团队考察涉及的门类虽然多,但在"无名艺术史"的叙事逻辑上,他尽可能打通民间造型艺术各门类的研究路径。对于西北各地考察中的宗教建筑(石窟、寺院、塔庙)与陵墓建筑(汉唐帝陵),他们以建筑为核心,在整体考察建筑形制后,对建筑附属之装饰(绘画与雕塑)进行细节探究。这样一来,绘画、建筑与雕刻三者便巧妙地结合起来,在三位一体的思路下整体考证艺术文物的年代及其价值。同理,在考察碑石建筑(造像碑、西安碑林)时,则主要考察碑石上的书法、线刻画和装饰性浮雕,将书风、线刻与浮雕装饰图案进行搭配研究,综合判断碑石艺术的整体价值。因此,以建筑单体为研究对象,对其进行建筑、绘画、工艺、雕刻、书法等造型艺术为一体的综合研究是王子云团队无名艺术史调查研究的又一方法论特色。

以研究敦煌石窟第 428 窟(张大千编号为 213 窟)为例,40 年代初考察时,王子云这样描述该窟:

> 魏式大型窟。为魏窟之最大者,计宽 10.80 米,前后长 13.60 米,窟前有宋式窟檐,中央有方形神龛一,内有魏塑像,大体尚好。壁画绘于四周壁上,上为小千佛,中为佛传图,下则排列供养人像,数以百计。壁画中较为精彩者,计前壁左有三大横幅,中绘王子携其夫人出游及施舍情形;右有另一故事画,描绘释迦舍身饲虎事迹,作风颇似现代欧洲画派;左壁多为佛传图,中有降魔图,描写释迦与魔王波旬斗法情形。后壁有涅槃图,结构精美;右壁情形大略与左壁同。窟顶有荷花图案天花。全窟为魏作,惟窟口有五代天王像。

> 按此窟规模宏大,一般作品均为魏风,惟考其题记中有"晋昌郡"字样,人或断其为隋窟,究竟何朝待考。窟内壁画均为巨制,且多完整,又未经后代复绘,实为难得,急宜加以

保护。①

这是王子云第一次对该窟进行研究,在测量窟形尺寸后,断定为魏式窟之大型者。同时针对窟前的窟檐,窟口塑像以及窟内方形神龛与四周壁画进行释读,并根据建筑规模和窟内壁画判断为"魏风",但又不确定是否为魏,只是根据作风和规模觉得应该多加保护。后来在 1976 年,王子云重写《中国雕塑艺术史》和着手写他大半生田野调查经历回顾的《从长安到雅典——中外美术考古游记》两书的过程中,又针对该窟进行了年代的进一步考证和窟内壁画的详细研究。

再次研究 428 窟时,王子云参考宿白《参观敦煌第 285 窟札记》②一文对千佛洞的早期窟龛分期,最终认定该窟为魏式晚期洞窟(即北周)。于是他又再次对该窟内容进行了重新叙述:

> 213 洞③是个洞内面积很大的大号塔柱洞,塔柱四面都凿有佛龛,塑出佛、菩萨像。洞四壁的上部,塑有很多的小千佛,一般通称之为影塑。全洞最出色的壁画是画在洞门内壁的萨埵王子舍身饲虎的佛本生故事,是三幅上下连续的各种情节图,手法类似 194 洞④的五百强盗图。但是这王子舍身饲虎而成佛果的经过,分画成三幅相互连接,其艺术性更强,而且用笔着色都特别泼辣豪放,有类中国泼墨写意画,是颇具有特点的早期绘画作品之一。在同一洞中,与萨埵王子舍

---

①《敦煌莫高窟现存佛窟概况之调查》,收录于王子云《从长安到雅典——中外美术考古游记》上册,岳麓书社,2005 年 8 月,第 113 页。

②该文发表于《文物参考资料》,1956 年第 2 期。

③213 洞为张大千编号,即敦煌文物研究所编号之第 428 窟。

④194 洞为张大千编号,即敦煌文物研究所编号之第 397 窟。

身饲虎三条幅相对的还有两幅相连的须达那王子布施白象的本生故事。为了善行,不仅施舍了国家最宝贵的白象,而且连自己的妻儿、车马等等全都施舍了。其描写技法也相类似,两个王子都是指的佛的前世因乐善好施或舍生救生灵,因有此等修行,到了现世才得以成佛。这一窟的时代原定为北魏,后经考证确定为北周。①

相隔三十年的前后描述,在洞窟建筑形制的认识上大同小异,但在窟内装饰雕塑和壁画的叙述上后者更为准确细致。前文提到的"方形神龛"在此文中加以塔柱洞替换,即"支提窟"。把"小千佛"替换为"影塑",对洞内壁画的《萨埵王子舍身饲虎》的本生故事进行的详细叙述,并认为其类似中国泼墨写意画,从而在风格上认定为符合早期绘画作品的特点,改变了三十年前思维习惯中认定为"风格颇似现代欧洲画派"的早期感悟性审美评述。同时进一步明确了年代为"北周"而非之前笼统认定为"魏代"。

从上述两段对 428 窟建筑形制、雕塑和壁画的前后表述中,可以明确感受到王子云在三十年间对敦煌石窟艺术的持续关注和深入研究,在建筑形制特征的认定、小千佛的学名以及壁画内容与风格的判定上都更为准确,并最终结合该窟的建筑类型、壁画风格、影塑特点和其他考古学者的研究进行断代修正。这是一个典型的以建筑为研究单元,同时辐射雕塑与绘画的综合性造型艺术研究。

在上述例子中,建筑、雕塑和壁画的结合研究为的是一个核心问题,即年代判定。因此,要打通艺术多门类综合研究的路径

---

① 王子云《从长安到雅典——中外美术考古游记》上册,岳麓书社,2005 年 8 月,第 58、61 页。

其实只需围绕一个问题，然后从不同艺术表现形态中着手分析，最后又回到核心问题的解答上，从而形成"问题提出——艺术多门类探析——问题解答"这样一种艺术史学研究路径或方法。

另一类体现综合研究的单体是"碑石"，研究西安碑林是王子云团队西北考察中综合多门类研究方法的又一典型案例。关于碑林中的唐代书法风格研究，有这样一段论述：

> 唐代的书法也和雕刻绘画一样，有初、盛、中、晚的时代区别。初唐的名家如虞世南、欧阳询、褚遂良等都以楷书著称，总的风格是劲利道健，韵味深沉，具有魏隋余风。盛唐时代以雄强博大为尚，则颜真卿的圆肥书体可为代表。到了中唐，应以柳公权的瘦中有骨为其象征了。此外还有篆书大家李阳冰，行书大家李邕(号北海)，草书大家张旭、怀素，真可谓群星灿烂，使唐代书法艺术光耀百代，为后世所宗。①

在书风审美判断后他进一步分析碑头、碑侧以及碑座上的装饰雕刻。王子云总结出这类碑石装饰样式为"上雕蛟龙碑头，下雕龟趺碑座，在碑的两侧面，甚至龟座基石的两侧，都满刻各式装饰花纹或线刻狮子、飞兽以至人物等等"②。并以"大智禅师碑"和"道因法师碑"分别详论其碑侧装饰图案(属工艺美术类)和线刻人物画(属绘画与雕刻类)，综合探究碑石的书法之美与附属装饰之美。王子云当时已认识到需要涉及造型艺术的多门类结合分析，才能更为全面地把握碑林的艺术价值。在此之前，拓碑工匠们只会拓碑文，而不会拓碑侧、碑头、碑基座上的附属装饰线刻

---

①王子云《从长安到雅典——中外美术考古游记》上册，岳麓书社，2005 年 8月，第 80 页。
②同上。

画,导致碑石艺术价值的认定存在滞后和局限。从某种意义上说,王子云的多门类综合研究不仅是"无名艺术史"方法论上的一个贡献,也是对艺术文物价值的一次重构。

（2）重构艺术文物价值

上述碑林研究案例体现出王子云团队多门类综合研究的一个直接结果是导致对艺术文物的价值重构。所谓价值重构是在艺术文物原有的文化和公认的艺术价值基础上,由于研究视角与方法发生改变或转向所导致对其价值的重新审视和建构。

在整个四年的西北艺术文物调查与研究中,王子云对文物价值的释读从"历史文化复原"与"视觉经验阐发"两方面切入,重新定义民间无名艺术文物的历史价值与艺术价值。而艺术价值的重构则需要结合多种艺术形态与语言进行综合分析方能完成。因此,艺术文物的价值重构必然有赖于视觉艺术多门类结合研究。

这一研究角度或诉求与这次西北考察的艺术文物特性有直接关系。以往传统书画史的研究对象是画家的书法与绘画作品,艺术形式单一,艺术语言明确,不存在多门类艺术形态介入的价值重构问题。而本次的考察对象往往具有复合性,即艺术文物或史迹具有多重艺术形式特点。换句话说,创作者是多人,且大都是民间工匠,他们根据自身的技艺不同,共同完成的艺术作品往往表现或隐藏着多重艺术风格与审美,这便为本次考察从多角度去审视其价值提供了必要的依据。这是研究"无名艺术史"与"经典艺术史"在价值判断上的明显分化,也是二者在研究方法上存在差异的原因之一。

相对于传统的经典绘画史,民国以来新兴的"无名艺术史"研究,在艺术价值的鉴赏角度上存在很大的选择空间,不需受到经典绘画史审美标准的束缚，不需局限在某一种艺术语言范畴内去鉴别，更不需以某一种研究方法或艺术观为叙事逻辑，艺术史家有更多的选择和阐释余地，从而使现代中国艺术史面貌呈现出多元叙事的新的史学逻辑。这都是王子云"无名艺术史"研究中值得思考的方法论启示。

针对一件敦煌石窟雕塑，王子云团队可以从人物形象的造型风格去判别是中国本土样式还是犍陀罗样式，可以从佛雕服饰与色彩去深究宗教绘画的色彩观和服饰文化特色，可以从佛窟题记或发愿文去判断佛雕图像含义等宗教信息，还可以从佛雕背光纹饰图案去分析当时画工线描技艺的来源与演变规律甚至画工的来源等等。这里既涉及绘画语言分析、雕塑形体审美，又涉及服饰风格特点、色彩表现方式，还涉及工艺传承与演变等视觉经验阐发，这些都离不开艺术多门类、多角度的综合研究。色彩表现方式不需要局限在传统绘画史语境里，按照宫廷绘画或文人审美进行解读，雕塑形体审美也不需要刻意结合文人对人物形象刻画时的"品藻"问题和"身份"问题。相反，在服饰文化特色的探究中，既可以结合传统绘画的色彩观，分析服饰色彩特点，也可以从宗教色彩的仪轨制度去释读色彩涵义；在绘画语言分析中，既可以和经典绘画史中的名家技法进行比对，又可以跳出传统经典绘画的审美局限进行中西结合式的形式分析或民间审美理想的规律总结。

总之，在多角度多门类的视觉艺术经验阐释中，王子云带领团队在研究中针对具有多重艺术语言的艺术文物大类（宗教建筑、陵墓史迹、碑石墓志等）进行综合研究，在复原历史文化信息的同时，对其艺术价值进行重构，从而打破学术价值评价的偏见，将数量和门类远远超过经典绘画史的"无名艺术史"纳入中国艺术史的研究领域,形成以方法论带动认识论的艺术史学新趋势。

2.人文领域的多学科交叉研究

作为现代学科的中国艺术史,最初是伴随中国考古学兴起和西方艺术史学理论与方法的引入而逐步从传统画学中转型发展而来。民国时期的中国艺术史研究最主要是为了满足高等学府开设艺术史课程而编写教材的需要,中国艺术史著作大都以通史为主。在专题研究方面,1938年滕固编撰的《中国艺术论丛》中收录了历史与考古学家如唐兰、徐中舒、董作宾、马衡、黄文弼、余绍宋;美学家宗白华、邓以蛰;图书馆学家袁同礼、蒋复聪、蒋吟秋;美术史家滕固、王逊以及画家吕凤子等人的艺术与考古论文。从那时起,中国艺术史研究就已经体现了人文学科的跨学科特性,艺术及其历史可以从多个角度进行介入,而非传统文人士大夫画学与画史研究的单一价值观和思路。

在四十年代的这次西北田野考察与艺术史研究中,历史学、考古学、民俗学与艺术学的多学科交叉研究体现得尤为突出。"表彰我国固有之优美文化,增进民族意识、提高国际文化地位"的考察宗旨将文化研究作为其主要诉求,换句话说,当时对"无名艺术史"的考察研究目的是提升民族文化认同感和国际文化自信,艺术史成为文化研究的一个部分。因此,王子云在主导团队的艺术史研究中,不仅仅只关注艺术本身,同时会涉及艺术相关的历史、民俗、考古、美学、宗教等人文领域话题,艺术史研究成为复原历史文化原境与社会发展图景的方式。

1937年5月他在文章《对于国家美术博物馆设施之建议》中将美术博物馆藏品分为六大类,凸现了他对艺术文物的范畴界定是非常宽泛的,里面涉及"平民艺术"、"史料"和"钱币及奖章"等原本很少纳入美术博物馆收藏范畴的门类。从他的门类认知中反映出他对民间社会风俗、生活中适用性"小艺术"和记录人类活动的物件与遗迹都非常珍视。而研究这些平民艺术、小艺术和史料古物更多的是在复原古代历史而非简单的艺术与审美，因为这些平民艺术的产生首先是从社会风习和实用目的出发，而并非审美诉求下的纯艺术。因此，对待非纯艺术的平民艺术、小艺术和古物史料的研究只能用非艺术学的其他人文学科研究方法。于是王子云将考古学、民俗学、社会学、宗教学、历史学等多人文学科知识与方法融合在其无名艺术文物的研究之中，形成自己独到的多学科交叉研究方法论。具体表现为两种取向的研究角度：

（1）以复原历史文化情境为叙史逻辑的美术考古研究

美术考古学与艺术史学这两个学科概念在当代学科交叉研究越趋凸现的情形下容易混淆。越来越强调方法论的新艺术史研究对美术考古学的介入是持开放态度的。如果非要区分二者的差异，学界较为倾向的观点是：美术考古学的研究目的在于复原古代的社会文化，而艺术史学是从意识形态的审美观念出发来研究美术品。当然，这样的界限从学术发展到今天来看似乎越来越不明显，即便是在大半个世纪前中国美术考古学刚兴起时，田野考古的社会文化研究与艺术史的审美研究，在王子云团队的西北艺术调查与研究中也是含混杂糅的，即前文多处所论及的"论物"与"谈艺"两条研究线索并行的方法论特色。

以田野考证为基础的复原社会历史文化情境的美术考古研究，在王子云的西行实践中是一条基本的工作方针。换句话说，一切具有某种历史与文化情境的人造物（非纯艺术品）都可能成为他的研究对象。不管是考察敦煌石窟艺术过程中对莫高窟六字真言碑的蒙、汉、藏、梵、西夏、回鹘六种文字的考证研究，还是对壁画中的宗教图像所蕴含的教义释读,甚或汉唐墓葬艺术中暗含的丧葬文化与建陵制度归纳等,都需要用到古文字学、宗教学、文化史等非审美关系探讨的人文学科领域的交叉研究方法。这种美术考古学研究是一种复原社会历史文化情景的文化学研究,非单纯的艺术史研究。在当下,这种文化学研究被看成艺术史研究的外史研究方法,与审美关系为轴心的艺术本体研究(即内史研究)形成两种主流的研究方法。显然,在70多年前王子云团队在无名艺术史研究中已然意识到了这两大方法论并行发展的合理性和必要性。因此,我们才会在他的著述中看到大量文献考证与历史背景的分析,并且结合考古学的实证方法对艺术文物的物理场域和历史场域进行综合复原,从而全面把握艺术文物的精神与内涵。

(2)以社会习俗与民族信仰为核心内容的民俗艺术研究

在谈到为什么研究艺术文物要先研究社会风俗与民族信仰时,王子云这样阐述:"人类生活的方式,因地域宗教智慧之不同而各地互异,人类为适应生存环境而创造其特有之生活,年久承袭,致为一定之格式与习俗,举凡衣,食,住,行,祭祀,娱乐等,在世界各民族中,无不随处表现其特异之点,而形成为固有之社会风俗。西北民族复杂,语言文字不同,风俗习惯亦异,欲使各民族融合,团结,应先熟悉其方言习俗,同时欲考历史背景,及地理宗教之背景,方能理解一作品产生之价值,及其所代表之精神气质。"①

①西北大学文化遗产学院编《西北大学藏民国时期教育部艺术文物考察团西北摄影集选》第十辑《社会风俗集》序,西北大学出版社,2016年8月,第63页。

　　因此,王子云带领团队在西北考察期间,对西北地区藏、蒙、回、哈萨克族的方言、饮食、服饰、社会风习(节庆、祭祀、婚俗)与历史地理环境进行综合考察,通过摄影、写生、采集、文字记录等多种方式去发现和探究当地的民间风习和民族信仰。这其中既有蒙藏联姻的喜庆、汉蒙回藏运动会的热闹、元宵灯节的欢愉;还有洛阳军民送粮的艰辛、河西走廊上平民食堂的简陋、民众生活的辛酸与疾苦;更有拉卜楞寺藏教信仰的虔诚、陕西地方戏剧脸谱的夸张、凤翔木板年画的爽利以及少数民族工艺品的精巧与炫目。这些属于西北平民生活习俗与信仰的民间艺术与风习都被王子云归入了民俗艺术研究之中,对少数民族生活史、边疆史乃至宗教史研究而言也是一种补充。

　　总之,考察团"无名艺术史"研究的具体角度与整体方法论思路相辅相成,共同构筑和体现了王子云史学研究的方法论结构系统,这一结构体系在客观与主观两个维度上分别结合不同的学科方法,从而为论述艺术文物搭建了一个兼有深度与宽度的叙事框架。

　　综上所述,通过深入探析王子云团队当年"无名艺术史"调查研究的思路与方法,可以看到要厘清西北艺术文物考察的方法论体系,首先需要梳理出民国中后期"无名艺术史"在这个特殊时期的多维度史学形态,然后阐释多维取向的史学研究诉求,进而理解其工作思路的立体模型,同时结构化地分清王子云研究方法的整体思路和具体角度。这样一来,对本次考察的方法论体系就会形成一个多层次多维度的解读思路,避免了以往研究者只从王子云自述的考察团工作组分工来探讨其方法论,从而突破扁平化、单一化地理解该历史事件的方法论价值与学术贡献的研究瓶颈。

第六章 王子云"西北艺术文物研究"的史学贡献

本次西北艺术文物考察的主导者是王子云,他对研究和整理考察成果起到至关重要的作用。因此,在分析考察团的研究成果之余,反思王子云在西北艺术文物研究上的学术贡献便是顺理成章之事。从教育部艺术文物考察团西北考察对象的门类来看,涉及的都是民间的"无名艺术史",尤其以雕塑艺术史为主,且该次考察又处于现代中国艺术史学转型的重要时期,因此,王子云的西北艺术文物研究成果的艺术史学价值可以从民国时期的"无名艺术史"研究、中国雕塑艺术史、现代中国艺术史学科体系的建构这三个维度来探讨。

第一节 对民国时期"无名艺术史"研究的意义

如上一章所论,"无名艺术史"是民国时期中国艺术史学现代转型中的一种特定史学研究形态。前文已述,在新中国成立以后没有专门的"无名艺术史学"这个学科概念,民国的"无名艺术史"是一个相对传统经典书画史而提出的过渡时期的史学形态,它和传统书画史共同构成了现代学科概念下的中国艺术史。

一、第一手研究材料的扩容

总体上来看,本次西北考察所收获的第一手材料不管从形式上,还是内容上都较为丰富,尤其是对西北地区的民间无名艺术文物的梳理,在当时来讲是几乎没有与之媲美的。目前,广东美术馆和陕西省美术博物馆收藏了王子云团队当年的拓片、临摹作品、摄影作品、写生作品等数千幅(张),成为收藏当年考察成果所获第一手原始资料和数据的最主要机构。

民国时期,无名艺术史的研究群体中既有考古学家、历史学家,又有画家、艺术史家。不同知识背景的专家学者从不同角度进行艺术文物的价值挖掘,才将以往不被重视的民间出土文物中具有艺术史价值的无名艺术文物进行图像分析、意义探究、形式与审美思辨,进而渐渐形成从个案到专题,再到整个艺术史发展逻辑的研究。

其中体现他们合作致力于艺术史研究的最典型事件是 1937年 5 月 18 日由滕固发起的中国艺术史学会在南京成立(如图58),当时的成员有历史考古学界的马衡、金毓黻、吴其昌、方壮猷、徐中舒、黄文弼、商承祚、朱希祖、董作宾、梁思永、刘节等,也有艺术界的画家、美学家、艺术史家滕固、宗白华、常任侠、陈之佛、秦宣夫、傅抱石等。滕固致力于拓展中国艺术史学的研究视域,并在其主编的《中国艺术论丛》①里面收录了有关历史考证、美学思辨、考古研究、艺术史论在内的各类研究论文共计 20 篇。其中涉及到的艺术门类除了绘画与书法所代表的传统书画史外,还有关于青铜器、玉器、漆器、石刻等无名艺术史的论文 5 篇,从

---

① 滕固主编《中国艺术论丛》,商务印书馆,1938 年 7 月。

这些文章中可以看出当时的无名艺术史研究领域还处于零散、分散和个案的关注上,研究不成系统,较为碎片化。

图 58 中国艺术史学会合影(1937 年摄)

1937 年 5 月 8 日在南京成立。前排左一为常任侠,
左五为胡小石,左六为马衡,左七为陈之佛,后排左二
为滕固,左五为梁思永,左六为张政烺,左八为宗白华。

冯贯一1941 年出版的《中国艺术史各论》①分二十章介绍中国艺术史,虽然里面绝大部分内容属于"无名艺术史"的研究,但大部分研究材料属于对他人成果的梳理总结。诚如他在自序中说的:"惟著者学力甚浅,除参考一部分中国古籍外,在意见,实地考察方面,于东西洋之关系著作,亦多所参考。"

由此可见,民国时期作为现代学科的"中国艺术史"的重要组成部分——"无名艺术史"在 40 年代初以前,其实研究材料是较

①冯贯一《中国艺术史各论》,上海书店,1990 年 12 月。

为有限的，且大量依赖考古发掘材料和国外学者出版的研究中国艺术史的著作，比如日本学者大村西崖、水野清一，还有西方学者沙畹、伯希和、喜龙仁等。部分致力于研究中国艺术史的学者也意识到将研究材料的眼光转向西北地区，收集更多的第一手材料，才能扩充"无名艺术史"，乃至中国艺术史的研究对象与内容。比如，陈钟凡在为岑家梧的《中国艺术论集》写序时就提到，1936年他们两人就曾打算合著中国艺术史，且拟定一同到西北各地考察，但由于抗战爆发后，陈钟凡数十年来收集的各类图片与实物材料尽付劫难，其计划不得不搁置。

尽管陈钟凡和岑家梧意识到去西北收集第一手考察研究材料的重要性，但由于各种原因而未能实现。因此，本次教育部西北艺术文物考察实践，不能不说给当时的"无名艺术史"研究注入了新鲜血液和新的学术动力。并且，从前文可知，本次西北艺术文物考察所涉及的"无名艺术史"门类也很丰富，包括建筑（石窟、民居、寺庙、桥梁等）、绘画（寺观壁画、石窟壁画、石棺椁线刻画、建筑附属之门楣线画）、雕刻（陵墓石雕、寺庙泥塑、石窟佛雕、墓葬工艺雕刻、民间手工艺雕刻、建筑装饰雕刻、碑石装饰雕刻）、工艺美术（铜镜、印章装饰、带钩、陶器、佩玉）在内的十余类无名艺术文物。这不仅充实了"无名艺术史"研究的材料，更是为民国时期"无名艺术史"的概念范畴确立了基本的研究框架和视域。

从第三章可知，由王子云带队的此次西北艺术文物考察收集了大量的第一手田野考察资料，包括照片、实物、模制品、文本、艺术写生等，获得了大量民间文物的原始信息数据，对其存在的原初状态作了大量普查性工作和基础信息梳理工作，这对于研究民间的"无名艺术史"而言是非常珍贵且有相当学术价值的。

以本次考察最重要的研究对象敦煌莫高窟为例，考察团经过近一年的多次考察工作,对敦煌千佛洞的洞窟形制,特别是顶面图、底面图、剖面图在魏、唐不同时期的风格进行了详细测绘和判断。并且就张大千的洞窟编号,逐一描述其洞窟内容,包括题记、洞窟结构、大小、雕塑与壁画内容、风格判断、年代判断等。并通过摄影和临摹,直观地呈现窟内艺术文物的存放现场。这对于处于初期的敦煌艺术研究而言,王子云团队的基础性资料收集整理工作显得非常有价值和意义。

对于一个史学研究者而言,能获得田野调查的第一手资料,意味着掌握了更准确的关于研究对象的信息。尤其对于民间艺术文物的学术研究而言,其"原境"①的价值往往高于其陈列在博物馆中的价值。很多艺术文物的重要信息在陈列方式的转移过程中就消失掉了,而这些消失掉的信息往往才是研究它的重要信息和证据。

再以考察团研究的重点之一——霍去病墓前石刻艺术为例,霍墓在明代初年之前大体位置保持不变,但嘉靖年间发生的地震导致墓上的部分石雕倾倒,尤其是"薄而高者"②,之后万历年间,在墓顶和墓的东北脚下建立了两个小庙,部分小型的石雕被搬至小庙。从此,霍墓石雕群的整体布局发生了很大变化。20世纪20年代以后,附近村民在此处又建立小学,在霍墓四周筑起围墙时又挖出明代地震掩埋的石雕,门向北开,门内东西各有北房五

---

① "原境"(context)的概念提出,对中国艺术史学走向多元学术取向的发展趋势很有启发性。这种复原艺术史研究对象的物理空间和文化场域的叙事逻辑与研究思维,旨在通过回到艺术文物的最初状态去还原艺术史的相关问题,例如,艺术创作的动机、内涵与意蕴。

② 据马子云《西汉霍去病墓石刻记》,《文物》1964年第1期,第46页。

六间,石雕散乱堆置,遭受风吹日晒。之后经有识者重视,将石雕收集在墓的左右,建廊保存①。

从这段历史来看,霍墓石雕已经发生了不少位置的变化,对于创作者的石雕设计初衷以及造型用意的揣测变得较为困难。而王子云初次去霍墓石雕考察时是1941年,当时霍墓石雕还处于散乱放置的状态,因此考察团才有机会近距离地获取其技法、造型、材质等第一手资料,并对其进行石膏模制,这在当时尚属首例。且在反复接触文物的过程中,考察团对霍墓石雕的艺术价值、审美品位、技艺特点、创作构思进行了全面而深入的分析。

又如,考察团1943年4月参观考察甘肃夏河县藏传佛教寺院拉卜楞寺时所拍摄的拉卜楞寺全景图,在今天看来已成为珍贵的历史资料。因为1985年拉卜楞寺遭遇了一次火灾,虽经重新修缮复原,然而40年代时的拉卜楞寺全景图估计只有考察团的摄影照片能反映其原貌。

另外,考察团对西北民间装饰雕刻的收集和绘图、摄影,对装饰应用型图案研究起到了很好的资料铺垫作用。从2007年王子云子女整理出版的《中国历代应用艺术图纲》中可以看到当年考察团对装饰图案的资料收集与整体研究情况,尤其是瓦当图案。考察结束之后,王子云编撰了两册《秦汉瓦当艺术》,这对于研究传统装饰图案和造型方式的演变而言是非常值得参考的材料。

总之,1940—1944年王子云团队的考察成果做到了全方位、多角度、多门类地扩展"无名艺术史"的研究内容,其获取的第一手资料极大地丰富了"无名艺术史"在民国时期的研究活力,奠定了"无名艺术史"在当时中国艺术史学界的学术分量。

―――――――――――

①据王子云《中国雕塑艺术史》上册,人民美术出版社,1988年10月,第40页。

二、研究视域的扩张

在前文多次提到民国时期的"无名艺术史"是一个特定时段的艺术史学形态,它是伴随着西学的影响,在传统书画史基础上建构的现代中国艺术史学转型过程中的一个特定称谓。它本身的内涵丰富,涉及的研究领域广泛,尤其受到考古学、人类学、社会学、民俗学等人文学科的理论与方法影响,具有交叉学科性质。因此,"无名艺术史"研究需要以宽泛的学术视野为基础,以深厚的人文学术素养为依托,以全面的综合研究方法为指导方能进行。而王子云团队正是具有田野考古、艺术实践、审美分析、历史考证、文献梳理、民俗鉴赏、社会调查等综合能力的一个"无名艺术史"考察团队,其研究的范畴、角度、方法在同时期的研究团队中属于最全面、最均衡、视域最广、学术张力最足的。

所谓研究视域,其内涵包括学术对象的关注广度与深度、研究范式的类型、研究方法的种类、研究角度的学术张力等等。而这些问题在本次西北艺术文物考察的"无名艺术史"研究中都体现出其研究视域的扩张企图。

从研究范式的类型角度来讲,第五章提出的"无名艺术史"研究范式的三维度形态,在本次西北考察中都有体现,其研究成果既体现出作为纯粹史学研究的"无名艺术史"的叙事方式,又体现出作为艺术家视域的"无名艺术史"的书写逻辑,更呈现出作为化育大众的"无名艺术史"的社会功能。应该说,王子云团队在研究范式上是一个典型的多维价值取向的经典案例。这一方面缘于抗战的特殊历史背景,另一方面受到国民政府官方组织的特殊使命的影响,更重要的是与考察团团长王子云及其成员中那些青年学者们对西北艺术文物的学术敏感度和文化自信力分不开。

　　从研究角度的学术张力来看,"无名艺术史"本身就是一个涉及多个学科领域的新兴史学形态,尤其在民国时期,它又离不开考古学所提供的新材料,很多属于艺术史的问题在进入艺术史界之前,已经由考古学界或历史学界展开过前期研究。因此,对于"无名艺术史"的研究问题而言,其学术张力在于针对一个考察对象的多角度研究,需从历史复原、文化探究、艺术价值定位等多方面勾勒出"无名艺术史"的形态。

　　比如,在安阳殷墟的考古研究之中,李济对殷商时期陶器和铜器的形制、功能、纹饰等问题就进行过研究,在《殷商陶器初论》中,他将殷墟出土的陶器和安特生所发现的仰韶文化陶器进行比较,考察了他们形制花纹的流变,通过对陶器和青铜器纹饰的对比,认为"铸铜的人,不但抄了陶器的形式,就连那装饰的花纹,也全借过来。至少我们可以说,殷商时期的艺术,取象动物形的地方很多,并且这种经验,已经经过相当的时间,因为我们所见着的,已经半规则化了"①。并且李济在其英文著作《安阳》一书中专论"殷商的装饰艺术",分别从殷商的陶器、骨雕、石雕、青铜器几个方面进行论述。又如,多次主持和参与发掘殷墟的考古学家董作宾,对甲骨文的书法艺术风格进行深入比较研究,且将其作为甲骨文分期断代的重要标准。

　　郭沫若、容庚、唐兰、徐中舒等人对青铜器铭文和纹饰图案的研究都进一步影响了"无名艺术史"研究的滥觞。唐兰在其《中国古代美术与铜器》②一文中就提出,由美术的眼光来看铜器,可以

---

① 李济《殷商陶器初论》,《安阳发掘报告》(第一册),京华印书局,1929年12月。
② 该文收录于滕固主编《中国艺术论丛》,商务印书馆,1938年7月,第111—113页。

从冶铸、器形、装饰、花纹、书法这五个方面来分析。且认为铜器把工艺美术和书画这两类美术形态都包含在内,通过鉴赏铜器可以了解三代的图画、书法、雕刻艺术。

和他的观点相似的还有徐中舒,他的《关于铜器之艺术》①一文,也是认为铜器的艺术性主要表现在形体、纹饰和款识上,这三者体现的是三代雕塑、绘画和书法艺术的面貌。并且作为一个历史学家和古文字学家,他尽可能从艺术史的角度去审视和研究铜器的价值,他在文中提到:"商周物有松绿石及牙角形之镶嵌,春秋战国之后有白色物质之鎏及金银错,亦可视为拟多彩或单彩之绘画。盖古代绘画与平面上之雕刻,其距离当不甚远。故此铜器上刻纹与镶嵌之艺术,亦可视为古代之绘画艺术。"由此可见,对于考古出土的艺术文物的艺术性关注,考古学家往往先于艺术史家。

而王子云在 40 年代对西北地区的"无名艺术史"研究中,就充分展示了"无名艺术史"的学术张力。例如,1941 年考察团在西安考察期间,王子云发现在南门内大湘子庙街一座旧建筑门前台阶石上有线刻,经过教育厅协助,在附近陆续发现这样的线刻石板十块,后考定为唐中宗韦皇后族兄韦顼夫妇合葬(开元六年)的石椁。这组石椁线刻画的发现引起了王子云对于石棺石椁等装饰雕塑的研究兴趣。他将此石椁与韦皇后的另一族兄韦泂夫妇合葬墓的石椁线刻(神龙二年)和后来出土发现的杨执一夫妇墓门门扇的线刻(开元四年)、高元珪石棺线刻(天宝十四年)等综合比较研究,认为杨执一墓门门扇的线刻画运用的是游丝细描,与韦顼石椁线刻技法风格一致,而高元珪石棺线刻比前两者在时间

---

① 该文收录于滕固主编《中国艺术论丛》,商务印书馆,1938 年 7 月,第 125—137 页。

上晚三十多年,所运用的线条软弱无神,有因袭前人的形式化因素;如果将高元珪与韦洞的石椁线刻进行比较,则更体现出韦洞线刻圆劲而刚强的线条美感。因此,经过比较分析后得出,唐代石棺石椁线刻审美与技法的变化规律是由圆劲有力向圆熟绵软的风格演变①。

除了将考察的石椁线刻与同类艺术文物进行比较来审视线刻画技艺的发展演变规律外,通过研究唐代韦顼夫妇石椁线刻画,王子云仔细分析了其中人物的服饰打扮、仪表体态和神情姿容,认为此人物线刻画可以反映出唐人的生活状态,尤其是贵族阶层的奢靡生活。同时,他分析棺椁制度的由来和具体形制,与西汉贵族墓的两层椁四层棺的奢豪制度相比,提出上述唐代贵族的石椁仅为一层椁,椁内无棺这样的现象究竟是属于常态制度,还是属于"棺为木质,已经腐朽不见"的偶然现象这一疑问。

显而易见,通过考察韦顼夫妇石椁线刻画,王子云从分析线刻技法、人物造型到研究唐人生活和棺椁制度,使其对"无名艺术史"中的棺椁线刻画问题的研究视域不断延伸,体现出王子云"无名艺术史"研究向历史社会生活、丧葬习俗、工匠技巧和造型审美等多方面发展的学术张力,也为考古学家或文化史研究者拓展了进一步研究的学术空间。

上述例子在西北艺术文物考察期间还有很多,包括对汉唐陵墓雕刻艺术、西安碑林碑石装饰雕刻、寺观壁画与建筑装饰艺术,以及敦煌石窟艺术等领域中属于"无名艺术史"范畴的研究,都体现出他本次西北考察在研究角度上的学术张力。

---

①王子云《中国雕塑艺术史》上册,人民美术出版社,1988 年 10 月,第 308—311 页。

至于研究方法的种类和研究对象的深度与广度中所反映出的研究视域的扩张问题,在第五章关于方法论的探究中已有分析,不在此处赘述。

总之,从民国时期的"无名艺术史"研究来看,王子云艺术文物考察及其研究成果将"无名艺术"的研究对象内涵进行了深度拓展,涉及绘画、雕塑、建筑、工艺、民间风俗、社会文化(少数民族风土人情)等多个类别,将研究方法进行跨学科的综合与交叉运用,研究范式的类型进行深度扩展,形成三个维度的不同叙述方式。并且,在跨人文学科方法论的基础上将研究角度的学术张力尽可能拓展,为"无名艺术史"走向一个具有开放性和多元价值取向的人文学科交叉研究形态,打下了坚实的基础,同时还提出了很多新的研究问题和学术关注点。而这些研究对象、研究方法、研究问题、学术视角是民国时期"无名艺术史"研究形态的基本框架和内容,为"无名艺术史"在新时期成为艺术考古学、民俗艺术学、新艺术史等学科发展的重要参考依据和研究基础做出了积极的贡献,其意义和价值是毋庸置疑的。

三、对汉唐艺术价值的再发掘

40 年代初这次面向西北的艺术文物考察实践,从考察初衷来看,是因抗战的爆发,国人在面临民族存亡危机时对自己本民族优秀文化传统的一次再发掘,尤其是对汉唐艺术传统的再发掘,以期重塑中国传统艺术精神的主要表现,复兴中华传统文化。这既是王子云的考察缘由,也是当时知识分子的社会体认和文化自信心态的体现。因为当时的美术界,已经习惯将明清以来的文人艺术传统看成中国传统艺术精神的主要表现,习惯于批判明清文人艺术已经走向衰亡的思维,进而否定中国传统艺术的价值。因此,本次面向西北的汉唐文化寻根之旅,既是为中国传统艺术精神正名,也是为中国艺术发展提供值得反思的传统艺术价值观。

从本次西北考察研究对象所涉的时间段来看,以汉唐时期为主,元明清三朝为辅,秦代及以前相对较少。关于汉代艺术的考察主要体现在汉代陵墓的田野调查(尤其是霍去病墓前石雕艺术的考察研究)、汉代建筑装饰(瓦当)、汉代工艺美术(铜镜)等方面;关于唐代艺术的考察主要体现在龙门与敦煌石窟艺术(佛教雕塑和壁画)、唐代十八帝陵及其石雕艺术的考察、唐代工艺美术中的装饰艺术研究(铜镜纹饰、唐三彩)等方面。

以往中国美术史在谈到汉代艺术的部分,往往从文献记载中罗列汉代艺术包括墓室碑阙、宫苑装饰、铜镜印章、陶俑玉雕等艺术形态的简要情况。而本次考察团的田野调查,则注重对汉代艺术文物的细节研究。比如对铜镜的研究,王子云首先与秦代铜镜进行比较,认为秦代纹饰主要是螭龙纹,而汉代纹饰则复杂得多,"题材多为四神、天马、葡萄、龙凤及十二生肖等,于直径数寸之面积中,雕饰繁复之图案,优美精致为他代所罕见。尤以海兽葡萄镜,其结构之新巧在中国历代图案中允称上选"[1]。并在分析了汉代纹饰的题材后认为,飞马、狮子、葡萄、石榴等是受到西域文化传入的影响,其结构繁密优美而富有装饰意趣,与受先秦的青铜纹饰影响的秦代螭龙纹是明显不同的新气象。他将在西安的古董铺收集购买和采集自民间出土的铜镜资料汇编整理,将其中最有装饰审美价值的铜镜纹饰从题材、结构到图案风格及其来源进行分析,从而充分肯定了汉代工艺美术的图案造型及风格的艺术价值。

---

[1]王子云《中国历代应用艺术图纲》,太白文艺出版社,2007年5月,第262页。

在对汉代砖瓦纹饰进行研究中,王子云在西安收集了一百二十余种瓦当图案,后拓印编撰成《秦汉瓦当艺术》两册。他归纳了汉瓦纹饰题材种类,其中对文字瓦研究较深入,认为其字体圆劲有力,结构非常匀整,图案与瓦的造型配合巧妙,艺术价值很强。且与秦代相比,汉代的瓦纹从秦代的简洁朴素向繁复多变演化。王子云经过大量比对砖瓦纹饰后论述道:

> 汉代之砖瓦纹饰种类浩繁,在中国古代图案中具有重大价值。长安洛阳所出土之巨型花纹砖,其图案多为云雷鸟兽人物,制作工整,惟种类不多,仅十数种。而在南阳及城固两地则有小型之刻纹汉砖,概为几何图案,其纹样种类变化之多不下数百。在图案组织方面颇有特殊价值,约为东汉及蜀汉时代之作品。[①]

上述关于汉代铜镜和瓦当纹饰的研究表明,王子云对汉代装饰艺术的价值持充分肯定的态度。加上他对汉代霍去病墓前石刻艺术所体现出的气势、力量、洗练的美学品格,以及对石雕所传达出的汉民族时代精神的推崇,都反映出通过本次考察,达到了挖掘汉代艺术价值的目的。在此后很多年的调查研究中,王子云都不忘在各地的考察中关注汉代艺术,尤其是汉代雕塑艺术。

关于唐代艺术的价值挖掘,主要体现在对敦煌石窟艺术的研究上。不论是在唐代佛雕建制规模、神情体貌、造型手法、图案色彩方面所体现出对唐代国力强盛和具有民族自信的艺术繁盛局面的肯定,还是在唐代壁画的题材内容、造型语言、装饰手法方面所体现出对唐代繁华现世、歌舞升平、雍容典雅的时代风貌的感

[①] 王子云《中国历代应用艺术图纲》,太白文艺出版社,2007年5月,第8页。

叹,均是考察者对唐代艺术所反映的民族自信与蓬勃生命力的认同。因为唐代艺术里有充分的异域文化成分,而正是由于自身的文化自信,才能使得唐代艺术呈现出如此宏大、绚丽、活泼且具有音乐性的美。这对于处于抗战苦难之中的国人而言,无疑是增强民族自信、重塑传统艺术精神的最好范例。

除了敦煌石窟艺术能反映出唐代的艺术精神,王子云在考察河南龙门石窟的佛教艺术时有这样一段论述,也体现出他对唐代艺术精神的推崇。

> 说到圆雕与高浮雕的形式变化,龙门西山北段敬善寺窟的十五尊雕像更为突出别致。十五尊像即一佛、二弟子、二比丘(信士)、二菩萨、二天王、二武士、二侍卒,这是唐代最为复杂的佛像形式,也表现了佛的尊严和其手下仪仗的庞大阵容。敬善寺雕像是中央坐佛为圆雕,以下即是浮雕、圆雕、浮雕、圆雕相间变化,就连雕像的神光形式也是圆与尖相间,以至窟壁上的小千佛,窟顶上的莲花飞天等也都是千变万化,艺术手法之高超十分惊人。我们不禁要钦佩唐代雕刻家的美学观点的杰出,并且产生了丰富多彩、灿烂繁复的艺术效果,这样的雕刻艺术创作手法,恐怕也只有文化兴盛期的唐代才能出现。①

另外,关于唐代的佛教建筑及壁画,王子云在西安、洛阳等地考察后,感叹到:"唐代佛寺之兴建亦盛,长安洛阳两地,招提林立,建造之宏冠于前代。尤以壁画之佳,可谓空前绝后……"②所

①王子云《从长安到雅典——中外美术考古游记》上册,岳麓书社,2005年8月,第47—48页。
②王子云《历代应用艺术图纲》,太白文艺出版社,2007年5月,第10页。

有这些对唐代艺术的赞美之词都是基于对唐代艺术价值的一个基本立场，即"唐继隋后国势益盛，文教远被西域，并同时吸收外族文化，在中国文化史上形成空前灿烂之势"①。

文化的盛世铸就了艺术的盛世，而文化的盛世又来源于文化的包容与自信，以及开放与自由的时代精神。这些理念对于抗战时期的艺术界乃至知识界而言，都是值得反思的文脉。

总之，王子云西北艺术调查与研究，对汉唐艺术在艺术史乃至文化史上的地位尤为看中，很多艺术文物的研究就是围绕汉唐艺术的审美品格、文化内涵、时代精神来展开。这无疑是在传统艺术史的基础上为汉唐艺术书写了浓墨重彩之笔，为后世重新认识中国传统艺术审美及精华之所在，提供了客观的原始数据和基本立场，这也是艺术史学史上一次复兴汉唐艺术精神的重要事件。

由此可见，从民国时期"无名艺术史"研究的史学历程来看，王子云的"无名艺术史"考察通过田野调查等手段，极大地拓展了第一手的研究材料；在研究范式、研究方法、研究对象上都体现了突破与扩容的学术发展趋势，使得其研究角度的学术张力大大提高；并且对汉唐艺术在史学上的地位与价值进行了再挖掘，尤其是汉唐艺术在审美取向上、技艺水平上、时代精神上的突出特色都成为王子云艺术史研究中的重要关注点。

第二节　对中国雕塑艺术史的学术贡献

教育部艺术文物考察团团长王子云在"文革"前就有将自己

---

① 王子云《历代应用艺术图纲》，太白文艺出版社，2007年5月，第10页。

实地田野调查的资料，尤其是以 40 年代初考察西北艺术文物时所积累的素材，撰写一部雕塑艺术史的打算。只可惜"文革"期间（1973 年）撰写的书稿被毁，80 年代王子云重新撰写并出版了《中国雕塑艺术史》，向世人展示了这位杰出的艺术史家、美术考古学者用其半生心血梳理出的中国雕塑艺术发展历程和形态，这是我国第一部雕塑艺术史专著[1]，在艺术史学界的影响举足轻重。

一、关于雕塑艺术的分类

在王子云撰写《中国雕塑艺术史》之前，可供参考的关于古代雕塑艺术的著作非常有限，只有日本学者大村西崖于 1915 年出版的《支那美术史·雕塑篇》[2]、瑞典美术史家喜龙仁于 1925 年在法国巴黎出版的《中国雕刻》[3]和梁思成 1930 年为东北大学编写的《中国雕塑史》讲义。其中，大村西崖的著作是关于五代以前中国雕塑史的文献梳理，没有太多田野考察的具体实物研究资料。喜龙仁的著作也主要是以 900 多幅拍摄于 20 世纪初期[4]的中国佛教石窟雕塑艺术图片为主，而梁思成的著作更是参考历史文献和西方学者对中国雕塑的研究，以及他在海外所见博物馆收藏之中国雕塑的实物图片，研究对象中没有亲身踏查的第一手资料。因此，王子云当年的考察就显得尤为重要和具有开创性意义。

在关于雕塑艺术的分类问题上，当时也没有明确的研究体系

①王子云《中国雕塑艺术史》，陈少丰序，人民美术出版社，1988 年 10 月，第 3 页。

②大村西崖《支那美术史·雕塑篇》，日本：佛书刊行会图像部出版，1915 年 8 月。

③该著作 2019 年由广东人民出版社翻译出版，书名改为《五至十四世纪中国雕塑》。

④喜龙仁第 1 次来中国考察大约是在 1918 年。

或分类依据和方法。因此,王子云的雕塑史研究主要以他在西北实地调研的雕塑种类进行分科。在他的《中国雕塑艺术史》一书中,除了原始社会和奴隶制社会的雕塑艺术是按照雕塑的材质分为石器、骨雕、玉雕、陶塑以及青铜器以外,在进入封建时代的雕塑艺术研究中,他对雕塑的分类开始带有一种功能划分的思路,有意识地将雕塑分为工艺装饰雕塑、建筑装饰雕塑,并在汉代及以后逐步加入陵墓雕塑和佛教雕塑门类。在该书的中编以后,雕塑史的分类形成了佛教雕塑、陵墓雕塑、装饰雕塑三大板块的叙述体系,并一直延续至清代,从而形成了他对于中国雕塑艺术史的整体分类方法。

从以上三大门类的分法来看,除了体现出他是依据雕塑的功能和所处环境来划分门类以外,这三大类的分类思路雏形其实在40年代的西北艺术文物考察中已基本成形。佛教雕塑以敦煌莫高窟、龙门石窟、河西走廊的祁连山区石窟群(酒泉文殊山、张掖马蹄寺石窟)为考察对象;陵墓雕塑以陕西关中汉唐帝王陵墓为考察对象;装饰雕塑以河南、陕西、甘肃、青海四省的寺庙建筑装饰雕塑、民居建筑装饰雕塑、碑石装饰雕塑、民间工艺装饰雕塑为考察对象。

因此,王子云40年代初组织西北艺术文物考察,对他日后致力于雕塑艺术史的研究具有非常大的影响,首要的就是对中国古代雕刻的门类划分有了较为清晰的思路和方法。可以说,没有这次西北考察的雕塑艺术考察作铺垫,就没有《中国雕塑艺术史》的基本书写框架和叙事逻辑。而书写框架的核心在于按何种方式将广袤无垠的祖国各地民间雕塑,按照一定的叙事逻辑进行合理的体例编排,这在当时是没有前人经验可以借鉴的。

总之,关于雕塑艺术的分类问题,这不仅仅是一个书写雕塑史的叙事逻辑问题,还是一个关于研究雕塑艺术史的切入方式和研究方法的核心问题。这个问题通过教育部西北艺术文物考察所涉及的各类雕塑,解决了雕塑艺术史研究的这个基本而关键的写作出发点问题,为日后他人撰写雕塑史提供了重要的学术参考和研究向度。

二、关于雕塑风格的分期

受进化论和唯物史观的影响,20世纪以来中国艺术史的通史写作大都有一种历时性发展观,认为艺术的发展与生产力和社会的进步直接相关,且受意识形态的影响,有自身发展的进化历程。王子云对中国雕塑艺术史的认识也是如此,从历史进化和历史分期的角度,对古代雕塑艺术的风格进行了流变的分期划分,最初将雕塑史分为四个发展阶段:一、原始萌芽阶段——原始社会、商、周;二、茁壮成长阶段——秦、汉、南北朝;三、成熟灿烂阶段——隋、唐;四、逐渐衰微阶段——五代至以后各代①。

后来他在撰写《中国雕塑艺术史》时,又结合了80年代一些美学著作的观点,比如李泽厚的《美的历程》,对雕塑史的分期产生了一些新的变化。主要变化在于对雕塑何时走向衰微的时间段认识与之前有所不同,将五代、两宋、辽、金时代看成是雕塑艺术世俗化的过程,而从元明清三朝开始才真正走向衰萎。书中他这样论述到:

> 宋代是中国世俗美术(包括雕塑艺术)继唐代之后继续发展的时代。……与此同时,在被笼罩于儒家哲学思想之下的宋代理学,渗入到整个上层社会的思想意识中,因而拜佛

①王子云《中国古代雕塑百图》,人民美术出版社,1981年3月,第5页。

供神等已不为地主阶级所依重,以致开凿佛窟、建造神庙、雕塑造像之风习,失去了发展的凭借。并且由于城市商业的繁荣,促使社会意识更倾向于现实,佛教即有传播,其教义也不能不结合于世俗的现实生活。……在这种情况下,神的形象也无形中走向世俗化和人间现实化,由此出现了宋代佛教造像多是接近于人的罗汉和观音,这当然与佛经经义也有着直接的关系。①

显然,王子云此时认为两宋时期佛教雕刻只是走向世俗化,而非衰落。他的这种观点与李泽厚认为"在宗教雕塑里,随着时代和社会的变易,有各种不同的审美标准和美的理想,大体可划分为三种,即魏、唐、宋。一以理想胜(魏),一以现实胜(宋),一以二者结合胜(唐)"②的想法大体一致。因此,他认为雕塑史发展到宋代是审美方式变了,而并非走向衰落。这是对他自己之前的分期立场的明显修正。

除了结合审美进行分期,王子云通过40年代的田野调查研究,对各代雕塑的技巧语言也进行过深入分析,因此他的分期依据中很重要的一个标准就是造型与技巧。他认为秦汉时期的雕塑质朴遒劲、造型含蓄,南北朝时期则造型概括而具有装饰性,隋唐时期的雕塑达到精致完美、灿烂成熟的状态,此后走向了世俗化且技术日趋精巧,到了明清后期,雕塑造型繁琐、制作庸俗。整体上,造型风格呈现出由概括、洗练、坚实、生动,逐渐演变为松弛和纤细的趋势。

上述审美与造型风格流变的总结,绝大部分是在40年代西

---

① 王子云《中国雕塑艺术史》上册,人民美术出版社,1988年10月,第329页。
② 李泽厚《美的历程》,安徽文艺出版社,1999年1月,第125页。

北艺术文物考察期间的实地调研中得出的。在《中国雕塑艺术史》的目录中，秦汉的瓦当、霍去病墓石雕、两汉墓俑雕塑、魏晋南北朝的佛窟雕塑造像、唐代佛教雕塑、陵墓雕塑和装饰雕塑、明清建筑装饰雕刻和民间工艺美术雕刻等内容的史料依据主要都是本次考察的研究成果。

因此，王子云关于中国雕塑艺术史的历史分期脉络，离不开西北艺术文物考察期间工作成果的积累。

除了大的历史分期之外，在一些个别重要时段内的小范围风格分期，王子云的立场和观点也是以西北艺术文物考察结论为依据。例如，关于唐代石窟雕塑的分期，他除了延续历史分期的初、盛、中、晚唐四阶段划分外，明显是将初盛唐的风格归入更能体现唐代审美特点和时代风貌的一类，认为初盛唐的雕塑"在造型上雄伟瑰丽、劲健有力，在生动、真实的刻划中，特别显得气魄宏大，富有活力，给人以雄强硕壮的感觉"①。相反，到了中晚唐时代，雕塑风格"陷入了因袭陈规，走向柔媚纤丽或萎靡无力的风格"②。这样的分析与1943年何正璜发表在《说文月刊》上的《敦煌莫高窟现存佛窟概况之调查》的论述吻合，也与考察团考察唐代十八帝陵时关于陵墓雕刻的分期认识大体一致，都是认为初盛唐的雕塑相对于中晚唐而言，体现出一种刚健雄强，富有生气的国富民强的时代精神，且技巧刀锋锐利洗练，形体完美。

总之，关于雕塑艺术史的分期，王子云以西北艺术考察史料为基本依据，从造型方式、雕刻技巧、审美品格进行发展脉络的历

①王子云《中国雕塑艺术史》上册，人民美术出版社，1988年10月，第197—198页。
②同上，第197页。

史分期,归纳出古代雕塑艺术技巧从简洁、洗练向繁琐、巧密发展,审美方式从质朴含蓄向富丽壮阔发展,而后转向纤细庸俗的艺术规律。这是中国雕塑史研究上第一次系统性的历史分期,体现的是艺术史家对古代雕塑艺术发展脉络之史学立场的第一次整体把握。

三、关于绘画与雕塑的互证思维

前一章节在谈王子云的方法体系中已经提到他的一种研究角度,即与经典绘画史互动的无名艺术史研究。当他在西北考察结束 30 年后再撰写《中国雕塑艺术史》时,仍然坚持与绘画史的互证思维。这种互证思维对其雕塑艺术的价值判断以及研究范畴的定位产生了直接影响,甚至影响了之后中国工艺美术史的研究①。

在他的《中国雕塑艺术史》中,关于魏晋南北朝雕塑的造型风格有这样一段论述:

> 从雕塑造型风格上说,同时代的绘画所表现的笔迹劲利和秀骨清像的刻划,以及"曹衣出水"的样式,也都同样地表现在雕塑的形象中。唐代艺术评论家张彦远评南朝陆探微的画,谓为"精利润媚,新奇妙绝",这种崭新的风格,在同一时代的雕塑艺术形象中,也都可以找到。当然,这也不是说,这时期的雕塑,完全是受绘画的影响,而是这两种艺术具有共同的发展倾向。其主要原因是由于当时的社会现实,特别是多民族的特点所形成。并且也或多或少地反映在同一时

①例如田自秉的《中国工艺美术史》中把王子云关于石刻线画的研究内容移入装饰工艺雕塑部分。

代的其他艺术或文学中。①

这段话非常明确地表明了王子云研究中国雕塑史的一种思路或观点,即同一个时代的雕塑和绘画有着共同的发展倾向,它们受到时代背景的影响,在审美和表现手法上会相互影响。换句话说,绘画与雕塑可以在历史中互相印证其艺术规律。

基于绘画与雕塑互证的思维方式,王子云还在该书中论及评价唐代雕塑艺术的价值问题:

> 有人称道最能代表唐代文艺的时代精神的是诗歌与书法,认为它们是"在唐代达到了无可再现的高峰,既是这个时期最普及的艺术,又是这个时期最成熟的艺术。"……(《美的历程·盛唐之音》,文物出版社,1981年出版)那么,列于唐代造型艺术应居于正统的雕塑、绘画又如何呢?由于唐代绘画真迹存世极少,所以难以与存世多的宋、元绘画争妍,而唐代雕塑作品到今天仍是随处可见,而且绚丽超绝,实无愧于同时期的诗歌与书法。②

显然在王子云看来,唐代虽然绘画作品流传下来的真迹少,但雕塑却多,可以通过雕塑来体现唐代造型艺术的审美及其价值。不仅如此,他还在研究唐代佛教雕塑时关注到一种绘画与雕塑表现形式合二为一的艺术形式——"绘塑"。

> 应该特别提到的是敦煌塑像的妆銮彩画,这是我国古代造型美术中雕塑与绘画的综合表现——"绘塑"的艺术形式。这一形式据说是创于唐代大雕塑家杨惠之。实际上敦煌的北朝和隋代塑像也多已应用这种彩绘手法。因此,这一艺术

①王子云《中国雕塑艺术史》上册,人民美术出版社,1988年10月,第179页。
②同上,第320页。

的创始,很可能是起自早于唐代三个世纪的戴逵(东晋雕塑家,兼长绘画),到了唐代,应用得更为广泛罢了。①

据此,王子云的雕塑艺术史观中贯穿了绘画与雕塑互证的思维方式已是显而易见。在该书中还可以看到不少这样的论述:

　　(敦煌莫高窟唐代塑像)在菩萨的形象上,中、晚唐的作品虽然趋于纤弱,但也有不少富有艺术性的作品。如前已列举的194窟可能属于中唐的胁持菩萨,其形神的丰丽,确是更进了一步。……这和唐代仕女画家张萱、周昉所表现的曲眉丰颊、富于典型美的仕女人物画,实有异曲同工之妙。②

　　秦代的空心大砖,在陕西咸阳一带常有出土,有的饰以龙纹、凤纹等浮雕,有的则是绘画式的山林狩猎等细线浮雕。……秦代的绘画艺术虽少有留到今天,但从一些残砖浮雕的表现手法上,也可以欣赏领会了。③

从上述多段引述中所体现的绘画与雕塑互证思维,其实是源于王子云在西北艺术文物考察期间的方法与思路。

例如,考察团在敦煌千佛洞和洛阳龙门石窟考察中,注意到北朝佛像雕刻与同时代绘画所体现的"秀骨清像"的人物画在造型与审美上的一致性。

又如,王子云当年在洛阳、西安、敦煌等地考察中就曾关注到石刻线画艺术,此后还出版过《中国古代石刻画选集》④。并对唐

---

①王子云《中国雕塑艺术史》上册,人民美术出版社,1988年10月,第203页。
②同上,第201页。
③同上,第30—31页。
④王子云《中国古代石刻画选集》,中国古典艺术出版社,1957年7月。

代的石刻画有较为深入的研究①,尤其是对石刻线描与中国人物
画的线描技法(十八描)进行比对后,得出石刻线画与人物画造型
在描法上的一致性结论。王子云在1941年考察西安大雁塔门楣
线刻人物时,认为是"接近于绘画形式的线刻,刻线特别显得劲健
有力,与南门楣上的线刻佛、菩萨同样都表现了中国古代绘画中
所谓'铁线描'的造型特点"②。并推测"有可能是出自当时大画
家阎立本的手笔。因为阎氏的人物画也偶有佛教题材,而且在表
现形式上更是以'铁线'著名的"③。

　　王子云在西安发现唐中宗韦后族兄韦顼石椁线刻时,也认
为其描法属于十八描中的游丝描。在考察洛阳龙门北朝石窟雕
刻时,认为"古阳洞中很多佛龛的龛楣浮雕,都在不同程度上表现
了中国绘画式的线的艺术,这显然是继承了汉代石雕的优良传统
加以发展运用并结合当代人物画线描的发展而形成的"⑤。考察
龙门唐代石窟时,认为擂鼓中洞和看经寺洞的罗汉像"在不同的
人物形态及衣纹处理上,由于是浮雕,以致与同时代的人物绘画
的线描形式有些相近。因而这一批艺术遗产,不仅是具有古代雕
刻上的艺术价值,它对于我国唐代人物线画的研究,也是值得珍
贵的参考资料"⑥。

　　上述考察期间对石刻线画的研究,不论是出现在佛塔门楣
上、石棺石椁上还是石窟龛楣的浅浮雕装饰上,王子云都认为其

---

①王子云《唐代的石刻线画》,《文物》1956年第4期。
②王子云《中国雕塑艺术史》上册,人民美术出版社,1988年10月,第301页。
③同上。
⑤同上,第148页。
⑥同上,第219页。

兼具雕刻的技巧和绘画的审美,是中国人物线描在雕刻艺术中的体现。从线刻画的描法可管窥当时人物画以线造型的魅力。这些观点都收录在他的《中国雕塑艺术史》中,且他把在西北艺术文物考察期间对唐代的石刻线画研究放入"装饰雕塑"一节进行专论①。

王子云将绘画与雕塑进行对照互证的研究思路,促使了他在石刻线画领域研究深度上的提升,他在这方面的研究后来还引起了工艺美术史家田自秉的关注,在田自秉撰写的《中国工艺美术史》唐代的"其他工艺"一节中的石雕工艺部分②,引用了王子云对唐代石刻线画的研究,尤其是他研究西安碑林的碑石装饰线刻艺术。

总之,王子云在考察团期间形成的绘画与雕刻的互证思维与研究角度,不仅影响了他对雕塑艺术价值的审美判断和价值鉴定,更是拓展了他研究雕塑艺术的门类。尤其像石刻线画这样的艺术形式,既可以从雕刻艺术角度进行审视,又可从人物线描造型角度进行鉴赏,还可从工艺技术角度进行分析。它综合了绘画、雕塑、工艺在内的多重艺术价值。像这样的艺术形式能进入考察团当年的研究视野,与他绘画与雕塑的互证思维息息相关。

由此可见,作为最早运用自身田野调查材料撰写中国雕塑艺术通史的学者,王子云及其带领的团队,在40年代对西北艺术文物的实地考察与研究,对他后来在雕塑艺术史领域的继续深入钻研具有积极深远的意义。该考察不仅促使了他对雕塑艺术门类有了清晰的认识,对雕塑风格的发展演变形成了较为客观的分期

①具体内容见该书第299—312页。
②田自秉《中国工艺美术史》,东方出版中心,2010年4月,第164—165页。

方法,同时他运用考察团研究期间的绘画与互证思维,还对多种雕塑艺术形式的审美判断起到了关键作用。因此,40年代王子云组团西北考察的实践与研究,在书写框架、理论方法和研究思路三方面都对中国雕塑艺术史研究具有奠基式的学术贡献。

第三节　对中国艺术史学科体系的建构意义

作为现代学科的中国艺术史,在逐步脱离文献学意义上的中国传统画学的思维局限的情况下,其学科体系建构是一个相对缓慢的过程。西学引入,现代美术教育体系建立,以教材编写为核心的中国美术史著述在民国期间迅速增多,现代博物馆、美术馆和出版机构等都促成了中国艺术史作为一门学科的独立。而学科体系的建构需要确立自身的研究对象、理论方法、艺术史观等基本要素,40年代的教育部西北艺术文物考察,正处于学科体系建构的初创期,本次考察的相关研究成果在研究对象、方法论及艺术史观等方面都有着积极的学科建构意义。

一、研究对象的定位

中国现代意义上的美术史著作始于日本与欧美等国学者的研究。国人自撰的美术史从姜丹书的《美术史》教材(1917年商务印书馆初本)开始,虽然他在其中国美术史部分分雕刻、建筑、书画、工艺美术四类进行介绍,但正如他在该书自序中说到:

> 画,一艺也,艺而文者也。与书并视。故书有史,画亦有史。虽无通史纪其由来之变迁,历代之进化,然犹不乏专书,足资考订。剪取史料。吾患其多。至雕刻建筑以及工艺美术之类,更何所取材乎? 以示东西洋艺苑著作之林,图史并

陈,涉笔成趣,固何如者。此编美术史之所以难,尤难于本国一部也。①

因此,可以想见当时中国美术史研究中雕塑、建筑和工艺美术等内容没有太多前人研究的史料参考,更多的是靠借鉴西方美术的分类和著作进行编撰。之后,陈师曾、潘天寿、叶瀚、郑午昌等人的美术史和绘画史著作都没有涉及太多关于经典书画史之外的内容。直到1930年1月,由商务印书馆主办的《东方杂志》,推出《中国美术专号》上下两期,里面才开始涉及部分关于"无名艺术史"范畴的建筑、雕刻、民间工艺等具体研究。其中有代表性的论文有:郑午昌《中国壁画的历史研究》、陈之佛《中国佛教艺术与印度艺术之关系》、刘既漂《中国美术建筑之过去与未来》、权柏华《古瓷考略》、孙福熙《中国瓷业之过去与未来》、邹竹崖《刺绣源流述略》等②。这些散论研究较为粗略,不成系统的艺术史观和方法运用,对于作为学科的中国艺术史而言,此时还处于学术史进程中的摸索阶段。

30年代中期以后,郑午昌的《中国美术史》(1935年)、朱杰勤的《秦汉美术史》(1936年)、史岩的《东洋美术史》(1936年)、岑家梧的《图腾艺术史》(1937年)、冯贯一的《中国艺术史各论》(1941年)等艺术史著作相继问世,其中对于艺术史门类及研究对象的探讨才逐步确立,不过此阶段的艺术史研究对象大多还是从文献及前人著述中来,除了滕固、朱偰、梁思成等少数艺术史家有一些田野调查以外,此时的美术史著述中新的且成系统的第一手研究

①姜丹书《美术史》自序,商务印书馆,1917年,第1页。
②乔志强《20世纪中国美术史学史研究》,广东人民出版社,2016年5月,第37页。

材料与对象相对匮乏。

因此,40年代初的中国艺术史学界正处于研究对象急需进一步归类细化、扩充材料的重要阶段。而教育部西北艺术文物考察实践恰好处于该时期,考察对象以无名艺术史范畴的民间雕塑艺术为核心,民间建筑、绘画、工艺美术几个大的门类都有所涉及。

总之,现代学科意义的中国艺术史从最初借鉴西方美术分类进行美术史教材撰写开始,经过了艺术史专题散论、西北少数民族地区、边疆地区的考古调查和涵盖建筑、绘画、雕刻、工艺美术在内的艺术史通史撰写的初创期,逐步确立了包含"无名艺术史"在内的中国艺术史学研究范畴和对象。这样的确立是一个缓慢的过程,而王子云等人的西北艺术文物考察研究则是此缓慢过程中的重要一环。

此时的中国艺术史已经完全不只是以狭隘的绘画史为研究对象,艺术文物取代了绘画作品,成为了全新定位的艺术史研究对象。其新的研究对象的门类划分依据主要从两个方面考虑,一是根据对象的基本属性:民族性、宗教性、世俗性进行分类——少数民族艺术、宗教艺术、民俗艺术;二是根据对象的存在方式:墓葬、宗教场所、民间社会进行分类——墓葬艺术、宗教艺术、民间艺术。

基于新的分类方式下的艺术史研究对象的定位,单从史书文献和过往研究中很难获得对象的相关信息,需要大量的民间田野调查数据作为研究支撑。因为上述分类方式无法回避对民族地区、宗教文物遗迹和古代墓葬集中区域的深入考察。西北地区无疑是集这三者于一体的最重要最核心的研究地,选择考察西北地区的文物史迹,就是在推动以新的研究对象为基础的中国艺术史学科体系的建构。此次由王子云带队的教育部西北艺术文物考察实践,对于中国艺术史学现代转型而言,在学科体系建构上的意义不言自明。

二、方法论体系的建构

20世纪以来的"新史学"倡导将历史文献与考古材料相结合的"二重证据法",从纯史学的角度来看,这其实是一种"图像证史"的方法论。但如果专从艺术史学的角度来看,则表现为艺术史学研究需要还原到从"实物"角度而非从文献考辨角度出发来研究艺术的方法论思路。

那么,"实物"研究的出发点,必然会导致现代艺术史研究需要新的考古材料来充实。因此,作为学科的方法论体系建构的出发点就应当从实物材料的收集方式开始。对于艺术史新的研究对象"无名艺术文物"而言,田野考古调查的实证方法就是其基本的信息采集方法和研究方法。田野考古调查包括地面调查和地下发掘两方面。对于艺术史而言,地下发掘的艺术文物的基本信息采集由考古报告提供,更大规模的地面艺术文物则需要艺术史家有甄别、有意图地选择性收集整理,毕竟散落在民间的艺术文物何其之多,艺术价值和历史价值层次不一。而要把这些浩如烟海的艺术文物通过艺术史眼光的甄别,从而形成规模的收集、整理与研究,这势必是一项巨大而庞杂的学术工程。1940—1944年王子云组团考察西北艺术文物正是这样艰巨的田野调查工程。

他们从民间走访调查开始,参观公私收藏,对成规模的历史文化遗迹进行田野调查,围绕所要研究的对象——"艺术文物"展开临摹、测绘、摄影、写生、拓印、模铸,尽可能详实地采集、记录和整理这些有着典范价值的民间艺术文物的史料信息。从而形成了实物本位立场的田野调查方法。这对于中国艺术史学科的方法论体系建构无疑是迈出了坚实的第一步，提供了宝贵的参考经验。

　　方法论体系建构的第一步是田野考察的系统方法建构。在此基础上围绕研究思路、立场、角度的具体学科理论与方法进行方法论的组合架构。前文已经多次提到了20世纪以来中国艺术史学背景的复杂性，一方面有乾嘉考据学等考证的学术方法的传统积淀，另一方面又有西学的重客观与实证的学术规范和新兴学科(如考古学、社会学、人类学)的理论方法引入，从而使得中国艺术史学在理论与方法层面具有多种选择和组合方式。

　　历史学家或考古学家研究艺术史，更多地从考古类型学与历史文献考证相结合的方法角度切入艺术文物研究；艺术史家或艺术家研究艺术史，更多情况是从美学、传统画学、西方风格学与图像学相结合的角度进行研究；而其他人文学者如人类学家、民俗学家则从考古人类学与史前艺术的结合或者民俗艺术学的角度进行研究。因此，现代学科意义上的中国艺术史学方法论体系在各人文学科理论与方法的选择上存在很多组合方式，不同的组合方式下的艺术史学形态与问题则不尽相同。

　　而本次西北艺术文物考察的动机与目标诉求有四：一是保护民族传统的艺术文物遗产免受战争的破坏；二是复兴汉唐传统文化，从而重新确立传统文化精神，重塑民族文化的自信与认同感；三是为抗战背景下的艺术创作风潮收集素材和寻找文化之根；四是为当时国民政府开发西北的经济与文化建设服务。从这四个目的出发，王子云对所考察艺术文物的价值进行了再挖掘，从第五章第二节的工作思路模型中可体现出他们对艺术文物价值的重构思路。

　　从历史文化价值的挖掘来看，汉唐陵墓雕刻艺术以及敦煌莫高窟等魏、唐宗教石窟艺术文物都是汉唐艺术传统的历史载体和文化象征;从视觉经验价值的挖掘来看,西北各地艺术文物既是对艺术创作界注入新鲜血液和灵感,又为当时的社会艺术教育和商业化视觉设计提供积极的素材和信息。考察团在面对研究对象——"西北艺术文物"时,必然会从"历史文化"和"视觉审美"这两端来选择研究方法的组合。这种基于对艺术文物进行价值重构的方法论选择,是值得艺术史学界重视的方法论问题。

所以,王子云选择了从艺术本位立场出发,以客观实证结合主观审美为基本立场,将艺术史与考古学、民俗学、文化史等学科方法进行互动组合的综合研究方法①。这种组合方式,既有考古学家的立场,又有艺术家和艺术史家的观点,这是一种更为综合的艺术史方法论组合形式。这对于 20 世纪上半叶中国艺术史学而言,在方法论体系建构过程中的价值是尤其应该关注的,可惜以往学界对此关注甚少。

总之,40 年代的此次西北艺术文物考察研究所建构的方法论体系,为中国艺术史学科体系建构中的方法论完善,勾勒出基本的思路框架:从田野实证的考古学方法出发,以艺术文物为核心的资料收集方法(临摹、摄影、测绘、写生、拓印、模铸)为基础,运用多种人文学科方法的交叉组合,实现艺术文物的价值重构,从而解决更多的艺术史学科问题。

三、艺术史观的具体化

谈起 20 世纪上半叶中国艺术史学的史观问题,前人主要从

①第五章第三节已经谈到了王子云关于多学科互动的综合方法论在其艺术史研究中的具体体现,在此不再赘述。

进化论、唯物论等角度梳理了各类通史著作在分期中所体现的艺术史观立场。直接受此二史观影响的著作有：李朴园的《中国艺术史概论》，该书将唯物史观的"社会形态"论套用于古代美术史的分期，将其分为原始社会、初期宗法社会、后期宗法社会、封建社会、过渡社会、混合社会、社会主义社会的史观认识论；胡蛮的《中国美术史》，该书将古代美术发展演变的过程看成从原始时代、青铜时代一直到回光返照的清朝、现代的中国等若干段美术史演变进程；史岩的《东洋美术史》，该书也渗透着一种线性的美术发展观，即萌芽、成长、成熟、老衰的进化逻辑；秦仲文的《中国绘画学史》也梳理了一条美术发展从萌芽、成立、发展、变化到衰微的演变线索。

间接受此二史观影响的著作有：滕固的《中国美术小史》，将古代美术史分为生长、混交、昌盛、沉滞四个阶段，其中也暗含了一条历时性发展的内在逻辑。郑午昌的《中国画学全史》，将中国美术发展分为实用时期、礼教时期、宗教化时期、文学化时期。该分期方式里渗透着更深的美术发展的文化演变逻辑，即将社会形态的进化演变史观转移到文化形态的进化演变史观中来认识美术的发展阶段。其中既体现了艺术与政治、经济等的关系，又反映出艺术发展在自律与他律的双重影响下的演变规律。

此二史观的核心与进步意义在于，强调艺术史"变化"的积极意义，批判"祖宗之法不可变"的传统观念。尤其是受进化论影响的历时性艺术史观认为，中国美术史在明清以后走向回光返照、衰微、沉滞，这种观念更是渗透着一股强调艺术发展求变的诉求。虽然这种单一线性发展观的认识论有局限，但在当时的美术史学的全局史观中还是带有明显的批判与反思意识。

此外，科学史观也是20世纪上半叶在人文学科领域的重要史观。关于"科学"的理解,至少应该包含科学理念、科学精神、科学方法这三层含义,并且当我们把艺术史学看成科学的时候,就暗含着艺术史学应该称为一门学科的意思。作为学科的科学史观是20世纪上半叶中国艺术史学的另一重要的史学理念。

上述的进化论史观、唯物史观、科学史观这三大史观中,我们不难发现他们对中国艺术史学现代转型的理论意义主要表现在学术价值取向、书写逻辑与研究范式这三方面。

首先,从学术价值取向的层面而言,受社会进化论史观影响的20世纪上半叶的中国艺术史著作,在艺术史发展的历史分期问题以及艺术发展规律的认识论层面上,普遍遵循历时性发展观和兴衰渐变的历史演进规律,并且艺术史流变存在着类似社会进化之文艺进化规律,外来文化与本土文化的碰撞与吸收消化,成为艺术进化的重要推动力。受唯物史观影响,研究艺术史要看到艺术的外部环境,尤其是社会的政治、经济、文化对其的影响,从而对艺术发展历程作整体的观照。并且认为艺术是随社会兴衰而兴衰,受制于生产力水平,及社会生产关系与阶级关系的变化而变化。受科学史观影响,艺术史学以客观实证代替传统的心性感悟,以史实复原代替审美鉴赏;以认识艺术发展规律的客观实在性、艺术的阶段性特征、艺术史的丰富性与多样性为目标价值诉求。

第二,从艺术史的书写逻辑来看,社会进化论史观指导下的艺术史学,依据社会发展由简单向复杂的历史演进逻辑,认识从原始到近代的艺术发展史,梳理艺术发展的兴衰史及内在动力。唯物史观指导下的艺术史学,则对艺术发展史作"社会发展阶段"或"社会发展形态"的阶段分期逻辑的梳理,强调艺术的历史背景考证与艺术本体描述相结合的书写思路。科学史观指导下的艺术史学,对中国艺术史分门别类地进行研究对象的拓展,按照绘画、建筑、雕塑、工艺美术、民间艺术、宗教艺术等进行专题研究,并遵循着客观与科学的方法论。这些方法论包含人类学、社会学、民俗学、考古学、思想史、文化史等人文学科的方法组合,从而形成艺术史能与多个人文学科互动的研究逻辑。

第三,就艺术史的研究范式而论,受社会进化论史观影响,此时期中国美术史的通史研究注重演进阶段的描述与归纳,以某一逻辑规律为线索进行艺术发展模式的总结。受唯物史观的影响,其研究范式以经济基础决定上层建筑的原则来分析各艺术发展阶段中的艺术形态及意义,按"社会形态"划分各时代艺术形态及其影响。受科学史观的影响,其研究范式围绕一定的科学理论与逻辑的因果关系展开艺术研究。例如:考证辨伪、艺术风格断代、审美形态的形式分析,图像意义的释读,文化价值与考古价值的挖掘与阐释等等。

因此,进化论史观、唯物史观、科学史观是支撑20世纪中国艺术史学现代转型的宏观理论与标准,属于顶层史观。前人对艺术史观的研究往往停留在此阶段,并没有深究顶层史观之下,艺术史观在艺术史研究中的"具体化"呈现。换句话说,在进化论史观、唯物论史观和科学史观指导下具体化的艺术史观是怎样的立场、观点与方法体现,前人关注较少。而艺术史观的具体化,在笔者看来是建构现代学科意义的中国艺术史学体系所不可忽视的重要环节,它决定了艺术史学的方法论和学术基本立场。

从顶层史观之下派生出三个中层史观是笔者所论的艺术史观的具体化表现。这三个中层史观分别是:民族主义史观、社会文化史观、中外比较史观。

民族主义史观是梁启超提出"史界革命"口号的一个重要表

征,在他的新史学《中国之旧史》开篇中提出:"史学者,学问之最博大而最切要者也,国民之明镜也,爱国心之源泉也。今日欧洲民族主义所以发达,列国所以日进文明,史学之功居其半焉。然则但患其国之无兹学耳,苟其有之,则国民安有不团结,群治安有不进化者?"①此段文字说明,在梁启超看来,欧洲民族主义运动得益于史学的推动,而史学所具有的爱国力量能使国家发展而民族团结,因此我们应该发扬史学的效力去凝聚民众,从而使国家之进化成为现实。因此他提出:"今日欲提倡民族主义,使我四万万同胞强立于此优胜劣败之世界乎? 则本国史学一科,实为无老、无幼、无男、无女、无智、无愚、无贤、无不肖所皆当从事,视之如渴饮饥食,一刻不容缓者也。……呜呼! 史界革命不起,则吾国遂不可救。"②显然,他之所以提倡新史学正是因为旧史学没有这样的功能,他认为"中国数千年,惟有政治史,而其他一无所闻"。

在提倡民族主义的史界革命中暗含了新史学在研究内容上的转向,从原来的政治史思维转向文化史思维,加上西方社会文化史学派(如:兰普勒希特)的文化史观对梁启超的影响,使得梁启超所提倡的新史学包含了明显的社会文化史观倾向。他的文化史概念有广义与狭义之分,广义上他的文化史包含政治、经济、文化三部分,而狭义的文化史主要包含语言、文字、宗教、文学、美术、科学、史学、哲学。他的这种将新史学从传统的政治史转向社会各方面文化史的研究视域,暗示了新史家的关注重点从社会上层转向社会下层,同时也体现出他的社会文化史观与民族主义史

① 梁启超《中国历史研究法》之附录三《中国之旧史》,中华书局,2009 年 5 月,第 175 页。
② 同上,第 181—182 页。

观在理论逻辑上的一致性。

依托民族主义史观与社会文化史观的立场,梁启超提出了强调中外文化交流,文化间相互影响与互动的中外文化比较史观。他在《史之意义及其范畴》中指出中国史需研究的项目中就包括"各时代所受外国文化之影响何如? 我文化之曾贡献或将贡献于世界者何如?"①;"说明中国民族所产文化,以何为基本,其与世界他部分文化相互之影响何如?"②

梁启超的中外文化比较史观是基于他对文化史和民族性的重视,在《中国史叙论》的"时代之区分"一节中,他对于中国史的上世、中世、近世三大时段的划分也证明了这一点。上世史指"自黄帝以迄秦之一统,是为中国之中国,即中国民族自发达、自争竞、自团结之时代也"③;中世史指"自秦一统后至清代乾隆之末年,是为亚洲之中国,即中国民族与亚洲各民族交涉繁赜、竞争最烈之时代也"④;近世史指"自乾隆末年以至于今日,是为世界之中国,即中国民族合同全亚洲民族,与西人交涉竞争之时代也"⑤。他的三世划分里包含了中国与世界的关系或格局问题,因此,他的文化观与民族观里无不渗透着对外来文化的关注,中外比较史观由此而显现。

从上述分析中可看出,受进化论史观、科学史观滋养的新史学在走向纵深的研究领域中生发出三个更为具象和明确的史学

---

①梁启超《中国历史研究法》,中华书局,2009 年 5 月,第 7 页。
②同上。
③同上,附录二,第 173 页。
④同上。
⑤同上,第 174 页。

立场,即民族主义史观、社会文化史观、中外比较史观。这三者的
学术初衷是围绕中华民族这个单一中心而展开的视域观照,在中
外比较中坚守民族主义立场,在文化史视野下突出中国史在世界
史中的地位与价值,在民族主义前提下审视中国从传统到现代的
文化演进。这三个中层史观之间是你中有我,我中有你,紧密依
存而又相互支撑。

民族主义史观、社会文化史观和中外比较史观对艺术史学界
的影响也是明显的。在它们的共同作用下,中国艺术史学在认识
论和方法论层面都进一步系统化。

首先,艺术史学界的民族主义史观倾向由来已久,从社会进
化论传入以来,清末民初对于"中国画之衰败极也"言论的反驳,
对传统中国艺术价值的反思,对中国画的前途争论等艺术观中都
渗透着艺术史学对于民族性的思考与重视。从陈师曾20年代初
撰写《文人画之价值》为文人画正名,到30年代俞剑华在中西艺
术属不同系统的比较中审视中国画的价值,反驳近世中国画不如
西洋画的言论,都是从中国艺术的民族主义立场出发,对中国传
统绘画艺术价值正名的体现。

40年代初王子云组团带领一批青年学者和艺术家去西北寻
求中国传统之固有文化精神,并进行艺术文物田野调查与采风实
践,一方面是由于他们带有浓郁的民族文化自信的情结,另一方
面也是为民族文化遗存的现状而深感忧虑和责任。在调研过程
中对汉唐艺术传统的价值发掘就是最好的民族主义立场体现。
因为在中国艺术史学的现代转型中,民族文化的再反思和民族精
神的再挖掘是艺术史能成为现代性学科的重要基础。没有民族
传统文化的再认识,就没有中国艺术史学内涵与外延的拓展,没
有民族主义史学观的渗透,就没有中国艺术史学对多民族艺术、

边疆艺术、民间艺术的视野延展，没有民族传统精神的时代自觉，就没有中国艺术史学对于视觉文化等跨人文学科领域的互涉，进而就没有从单一中心走向全球化，形成更为开放的当代中国艺术史学格局。

第二，社会文化史观对20世纪上半叶的中国艺术史学而言，也是处处体现其史观的价值诉求。新史学所提倡的社会文化史观，将史学研究的重点转向文化史研究，把各时代的哲学、文学、美术、音乐、工艺、科学在各时代之进展和价值看成是"文化专史"的主要研究范畴。因此，美术与工艺的史学价值自然就扩展到文化史范畴。王子云在敦煌考察期间对莫高窟艺术价值的评价就是最好的体现。在本文第四章第一节中已经谈到，王子云认为敦煌莫高窟呈现的文物涉及到古代建筑、音乐、文字、舞蹈、服饰、习俗、藏经等文化史信息，研究敦煌艺术则是关于中国魏晋到明清的整个文化史研究，其中可以梳理出服饰史、雕塑史、绘画史、音乐史等等不同门类史发展轨迹。并且他不仅认为敦煌艺术是中国艺术史的一部分，里面包含和体现的中外文化交融的部分实在可以把它放到整个世界文化史的组成之中来研究。

第三，中外比较史观也是中国艺术史学中较为具体化的艺术史学态度。所谓中外比较史观，对于艺术通史的全局观而言，主要是指历史上中外在文化上的交融互渗所导致的外族文化本土化演进的史学视域；对于艺术本体的审美判断而言，主要指中西不同艺术体系下的艺术风格差异的比较研究立场与思路。

在王子云西北考察之前，作为第一个在国外获得博士学位的美术史家滕固，由于受到西方艺术史学训练，因此他较早地在其美术史研究中体现出中外比较的史学态度。尤其他对于风格演变的梳理问题，往往总能将视野放之于中外文化交流史的层面，在风格的中外对比中,归纳中国艺术史内在的风格演变规律。

而王子云在 40 年代初对敦煌石窟艺术的田野考古式研究,则不仅体现了科学实证的客观考证态度,也体现出他作为留法归国的艺术家出身,对于艺术语言审美性的中西比较眼光。他曾经这样评价敦煌石窟壁画:"(第十窟)全窟画工精致,内有一千手观音,画法颇类似西欧画。""(第九十五窟)窟内塑像,风格拙稚有奇趣,四周满绘小千佛及佛故事,并有释迦说法图等,色彩、作风与欧洲新派绘画颇相类似。"①这里提到"西欧画"和"欧洲新派绘画"显然具有一种东西方艺术的比较视野,体现出他对于敦煌壁画艺术风格的中西比较的独特审美眼光。此外,在第五章第三节中的方法论思路分析中,王子云对比与归纳的思路方法就是受中外比较史观的直接影响,在此不再赘述。

总之,这三大史观关乎中国艺术史学的研究视野与目标,从文人书画史走向多民族多形态的艺术史,从艺术本体论走向视觉文化论,从本土艺术单一思维走向与外域互动的比较思维,从而使现代中国艺术史学呈现出不同于以往任何时代的开放格局与多元发展趋势。这三大史观是中国艺术史学理论体系和逻辑方法有其学术张力和发展空间的重要的认识论支撑。

在 20 世纪 40 年代西北艺术史考察与研究中,王子云及其考察团队能在唯物论、进化论、科学史观的基础上,将史学基本观念对象化到艺术史的具体研究之中。从而在民族主义史观、社会文化史观和中外比较史观这三个较为具体的史观立场下,对民间雕塑艺术乃至无名艺术史进行具有学科理论与方法的系统性运用

---

①王子云《从长安到雅典——中外美术考古游记》上册,岳麓书社,2005 年 8 月,第 106 页。

以及深入研究，为中国艺术史的史观形态建构，做出了突出的贡献。

由此可见，20世纪上半叶，在中国艺术史研究学科化的过程中，无论是面临研究对象的定位问题，还是方法论体系的建构问题，或是艺术史观在具体化运用中的立场问题，教育部西北艺术文物考察实践与研究都起到了推波助澜的重要作用，对艺术史学科体系的早期搭建所提供的实践经验和理论方法值得学界重视和研究。

综上所述，20世纪40年代初王子云组团考察西北艺术文物的实践研究及其成果，在中国艺术史学界的地位和价值是不容置疑的。无论是从民国时期的"无名艺术史"研究，或者是中国雕塑艺术史研究之滥觞，还是现代学科意义下的中国艺术史学体系的建构等方面来看，王子云及其团队成员所付出的心血和做出的成果都应该作为中国现代艺术史学史上的一个重要标志性节点。因为在此之前，没有这样深入系统地进行收集资料、考证研究和艺术阐释的官方艺术史考察团队；在此之后，针对民间艺术调研的团队虽然更为精细化和专门化，然而调查的规模与理论方法运用的综合性却无法与之相比。同时，抗战的大背景也为本次学术考察增添了几分苦难中前行的历史情怀，值得后学们敬仰和深思。

结　论

通观 1940—1944 年教育部西北艺术文物考察史实、学术价值和王子云在此考察基础上的艺术史学贡献，笔者围绕衡量中国艺术史学现代转型的坐标两轴（艺术史研究范畴和方法论体系），将王子云团队的西北田野考察，对学科意义上的中国艺术史学的历史功绩进行较为客观而整体的诠释。这一直是笔者试图突破的核心问题之所在，也是本课题试图在前人研究基础上力争再将艺术史考察的历史，乃至中国现代艺术史学史向纵深方向引领的研究初衷。

首先，国民政府教育部同意由王子云率团考察西北艺术文物的各种动机和条件，使得本次艺术史考察的核心成果着重表现在对汉唐艺术精神的挖掘和由此带来的民族文化自信与复兴传统艺术的信心重建上。这二者既是抗战时期特定文化与社会境遇下学术史上的"西北体验"思潮，也是作为雕塑家转型为艺术史家的王子云的个人学术旨趣。因此，西北地区无名艺术文物考察的核心成果主要体现在对敦煌莫高窟艺术、陕西汉唐帝王陵墓及其石雕艺术和西北民间的各类建筑及其装饰绘画、雕刻等无名艺术杂项的研究上。

在考察与研究敦煌莫高窟艺术方面，本次考察的学术收获和具体研究成果体现在对敦煌莫高窟内容总录的梳理、考证、断代，对绘画和雕塑的风格分析,以及敦煌在艺术史乃至文化史上的价值定位。在文本阐释的同时,考察团进行了客观现状式的壁画临摹、莫高窟全景图写生、洞窟测绘、摄影等相关图像整理工作,为早期的敦煌艺术研究确立了客观实证结合主观审美的艺术考古研究范式,并为确立敦煌莫高窟艺术在东方文化史上的学术地位,作出了奠基性的研究贡献。

对陕西汉唐帝王陵墓及其石雕艺术的研究,该考察工作进行了帝陵位置、形制、历史背景等文献梳理与田野考证,并对汉唐陵寝的建制规律进行归纳总结,对陵墓石雕仪卫制度与陵墓保护措施进行了深入的思考与归纳,收集了大量的田野考察数据,对汉唐帝陵石雕刻艺术的风格进行了分期断代,尤其对唐代十八帝陵石雕进行了详细的勘查和风格比对,归纳出初、盛唐与中、晚唐不同时代风格的特点。此外,在汉代帝陵研究中尤其详尽地考察了霍去病墓前石雕艺术,并从考古学角度首次立体拓印并模铸了该石雕群,将"卧马"的艺术价值提到突出的位置,还对石雕群的创作构思和内容主题进行客观理性的分析与推测,相关研究结论大都得到后世研究者的肯定,确立了该领域早期研究的学术基调。

在西北民间建筑及其装饰性雕刻、绘画以及民间工艺美术的踏查研究中,考察团通过实测、拓印、摄影、临摹与文献考证等手段,逐步梳理出一条建筑装饰艺术的研究脉络,使王子云的《中国历代应用艺术图纲》成为那个时代最重要的集建筑、雕刻、绘画于一体的围绕艺术形式风格进行研究的艺术史著作,也为王子云晚年撰写《中国雕塑艺术史》打下了深厚的书写范式基础。

以系统梳理考察团研究成果为基础,探究其研究思路、工作模式和理论方法则是笔者力求在前人研究基础上有所突破的第二个诉求。考察团的工作方式与方法论体系是 20 世纪上半叶中国艺术史学中一个值得研究的具有典型性特色的重要案例。既有研究只对考察团的田野调查方法进行归纳，并没有整体地关注考察活动的不同表现形式，使得西北艺术考察的方法论问题一直被统称为田野调查方法。事实上，由于考察团成员的学术背景和考察团的官方性质决定了其工作方式中具有艺术实践与理论研究互补的特点，并形成了一种由艺术实践（艺术临摹、采风、写生、创作、审美鉴藏）、理论研究（田野考察、文献考证、艺术史阐释）、社会化育（民族文化传统的保护、文艺座谈、展览宣传）所组成的三位一体的工作思路模型。这种立体模型的认识建构，是厘清考察团及王子云史学方法论特色的前提和基础。

　　而此种工作模型的三维体系，印证了民国时期"无名艺术史"（一种以前未有之史学新形态）的三种研究范式，即艺术史家眼中的艺术史、艺术家视野下的艺术史和化育大众的艺术史。这既是非经典艺术史的范式突破，也是"无名艺术史"在民国时期的叙事特色。因此，基于西北艺术文物考察的王子云艺术史研究实践，是民国时期"无名艺术史"研究的重要组成部分。它不仅将"无名艺术史"载入艺术史学的研究范畴，同时为处于中国艺术史学现代转型期的艺术史研究提供了大量的第一手研究材料，拓展了中国艺术史学的研究视域。尤其在对汉唐艺术价值的再发掘上做出了突出贡献，打破了中国艺术传统中的文人传统观念，将汉唐艺术精神作为民族传统艺术精神的核心构成，重构了中国艺术史的价值观念。

　　此外，站在学科史的角度论之，笔者一直希冀通过对该个案的历史考察，能对中国雕塑艺术史乃至中国艺术史的学科发展脉络有个更清晰的把握，此乃本课题研究之第三个诉求。对于中国雕塑艺术史研究之滥觞而言，王子云率团考察西北艺术文物，为雕塑艺术的分类提供了实践依据和现实材料，对雕塑艺术史的总体认识与分期奠定了扎实的基础，并将绘画与雕塑互证的思维方式带入他的中国雕塑艺术史撰写之中，成为打通雕塑、绘画与建筑艺术史的大艺术史研究的有益尝试。

并且，从现代中国艺术史学科体系的建构角度看，王子云呈报教育部组团去西北考察艺术史，在研究对象、研究方法、艺术史观等方面都进行了拓展和充实，打破了中国艺术史只关注经典艺术的传统范式，拓宽了中国艺术史的学科维度，为中国艺术史学走向跨学科研究的发展趋势提供了实践性参考经验和理论方法。

总之，抗战时期国民政府教育部组织的这次西北艺术文物考察活动，既是一个学术史上的历史事件，同时更是值得从研究范畴、方法论突破、学科发展贡献和史学形态拓展等多个方面进行反思的艺术史学史经典案例。史实道明原委，史学暗示经验，交织在史实与史学双重变奏的旋律下，掩埋在硝烟和尘埃中的学人风度和学术张力终将揭下它神秘的面纱。

参考文献

一、专著

曹意强:《艺术史的视野:图像研究的理论、方法与意义》,杭州:中国美术学院出版社,2007 年版。

岑家梧:《中国艺术论集》,上海:上海书店,1991 年版。

常书鸿:《九十春秋——敦煌五十年》,杭州:浙江大学出版社,1994 年版。

常任侠:《民俗艺术考古论集》,太原:山西人民出版社,2014 年版。

陈池瑜:《中国现代美术学史》,哈尔滨:黑龙江美术出版社,2000 年版。

冯贯一:《中国艺术史各论》,上海:上海书店,1990 年版。

费孝通:《论人类学与文化自觉》,北京:华夏出版社,2004 年版。

傅斯年:《傅孟真文集》第三卷,长沙:湖南教育出版社,1952 年版。

冯伊湄:《司徒乔:未完成的画》,北京:人民文学出版社,2011 年版。

顾平、杭春晓、黄厚明:《美术考古学学科体系》,上海:上海大学出版社,2008 年版。

广东美术馆:《抗战中的文化责任:西北艺术文物考察团六十周年纪念图集》,广州:岭南美术出版社,2005 年版。

郭晓川:《中西美术史方法论比较》,石家庄:河北美术出版社,
　2000年版。

何正璜:《何正璜考古游记》,北京:人民美术出版社,2010年版。

何正璜:《西安考察日记》,原件藏于何正璜女儿王蔷处。

黄宗贤:《抗日战争美术图史》,长沙:湖南美术出版社,2005年版。

李廷华:《王子云评传》,西安:太白文艺出版社,2005年版。

梁启超:《饮冰室史著四种》,扬州:江苏广陵古籍刻印社,1990
　年版。

梁思成:《中国雕塑史》,天津:百花文艺出版社,1997年版。

林家平、宁强、罗华庆:《中国敦煌学史》,北京:北京语言学院出版
　社,1995年版。

刘凤君:《美术考古学导论》,济南:山东大学出版社,2002年版。

刘进宝:《敦煌学述论》,兰州:甘肃教育出版社,1991年版。

刘永平:《于右任集》,西安:陕西人民出版社,1989年版。

罗二虎:《中国美术考古研究现状》,上海:上海大学出版社,2008
　年版。

罗宏才:《陕西考古会史》,西安:陕西师范大学出版社,2017年版。

罗宏才:《西部美术考古》,上海:上海大学出版社,2008年版。

乔志强:《二十世纪中国美术史学史研究》,广州:广东人民出版
　社,2016年版。

阮荣春:《中国美术考古学史纲》,天津:天津人民美术出版社,
　2004年版。

阮荣春、胡光华:《中国近现代美术史》,天津:天津人民美术出版
　社,2005年版。

陕西历史博物馆:《何正璜文集》,西安:陕西人民出版社,2006
　年版。

陕西省档案馆:《西京筹备委员会保护古物档案公函》(1934 年 2
　　月 28 日、3 月 1 日)。

陕西省美术博物馆:《云开华藏——陕西省美术博物馆馆藏王子
　　云作品及文献集》,西安:陕西人民美术出版社,2016 年版。

陕西省文史研究馆:《秦中旧事》,上海:上海书店,1992 年版。

沈宁:《滕固艺术文集》,上海:上海人民美术出版社,2003 年版。

沈云龙:《近代中国史料丛刊》,台北:大海出版社。

史岩:《史岩文集》,杭州:中国美术学院出版社,2007 年版。

四川省博物馆:《张大千临抚敦煌壁画》,成都:四川美术出版社,
　　1984 年版。

史勇:《中国近代文物事业简史》,兰州:甘肃人民出版社,2009
　　年版。

滕固:《中国艺术论丛》,上海:商务印书馆,1938 年版。

王忱:《高尚的墓志铭——首批中国科学家大西北考察实录》,北
　　京:中国文联出版社,2005 年版。

王子云:《从长安到雅典——中外美术考古游记》,长沙:岳麓书
　　社,2005 年版。

王子云:《中国历代应用艺术图纲》,西安:太白文艺出版社,2007
　　年版。

王子云:《汉代陵墓图考》,西安:太白文艺出版社,2007 年版。

王子云:《中国古代雕塑百图》,北京:人民美术出版社,1981 年版。

王子云:《中国古代石刻画选集》,北京:中国古典艺术出版社,
　　1957 年版。

王子云:《唐代雕塑选集》,北京:朝花美术出版社,1955 年版。

王子云:《王子云西北写生选 1940—1945》,长沙:岳麓书社,2005
　　年版。

王子云:《中国雕塑艺术史》,北京:人民美术出版社,1988 年版。

王子云:《教育部艺术文物考察团西北摄影集选(1940—1944)》,西安:西北大学出版社,2018 年版。

卫聚贤:《中国考古小史》,上海:商务印书馆,1933 年版。

温肇桐:《1912—1949 美术理论书目》,上海:上海人民美术出版社,1965 年版。

西安市档案局、西安市档案馆:《筹建西京陪都档案史料选辑》,西安:西北大学出版社,1994 年版。

巫鸿:《汉唐之间的宗教艺术与考古》,北京:文物出版社,2000 年版。

巫鸿:《美术史十议》,北京:三联书店,2016 年版。

西北大学:《西北大学学人谱·刘季洪》,西安:西北大学出版社,1994 年版。

向达:《唐代长安与西域文明》,重庆:重庆出版社,2009 年版。

谢稚柳:《敦煌艺术叙录》,上海:上海出版公司,1955 年版。

杨泓:《美术考古半世纪——中国美术考古发现史》,北京:文物出版社,1997 年版。

朱杰勤:《秦汉美术史》,上海:商务印书馆,1936 年初版。

朱偰:《建康兰陵六朝陵墓图考》,上海:商务印书馆,1936 年版。

中国第二历史档案馆:《教育部艺术文物考察团考察西北三年工作计划》,全宗号五,案卷号 12043。

中国第二历史档案馆:《教育部艺术文物考察团经常费会计报表及文书》,全宗号五,案卷号 12054(1)。

中国第二历史档案馆:《教育部艺术文物考察团追加办公费、经常费等会计报表及文书》,全宗号五,案卷号 12054(2)。

中国第二历史档案馆:《中华民国史档案资料汇编》第五辑,南京:

江苏古籍出版社,1994 年版。

西北大学文化遗产学院编:《西北大学藏民国时期教育部艺术文物考察团西北摄影集选》,西安:西北大学出版社,2016 年版 。

[德]格林·丹尼尔:《考古学一百五十年》(黄其煦译),北京:文物出版社,2009 年版。

[美]安·达勒瓦:《艺术史方法与理论》(李震译),南京:江苏美术出版社,2009 年版。

[美]克莱门特·格林伯格:《艺术与文化》(沈语冰译),桂林:广西师范大学出版社,2015 年版。

[瑞典]蒙特留斯:《先史考古学方法论》(滕固译),上海:商务印书馆,1937 年版。

[法]色伽兰:《中国西部考古记》(冯承钧译),北京:中华书局,1955 年版。

[英]斯坦因:《西域考古记》(向达译),上海:中华书局,1936 年版。

[日]滨田耕作:《考古学通论》(俞剑华译),上海:商务印书馆,1931 年版。

[日]足立喜六:《长安史迹研究》(王双怀、淡懿诚、贾云译),西安:三秦出版社,2003 年版。

[日]伊东忠太:《中国古建筑装饰》(刘云俊、张晔译),北京:中国建筑工业出版社,2006 年版。

二、报纸

成都:《成都快报》,1944 年 1 月 23、24 日。

重庆:《新华日报》,1941 年 10 月 26 日、1946 年 2 月 9 日。

重庆:《大公报》,1940 年 8 月 3 日、4 日、5 日;1943 年 1 月 16、17 日。

重庆:《光华日报》,1946 年 2 月 17 日。

重庆:《中央日报》,1943 年 1 月 17 日。

兰州:《西北日报》,1943 年 8 月 4 日。

西安:《秦风日报》,1941 年 1 月 18 日、2 月 1 日。

西安:《西北文化日报》,1941 年 1 月 18 日、1943 年 6 月 13 日、10 月 10 日、12 日、13 日。

西安:《新秦日报》,1934 年 5 月 18 日、8 月 13 日。

西安:《西京日报》,1941 年 1 月 18 日、1944 年 10 月 26 日。

西安:《华北新闻》,1943 年 6 月 13 日。

三、论文

曹意强:《考古学与艺术史:两个"共生"的学科》,《美术研究》, 2009 年第 1 期。

陈根远:《简论西北艺术文物考察团的历史意义》,《西北美术》, 2005 年第 4 期。

陈梦家:《敦煌在中国考古艺术史上的重要性》,《文物参考资料》, 1951 年第 2 卷第 4 期。

陈平:《从传统画史到现代艺术史学的转变——张彦远、郑午昌与 滕固的绘画史写作方法比较》,《新美术》,2001 年第 3 期。

陈直:《陕西兴平县茂陵镇霍去病墓新出土左司空石刻题字考 释》,《文物参考资料》,1958 年第 11 期。

戴叶君:《1940—1945 教育部西北艺术文物考察团敦煌壁画临摹 研究》,《湖北美术学院学报》,2008 年第 1 期。

邓明:《两个安徽人的陇上文化情结——王子云与高一涵的书画 之交》,《档案》,2007 年第 5 期。

东平:《历史遗珍——"教育部艺术文物考察团西北摄影集选

（1940—1944）"的发现》,《文博》,1992 年第 5 期。

段文杰:《敦煌文物的保护与临摹》,《敦煌研究》,1995 年第 2 期。

傅天仇:《陕西兴平县霍去病墓前的西汉石雕艺术》,《文物》,1964 年第 1 期。

傅振伦:《敦煌艺术论略》,《民主与科学》,1945 年第 1 卷第 4 期。

葛兆光:《思想史家眼中之艺术史——读 2000 年以来出版的若干艺术史著作和译著有感》,《清华大学学报（哲学社会科学版）》,2006 年第 5 期。

顾铁符:《西安附近所见的西汉石雕刻艺术》,《文物参考资料》,1955 年第 11 期。

关山月:《敦煌壁画的作风——和我的一点感想》,《风土什志》,1945 年第 1 卷第 5 期。

郭伟其:《广东美术馆藏王子云拓片初探》,《广东美术馆年鉴》,2002 年。

贺昌群:《敦煌佛教艺术的系统》,《东方杂志》,1931 年第 28 卷第 17 号。

黄厚明、杭春晓:《滕固与中国美术考古学的现代转型》,《美术观察》,2005 年第 2 期。

黄松:《拓印流年——记广东美术馆珍藏民国西北艺术文物考察团金石拓本》,《艺术市场》,2007 年第 9 期。

黄宗贤:《血与火的洗礼——抗战时期美术家审美态度的转捩》,《美术》,2005 年第 7 期。

孔令伟:《"新史学"与近代中国美术史研究的兴起》,《新美术》,2008 年第 4 期。

雷震:《敦煌的佛教美术》,《说文月刊》,1943 年第 2 卷第 10 期。

李娜:《西北艺术文物考察团兰州考察活动综述》,《丝绸之路》,

2010 年第 14 期。

李淞:《从美术创作家到美术史家的王子云》,《美术》,1998 年第
　　2 期。

李淞:《研究艺术的考古学家或研究图像的历史学家？——略论
　　考古学的影响与中国美术史学的学科性》,《美苑》,2000 年第
　　6 期。

李淞:《艺术的与诗意的考古——略论王子云美术考古活动的特
　　色》,《美苑》,2006 年第 2 期。

李廷华:《西北艺术文物考察团的成立》,《广东美术馆年鉴》,
　　2005 年。

李小汾:《岑家梧与中国艺术史学的现代转型》,《东南大学学报
　　(哲学社会科学版)》,2008 年 5 月第 10 卷第 3 期。

刘再聪:《张大千与敦煌学》,《敦煌学辑刊》,1998 年第 2 期。

吕澎:《作为学科的"艺术史"及其相关学科》,《新美术》,2003 年第
　　3 期。

吕斯百:《介绍敦煌石窟图案漆艺》,《京沪月刊》,1948 年第 2 卷第
　　3 期。

卢夏:《秋风古道题诗瘦——卢是与西北艺术文物考察团》,《广东
　　美术馆年鉴》,2005 年。

李宝泉:《柏林中国美术展览会的意义》,《艺术旬刊》,1932 年第 1
　　卷第 3 期。

罗宏才:《1940—1945 教育部艺术文物考察团考察活动评述》,《南
　　京艺术学院学报(美术与设计版)》,2005 年第 4 期。

罗宏才:《王子云先生与陕西文物考古事业》,《西北美术》,1998 年
　　第 4 期。

罗宏才:《西京筹委会与民国时期陕西的文物保护》,《文博》,1998

年第 3 期。

马子云:《西汉霍去病墓石刻记》,《文物》,1964 年第 1 期。

任之恭:《王子云先生和他的中国古代雕塑艺术史》,《西北美术》,1997 年第 2 期。

冉万里、陈中慧:《民国时期"教育部艺术文物考察团"与陕西耀县石棺》,《文博》,2015 年第 2 期。

沈琍:《霍去病墓及其石雕研究的回顾及思考》,《考古与文物》,2010 年第 6 期。

史岩:《敦煌千佛洞现状概述》,《社会教育季刊》,1943 年第 1 卷第 2 期。

汤池:《聚沙成塔、筚路开山——评王子云著〈中国雕塑艺术史〉》,《美术》,1989 年第 6 期。

滕固:《唐代式壁画考略》,《东方杂志》,1934 年第 31 卷第 13 号。

滕固:《茂陵和昭陵的伟大史迹》,《西北导报》,1936 年第 2 卷第 8 期。

田有前:《西北艺术文物考察团唐陵考察活动述评》,《中国国家博物馆馆刊》,2013 年第 2 期。

王博:《成绩斐然的西北科学考察团》,《帕米尔》,2006 年第 Z1 期。

王芃:《1941 年王子云率团考察敦煌石窟》,《敦煌研究》,2001 年第 1 期。

王芃:《西北艺术文物考察团史略钩沉》,《四川文物》,2009 年第 5 期。

王葏:《〈从长安到雅典——中外美术考古游记〉读后》,《西北美术》,1993 年第 3 期。

王葏:《责任、道义与奉献、代价——记我的父母王子云与何正璜》,《雕塑》,2006 年第 2 期。

王一侬、崔斌箴：《"艺术学研究的方法与前景"学术研讨会综述》，《社会科学》，2004年第8期。

王志杰：《霍去病墓石刻陈列方式探讨》，《文博》，1994年第1期。

王子云：《敦煌莫高窟在东方文化上之地位》，《国立西北大学校刊副刊》，1948年第35期。

王子云：《教育部艺术文物考察团工作概况》，《社会教育季刊》，1943年第1卷第4期。

王子云：《西汉霍去病墓石刻》，《文物参考资料》，1955年第11期。

王子云：《敦煌和敦煌莫高窟历史考证》，《文博》，2010年第5期。

王子云：《欧洲现代艺术》，《艺风》，1936年第4卷第7期。

王子云：《对于国家美术博物馆设施之建议》，《政问周刊》，1937年第72期。

王子云：《汉石刻画在陕西》，《西安美术学院学报》，1982年第4期。

王子云：《中国美术遗产中的汉唐雕刻》，《美术》，1950年第5期。

王子云：《新疆的石刻艺术》，《文物参考资料》，1956年第8期。

向达：《敦煌佛教艺术之渊源及其在中国艺术史上之地位》，《敦煌学辑刊》，1981年第2期。

向达：《敦煌艺术概论》，《文物参考资料》，1951年第2卷第4期。

徐伟：《"西北艺术文物考察团"始末考证》，《兰台世界》，2014年第5期。

徐伟：《从"西北艺术文物考察团"窥探我国美术考古》，《艺术研究》，2015年第5期。

徐伟：《探析"西北艺术文物考察团"考察方法》，《苏州工艺美术职业技术学院学报》，2015年第5期。

徐伟：《王子云与中国美术史学的发展轨迹》，《西北美术》，2015年第 10 期。

薛永年:《反思中国美术史的研究与写作——从 20 世纪初到 70 年代的美术史写作谈起》,《美术研究》,2008 年第 2 期。

薛永年:《滕固与近代美术史学》,《美术研究》,2002 年第 1 期。

于右任:《建议设立敦煌艺术学院》,《文史杂志》,1942 年第 2 卷第 2 期。

章利国:《西北艺术文物考察团的学术启示》,《广东美术馆年鉴》,2005 年。

张朋川:《美术考古与美术史研究》,《装饰》,2001 年第 5 期。

赵俊荣:《敦煌石窟艺术临摹的发展与变迁》,《艺术评论》,2008 年第 5 期。

周明:《陕西关中唐十八陵陵寝建筑形制初探》,《文博》,1994 年第 1 期。

朱志荣:《中国美术史研究的方法——巫鸿教授访谈录》,《艺术百家》,2011 年第 4 期。

西北艺术文物考察团资料整理组:《王子云先生绘制的五幅水彩写生画》,《西北大学学报(哲学社会科学版)》,2013 年第 3 期。

后　记

　　还记得十余年前，也是这样一个有风、清爽而怡人的春夏之交的午后，我与导师黄宗贤先生在他家里一边喝茶一边讨论着我的博士论文选题。我当时是四川大学历史文化学院 2007 年新开设的专业方向"文物学与艺术史"招收的第一届博士生。这是一个融美术考古、艺术史、文化史于一体的新专业，在毕业论文的选题上我总是试图寻找一个与该专业相吻合且具有一定学科反思价值的论题。在与导师的交流中，我发现现代美术史学上有这样一个由艺术家群体组成的文物考察团队，他们从事田野调查与艺术史研究，这与"文物学与艺术史"这个新专业高度契合。并且通过资料与文献查阅，我发现当时对该历史事件的研究还处于起步阶段。因此，我以《文物踏查与艺术研究的交汇与共生——1940—1944 教育部西北艺术文物考察团研究》为题，完成了博士学位论文。随后又以该论文为基础申请了国家社科基金青年项目并获得立项，于是便有了本书的出版。

　　为了使本书能在博士论文基础上有新的突破和学术价值，我对王子云率团考察西北艺术文物的历程进行了重新梳理，对一些历史活动和时间进行了再考证，对考察团的研究成果进行了再分类。从历史叙事梳理与史实考证角度出发，试图厘清民国以来中国艺术史学理论与方法体系，进而找到对当下中国艺术史学跨学科、跨文化研究具有反思和借鉴意义的历史经验。简言之，本书写作的思路是沿着"史实呈现→史学探究（理论与方法）→史学研究模型建构→学科史价值反思"这样一种路径展开。这是一种从具体到抽象再到形象最后回到抽象的双重变奏又螺旋式上升的逻辑思维呈现，这也是这十来年我一直关注艺术史学史的一个研究心得，即透过史实探史学，透过史学鉴史著，透过史著推史学史。

　　本书表面看来是关于一段史学实践的历史叙事与评述，但我希望通过"无名艺术史研究"在民国艺术史学史上不容忽视的地位的提出，阐释中国艺术史学现代转型中学科分类思维转换的必要性和价值。从这个研究初衷来说，本书还有很多拓展的空间，比如：中外学者在民国时期都进行过不同形式的田野调查与艺术史考察，且绝大部分属于"无名艺术史研究"的范畴，中外学者之间在学术研究的范式与动机上有何不同；这些"无名艺术史研究"与传统"经典书画史研究"又有何关联；研究者可以在何种程度上从史学实践案例中建构史学研究模型或范式；在打破了西方艺术史学科门类史（建筑、绘画、雕刻、工艺美术）研究局限的情况下，"无名艺术史"回到"原境"知识场域中该如何解读与研究，这对于当下艺术史学跨学科、跨文化的发展趋势有何意义和启发等等。

　　因此，我一直试图归纳出围绕民间"艺术文物"展开田野调查为基础的"无名艺术史研究"的方法论体系，即整体研究法：以宏观入微观再宏观的史学方法论。从宏观层面关注对象母题（艺术文物）的历史信息，具体包括物理环境（暗示的思想与审美内涵）与历史背景（挖掘艺术生产的动因）两方面；再入微观去探究对象母题的艺术性（比如：形态、技艺、风格、艺术语言之间的关联性、艺术手法的史学逻辑性等），最后回到宏观层面的价值判断上（探究艺术的视觉性与创作性、历史的思想性与文化性)。我想,这样就可以把艺术史和文化史、思想史、美术考古研究相区分。换句话说,艺术史学科与其他交叉人文学科的核心区别在于是否将艺术作为探究其一切学术问题的出发点和归宿。从而缓解学界关于艺术史学科"独立性"的学术焦虑。

　　我的艺术史学研究虽然从写作博士论文到今天已经十余年,研究的问题也一直围绕艺术史的跨学科性和学科独专性在一步步深入,正所谓"合抱之木,生于毫末",在求学与研究历程中这种抽丝剥茧,层层深入的学术理路的形成与我的母校及导师分不开。我从硕士到博士一直就读于四川大学,从艺术学院到历史文化学院,这种学科的转换使我感受到了不同学科的研究思路、方法和目的的差异,逐渐养成了一种比较视野下思考学科特性的思维习惯。导师黄宗贤先生开放性的学术取向与谦和包容的治学态度,对我从硕士读到博士以来的学术研究产生潜移默化的影响。先生从教近四十年,对中国近现代美术史领域的诸多思潮流派、艺术现象、艺术作品的独到见解与判断渗透在日常的教学和闲谈之中。他是一个理性与才情能够合理平衡的艺术史家,读他的文章与著作,既有客观严谨的思辨逻辑,又有放逸旷达的诗意情怀。这些都悄然影响着我对艺术史论研究的价值取向,艺术史学研究除了需要科学理性的实证精神,也需要体悟人生的艺术情怀,史学不是冰冷的文字游戏,而是浸透着历史温度的时光留声机。王子云团队的田野考察与艺术史学研究恰好契合了我对艺术史学的理解,也许这就是十余年来我一直反复挖掘国民政府教育部艺术文物考察实践价值的深层缘由吧。

　　另一个对我研究本课题影响很大的先生是四川大学历史文化学院的博士生导师杨天宏教授。他是参加我博士论文答辩的

"座师",也是我学术路上的第二任导师。天宏教授除了在近代史领域卓有建树外,也是一个艺术爱好者,从摄影、古玩到书法、绘画,他既能以一个史学家的严谨和艺术爱好者的雅兴对他家里的各类艺术收藏侃侃而谈,也能对艺术史领域的名家发表自己的历史评价,是一个看似局外,实则内行的艺术史鉴家。本书在出版前,杨先生认真通读了全文,给我提了很多启发性修改意见,拓宽了我对艺术史学的认识,加强了艺术史与大历史的关联思考,并为我下一次的研究方向提供了新的着力点。在此不能不感谢他,不仅仅因为杨先生对我学术上的指导和毫无保留的经验交流,还因为杨先生数十年如一日在学术上的勤恳与专注,这些都深深地感染了我。"一丝而累,以至于寸;累寸不已,遂成丈匹。"学术研究比的不仅是信心与才能,还需要耐力与恒心。本书的出版仅仅是我学术研究的一个起步,前辈学者终其一生为学术而笔耕不辍,吾辈又岂能半途而废。这又让我不禁感慨王子云先生晚年伏在桌案上,因为身体原因颤抖着手写下那些"九曲羊毛"般的书稿。治史而鉴史,应为学人之本心。

最后感谢王子云先生长子王蒙夫妇以及王子云先生女儿王葿女士给我提供了研究本课题的很多史料,以及北京大学艺术学院的李松教授、四川师范大学历史文化学院汪洪亮教授在学术上给我的支持。还有在生活中给予我关心与帮助的亲人、朋友和同学,尤其是我可爱的儿子家烨,是你让我体会到了生活的五味杂陈和作为母亲应有的角色与状态。

2019 年 5 月 1 日于成都